LOS ANIMALES

Protagonistas de nuestra Tierra

Los medios áridos

Campeones de la resistencia

EDICIONES RUEDA

C/ Los Mesejo, 11
28007 Madrid

Impresión y encuadernación: BROSMAC, S.L.
ISBN de la obra: 84-8447-255-8
ISBN del volumen: 84-8447-258-2
Depósito legal: M-11897-2004
Impreso en España/*Printed in Spain*

SUMARIO

Tras las huellas de camellos y dromedarios

La posibilidad de que el hombre atravesara los desiertos dependió durante milenios de animales capaces de soportar esas condiciones

Camellos y dromedarios son la imagen por antonomasia que la mayoría de las personas liga a la idea del desierto, y hay razones que lo justifican.

Un mundo de nómadas permanentes

◆ ◆ ◆ ◆ ◆

Los grandes desiertos que se extienden por muchas regiones del Viejo Mundo imponen unas condiciones extremas a la vida. La ausencia de agua es una de sus características principales, responsable de la escasez o ausencia de vegetación. A este factor hay que añadir las enormes oscilaciones térmicas que tienen lugar a lo largo del día, pues al faltar una cubierta vegetal, el sustrato, arenoso o rocoso, se enfría con gran rapidez. Así, por ejemplo, en el Sahara se superan durante el día los 40 °C y por las noches la temperatura puede descender a cerca de 0 °C.

La escasez de agua y su efecto limitante para el desarrollo de la vida

La escasez de agua es un impedimento para el desarrollo de la vida vegetal. En las zonas más áridas, donde las lluvias se producen sólo después de largas sequías de varios años, algunas plantas se han adaptado a este ritmo y aprovechan esa breve temporada húmeda para completar su ciclo vital en el transcurso de unos pocos días, o incluso horas. En otros puntos existen afloramientos de ríos subterráneos u otros depósitos de agua del subsuelo y aparecen allí unas formaciones típicas de estos lugares, los oasis, con una abundante vegetación que atrae a un gran número de animales y que a lo largo de la historia se han convertido en puntos importantes en las rutas comerciales obligadas a atravesar esas enormes áreas.

Sin embargo, la norma general de los desiertos es la escasez de vida vegetal. Esto condiciona de manera notable la existencia de la fauna, pero, en contra de lo que podría suponerse, los animales del desierto presentan una gran riqueza biológica, con numerosas especies, aunque sus efectivos sean reducidos, y con una serie extraordinaria de adaptaciones a un medio tan hostil.

Adaptaciones de los organismos para hacer frente a la vida en el desierto

La escasez de alimento y el hecho de que el agua se presente sólo en lugares muy concretos han hecho que muchos animales que habitan estos parajes se vean obligados a llevar una vida en constante nomadeo, en busca del escaso alimento y los bebederos. Otros han adaptado su fisiología de tal suerte que el agua que obtienen del alimento les es suficiente y no necesitan beber.

Puede distinguirse entre desiertos fríos, como los del centro de Asia, y los calientes, como el Sahara, en África, o en la península Arábiga. Las condiciones son muy similares en ambos, aun cuando las temperaturas medias varíen de unos a otros.

Los desiertos han sido, y continúan siendo para la mayoría de los animales terrestres, una barrera geográfica infranqueable que ha impedido los intercambios faunísticos entre dos regiones que pueden separar, lo mismo que se oponen a la conquista de la vida vegetal. No obstante, han abierto también muchas posibilidades para ciertos animales que han conseguido adaptarse a sus exigencias. En ellos han encontrado el refugio necesario para criar, como hacen algunas aves, o un medio con unos recursos tróficos no explotados con anterioridad.

Los habitantes de los desiertos fríos de Asia central

◆ ◆ ◆ ◆ ◆

Más al sur de las estepas, aparecen en Asia regiones áridas que en muchos lugares se convierten en desiertos. Constituyen una extensa franja, que comienza en Turkmenistán, a orillas del mar Caspio y llega hasta el norte de China. Son desiertos de muy diversos tipos, pero que, en general, pueden designarse como fríos pues, a pesar de las elevadas temperaturas que se alcanzan en ellos durante el verano, el invierno puede ser muy prolongado y registrar temperaturas muy bajas, de hasta –40 °C.

Los más occidentales son los de la amplia depresión de Turán, situados entre el mar de Aral y el lago Baljash. Pero más extensos son los que aparecen en la región central. Uno, el desierto de Takla-makan, queda encajado entre la cordillera de Tian Shan, con alturas superiores a los 7.000 m, y la meseta del Tibet con las montañas que la rodean y que igualmente superan aquí la cota de los 7.000 m. Este desierto se continúa hacia el este con el gran desierto del Gobi, que ocupa parte de la meseta de Mongolia y el norte de China, a una altitud media de 1.000 m y con una extensión de unos 2.000.000 de km^2.

La fauna que puebla estas áridas llanuras la forman fundamentalmente es-

Las condiciones que imperan en los grandes desiertos del centro de Asia son comparables a las que se dan en áreas como el desierto del Sahara, salvo que las temperaturas siguen unas pautas diferentes.

El camello bactriano se diferencia fundamentalmente del dromedario por la presencia de dos jorobas, además de por el denso y largo pelaje que lo recubre y que constituye una adaptación a unas condiciones frías.

pecies análogas a las que se encuentran en áreas próximas, como los asnos salvajes que habitan también las regiones meridionales de la estepa o las gacelas que viven en la meseta tibetana, aunque algunas son características de este medio, como es el caso de los camellos bactrianos. También pueden encontrarse saigas y algunos caballos de Przewalsky. Entre los depredadores cabe destacar la presencia de numerosas rapaces, entre ellas las águilas reales y los halcones peregrinos, y mamíferos cazadores, como el leopardo de las nieves, el lince, el lobo y el zorro. También puede hacer incursiones ocasionales el oso tibetano. La presencia de este mayor número de grandes mamíferos, que no encontramos en desiertos cálidos como el Sahara, se debe a las menores dimensiones que alcanzan estos desiertos fríos, que permiten realizar visitas esporádicas en busca de comida a los pobladores de los medios circundantes, que también son pobres en recursos.

Veremos a continuación algunos de los mamíferos más característicos de los desiertos fríos de Asia.

Los camellos salvajes

En algunas regiones del sur de Mongolia, en tierras más altas, al llegar la primavera el suelo se cubre de hierba verde y no resulta rara la visión de una manada de camellos pastando. Sus dos jorobas se recortan frente al gris de los glaciares del fondo, coronados hacia arriba por los picos de nieves perpetuas. El espectáculo puede sorprender a quien asocie el camello a la imagen tórrida de los desiertos arábigos. Sin embargo, estos camellos están en su medio natural, pues después de haber ocupado sus antecesores gran parte de Asia, África y zonas de Norteamérica, los cambios climáticos hicieron retroceder a la especie hasta quedar reducida a estas regiones centroasiáticas y evolucionar hasta su forma actual. A partir de aquí, más tarde, se expandieron y llegaron al continente africano, pero ya en tiempos históricos.

El **camello bactriano** (*Camelus bactrianus*) alcanza una longitud total de cabeza y tronco de unos 3 m, más unos 50 cm de la cola. La altura en la cruz oscila entre 180 y 210 cm y el peso va de 450 a 690 kg. Tiene las patas y el cuello largos y posee dos gibas, o jorobas, sobre el dorso, cuyo tamaño varía dependiendo del estado nutricional del animal. En la cabeza destacan las largas pestañas que rodean los ojos, las orejas son pequeñas y redondeadas y los orificios nasales pueden cerrarse a voluntad, lo cual constituye una adaptación para hacer frente a las tormentas de polvo, evitando de este modo que entre en sus conductos res-

Este camello bactriano doméstico se ha tumbado en el suelo para acceder a un pequeño surtidor de agua en una extensa llanura de Mongolia. La domesticación del camello permitió al hombre atravesar el desierto e iniciar la expansión del comercio.

piratorios. Las patas finalizan en dos dedos provistos de unas anchas almohadillas plantares, que juntas ofrecen al animal una amplia superficie de apoyo.

Está recubierto de un denso pelaje, que en invierno puede alcanzar gran longitud y que se desprende al llegar la primavera. Es de color pardo, con diversas tonalidades, y puede ser más oscuro en las patas y en la parte superior de las jorobas, aunque también existen ejemplares pardorrojizos o blancos.

Son animales perfectamente adaptados para vivir en las grandes estepas semidesérticas o en los desiertos. Por un lado, la gran superficie de sustentación de sus patas les permite desplazarse con facilidad por los sustratos blandos, como son los arenales. El denso pelaje invernal es un excelente aislante contra el frío y hace que estos camellos resistan sin perjuicios temperaturas de hasta –35 °C. Para el verano, cuando el termómetro asciende a más de 40 °C, ese pelaje se desprende. A estas dos adaptaciones físicas, se une una tercera característica, pero de tipo fisiológico, y es su extraordinaria resistencia a la sed y al hambre, que comparten con sus parientes africanos.

Biología y reproducción de un campeón de la resistencia

Los camellos bactrianos pueden pasar muchos días sin beber y casi sin comida. Además, para abrevar les son suficientes los someros charcos de agua salobre que quedan en estos desiertos y que ningún otro mamífero puede aprovechar. La resistencia a la sed se debe a la capacidad de su organismo para sintetizar agua a partir de los depósitos de grasa de sus jorobas. Esta grasa, por tanto, se convierte en un depósito de agua, pero que sólo ellos pueden aprovechar. Por ese motivo, tras un largo viaje por el desierto, sin beber y sin apenas comer, el animal aparece delgado y con las gibas fláccidas. Pero basta con que vuelva a disponer de agua y comida para que recupere su aspecto anterior. Esta posibilidad de convertir grasa en agua la poseen también algunos otros animales del desierto, pero la que utilizan para ello es la procedente del alimento. Es lo que hacen muchos pequeños roedores, que se alimentan de frutos secos y no necesitan recurrir nunca al agua.

En cuanto a su dieta, incluye muchas plantas que rechazan los restantes fitófagos, pues consumen con preferencia especies duras, con mucha fibra, ácidas y provistas de espinas. Esto hace que no tengan prácticamente competidores por el escaso alimento disperso por los desiertos centroasiáticos.

El celo tiene lugar entre los meses de febrero y abril y en su transcurso los machos se vuelven muy agresivos entre sí, al tiempo que producen una gran cantidad de espuma por la boca. Luchan a menudo por conseguir a las hembras, empujándose e intentando doblar el cuello del contrario para derribarlo y mordiéndose en las patas. La cópula es muy prolongada, de cerca de media hora, y la hembra cubierta tiene un período de gestación de unos 13 meses, tras los cuales nace por lo general una única cría, o dos de modo muy ocasional.

Los pequeños camellos se diferencian de los adultos, además de por su tamaño, por la ausencia de las jorobas, aunque existan ya en su anatomía las cavidades donde se desarrollarán a medida que crezcan. La leche de las camellas tiene casi un 7 % de grasa y con ella alimentan a la cría por espacio de un año. Los jóvenes alcanzan la madurez sexual al llegar a los cuatro.

Viven formando pequeños rebaños de cinco o seis ejemplares, aunque en ocasiones llegan a reunirse hasta algo más de una docena. Son animales muy recelosos, que huyen cuando detectan la presencia de algún peligro.

No se sabe a ciencia cierta si los rebaños que quedan en estado salvaje lo son en realidad o si se trata de ejemplares cimarrones, procedentes de antiguos camellos domésticos que escaparon. Son animales domesticados desde muy antiguo y utilizados por los pueblos de las estepas como medio de transporte gracias a su gran resistencia. Pero también sirven para obtener carne, leche, lana y piel. En las grandes superficies semidesérticas, donde no hay madera, se emplean sus excrementos secos como combustible.

El área de distribución actual del camello bactriano se extiende desde Turquía hasta el extremo nororiental de China, aunque su área original, donde se encuentran todavía rebaños en libertad, va desde el sur de Kazajastán hasta el centro de Mongolia.

La gacela persa es similar en muchos aspectos a sus parientes de las sabanas africanas, aunque presenta diferencias de comportamiento y de reproducción, como la reducción del celo a unas pocas semanas durante el otoño.

Las gacelas del desierto

Es posible encontrar a veces en estos desiertos algunas saigas, pero son antílopes propios de la estepa, aunque su elevada capacidad de resistencia les permite adentrarse por áreas bastante áridas. Pertenecientes también a la misma familia, la de los Bóvidos, pero a una subfamilia distinta, están las gacelas, de las cuales existen algunos representantes en estas regiones del continente asiático.

Estas gacelas centroasiáticas comparten unas características comunes con los restantes miembros de su grupo, como son un cuerpo grácil y esbelto que consideramos elegante, altas patas y una gran resistencia a la sequedad, acentuada en las especies más adaptadas a los desiertos. Se trata de dos especies, pertenecientes a géneros distintos. La primera de ellas forma parte del género *Gazella*, que cuenta con numerosas especies, principalmente en África. La segunda pertenece al género *Procapra*, que está representado sólo por dos especies, ambas del continente asiático.

La **gacela persa** o **ahú** (*Gazella subgutturosa*) mide algo más de 1 m de longitud total de cabeza y tronco, más unos 20 cm de la cola. Alcanza una altura en la cruz de 60 a 65 cm y un peso cercano a los 20 kg. Posee cuernos de 20 a 25 anillos y en forma de lira, divergentes y que sólo están presentes en los machos.

El tono general del pelaje es pardo rojizo, que hacia los flancos se vuelve algo ocre, mientras que el vientre y la parte posterior de los muslos son blancos. También en la cara aparecen manchas blancas no muy definidas. A lo largo de los costados, separando la zona clara del vientre del resto, se extiende una franja oscura que forma un claro contraste con ella. En la articulación de las manos aparecen unos pocos mechones de pelos oscuros. Durante la época del celo los machos presentan en el cuello un abultamiento cartilaginoso, aunque no siempre resulta muy manifiesto.

Esta gacela es herbívora, aceptando también hierbas de consistencia dura, y suele incorporar a su dieta algunos insectos que sirven de complemento proteínico para el pasto de mala calidad que crece en su hábitat. Vive formando rebaños de 15 a 20 individuos, constituidos unos por hembras con sus crías y otros por los machos. En invierno, cuando las condiciones climatológicas se vuelven más adversas y prácticamente desaparece todo rastro de hierba, suelen desplazarse hacia las zonas más meridionales de su área de distribución, para volver al norte en cuanto se inicia la primavera.

A diferencia de lo que sucede entre sus parientes africanos, el celo, que se prolonga a lo largo de tres a cuatro semanas, tiene lugar durante el otoño. En esta época los machos reúnen a su alrededor un pequeño harén de tres a cinco hembras. La gestación dura cerca de tres meses, tras los cuales nace una única cría.

Habita estepas secas y zonas predesérticas de una amplia franja que se inicia en las regiones orientales de Turquía y se prolonga hasta el norte de China, llegando por el sur, como límite más meridional, hasta el golfo Pérsico y por el norte a las cercanías del lago Baikal.

La **gacela de Mongolia** (*Procapra gutturosa*) es de cuerpo más robusto que otras gacelas, con el cuello relativamente grueso, lo mismo que la cabeza. Alcanza los 130 cm de longitud total de cabeza y tronco, más apenas 20 cm de la cola. La altura en la cruz es de unos 70 cm y puede llegar a pesar 50 kg. Posee también cuernos anillados que se curvan y dirigen hacia atrás y presenta unas orejas más cortas que otras gacelas.

El pelaje es más largo y denso en invierno, cambiándolo en primavera por otro corto. El tono general de su capa es pardo, con la garganta y el dorso más oscuros, mientras que el vientre, la parte interior de las patas y la parte posterior de los muslos son blancos.

La gacela de Mongolia es similar a cualquiera de las que viven en la sabana africana, pero presenta detalles que revelan su adaptación al frío, como son su mayor corpulencia y el desarrollo de un pelaje más largo y denso. Vive formando rebaños de hasta 15 individuos.

El gélido invierno de los desiertos fríos no constituye ningún inconveniente para el lobo, un cánido muy bien adaptado a todo tipo de ambientes. Su condición de animal social dotado de una notable inteligencia es una de las claves de su éxito.

La cola es parda, con su extremo de color castaño oscuro. Alrededor de los ojos aparece una zona blanca y el dorso de la nariz es más oscuro que el resto de la cabeza.

Se alimenta también de la hierba de escasa calidad que crece en las zonas áridas y completa igualmente esta dieta con algunos invertebrados que puede capturar mientras pasta. Vive formando rebaños de hasta 15 individuos. Durante la época del celo, que se produce también en otoño, los machos presentan a veces un abultamiento por encima de la boca. La gestación dura unos tres meses y las hembras traen al mundo una sola cría.

El área de distribución de la gacela de Mongolia se limita prácticamente a las extensas regiones centrales de este país.

Los cazadores de los desiertos fríos

La población de herbívoros de estas áreas es escasa y, por tanto, también lo es la de los animales que se alimentan de ellos. No obstante, existe una notable variedad de especies, aunque el número de ejemplares que las representan sea escaso. Algunas de ellas son propias de las regiones áridas y de los desiertos, pero también aparecen otras que tienen su hábitat natural en las áreas circundantes. Entre esas últimas cabe citar el **lobo** (*Canis lupus*). En ocasiones se le ve merodeando por la extensa llanura en busca de alguna presa, pero casi siempre se trata de una incursión más o menos ocasional, pues este magnífico cánido habita con preferencia las praderas y bosques eurasiáticos y norteamericanos, donde constituye uno de los depredadores más característicos.

Los lobos del desierto son manadas adaptadas a las condiciones más secas de las áreas marginales de la estepa, que de manera progresiva se han ido adaptando a estas condiciones y que han modificado también una parte de su dieta, incorporando una mayor cantidad de las presas que aquí se encuentran con mayor frecuencia, que son sobre todo los roedores. Como sucede de manera general con este cánido en todo el mundo, se han desarrollado distintas razas en las varias regiones del hemisferio norte donde está presente. En este caso, su pelaje es algo más claro que el de las poblaciones de las áreas más septentrionales u occidentales y también sus dimensiones son algo menores. Aunque las pequeñas presas constituyen una parte esencial de su alimentación, por ser a menudo las únicas disponibles, no por eso deja de perseguir, siempre que tiene ocasión, otras de mayor tamaño y más acordes a sus costumbres generales, como son las saigas, las gacelas y los asnos salvajes.

Otro cánido que recorre los desiertos es el **chacal común** (*Canis aureus*), de hábitos generalmente nocturnos, que encuentra igualmente en los roedores su presa más habitual. La raza de estas regiones difiere poco de la del resto de su distribución eurasiática, aunque el pelaje es también algo más claro que en las otras regiones.

Más abundantes, en cambio, son los zorros. En los desiertos iraníes y en los situados cerca del Caspio es posible encontrar el **zorro común** (*Vulpes vulpes*), tan ampliamente extendido por Europa y Norteamérica, pues su gran capacidad de adaptación y el menor tamaño de sus presas habituales le permiten encontrar también aquí alimento suficiente, aunque ha de enfrentarse a la competencia de otros parientes suyos propios del centro de Asia. Se trata de las dos especies asiáticas de zorros de los desiertos.

Uno de ellos es el **zorro corsaco** (*Vulpes corsac*), de cerca de 60 cm de longitud, más unos 35 cm de la cola. Sus patas son algo más largas que las del zorro común y también las orejas son más grandes y alargadas. El pelaje es de color gris, con el dorso más oscuro. Construye sus madrigueras en el suelo o aprovecha la de algún otro animal que se encuentre abandonada. Tras una gestación de casi dos meses, la hembra trae al mundo una camada formada por 2 a 5 pequeños. Su dieta la constituyen fundamentalmente los numerosos roedores que habitan estas tierras áridas. Su área de distribución es bastante amplia e incluye desde las estepas del sur de Rusia hasta Mongolia, penetrando ampliamente en China.

Los lobos pasan gran parte del día descansando hasta el momento en que inician sus cacerías. Después, el grupo se pone en marcha con una férrea disciplina, pues sólo así podrán conseguir abatir a una presa mucho mayor que ellos.

Su pariente, el **zorro de Blanford** (*Vulpes cana*), es algo más pequeño, pues no supera los 50 cm de longitud total de cabeza y tronco, más unos 25 a 30 cm de la cola. Tiene un pelaje parecido, de color gris claro con la zona del dorso algo más oscura o presentando tonalidades parduscas. Es una especie poco conocida, aunque al parecer sus costumbres son análogas a las de los restantes raposos, si bien las menores dimensiones corporales que alcanza limitan su dieta a las presas más pequeñas. El área de distribución, también más reducida, comprende Afganistán, el norte de Irán y Turkmenistán.

De manera muy ocasional, pues por desgracia resulta ya una especie bastante rara, en algunos de los desiertos más occidentales es posible encontrar algún **guepardo** (*Acinonyx jubatus*), que busca sus presas preferentemente entre las también escasas gacelas. La persecución por parte de los llamados cazadores deportivos ha sido el principal factor que, junto a la progresiva desaparición de sus presas habituales, ha hecho de estos hermosos felinos casi un recuerdo del pasado.

En los desiertos fríos de Asia podemos encontrar igualmente varios cazadores de la familia de los Mustélidos que, aunque extienden sus áreas de distribución principales por el continente europeo, tienen aquí sus límites orientales. El que aparece en la mayoría de estos desiertos y regiones áridas circundantes es el **turón** (*Mustela putorius*), que llega hasta las regiones orientales de Mongolia. La **marta** (*Mates martes*) aparece en Afganistán como sus terrenos más orientales, mientras que la **garduña** (*Martes foina*) no sobrepasa las áreas circundantes al mar Caspio. Estos tres mustélidos consiguen hacerse también con un espacio en áreas áridas, pues aunque son predominantemente carnívoros, pueden ampliar en caso de necesidad su dieta y, en particular, tanto martas

Un mustélido muy frecuente en los grandes desiertos fríos eurasiáticos es el turón, que amplía sus territorios hasta las regiones orientales de Mongolia.

Un félido muy propio de las grandes extensiones áridas es el gato del desierto, que se caracteriza por una cabeza relativamente grande. No sólo aparece por el norte de África y la península Arábiga, sino que se adapta también a las condiciones frías del centro de Asia.

como garduñas muestran un carácter más omnívoro que sus parientes europeos.

Igualmente, el género de los félidos encuentra aquí una buena representación. Muchas especies son las mismas que podemos encontrar en las regiones desérticas o áridas del continente africano, donde tienen su principal área de distribución, aunque se trata en general de subespecies con ligeras diferencias con respecto a sus parientes. Uno de estos casos es el del **gato africano** (*Felis lybica*), considerado el antecesor de nuestros gatos domésticos y que se diversifica en numerosas subespecies y razas, algunas de ellas también en el sur de Europa. Otro caso es el **gato del desierto** o **gato del general Margarita** (*Felis margarita*), de cabeza relativamente grande y que extiende sus territorios por todo el norte de África y la península Arábiga, apareciendo también en los territorios desérticos de Asia occidental. El **gato de la jungla** (*Felis chaus*) es más propio de las áreas boscosas del sur de Asía, pero se encuentra también en el noreste de África y en las regiones desérticas que se extienden al sur de las estepas.

Entre los félidos propios de las regiones desérticas de Asia está el **gato Pallas** o **gato de la estepa** (*Felis manul*), al que se considera antecesor del gato persa. Su tamaño es el de un gato doméstico, con el pelaje denso y largo, de color pardo, con el pecho y el vientre blanquecinos. Sobre el dorso lleva algunas líneas verticales de color castaño. La frente aparece recorrida por franjas de pequeñas manchas oscuras, y el largo pelo en ambas mejillas se alterna en franjas claras y oscuras, que ensanchan el aspecto de su cabeza. La cola lleva varias franjas negras y tiene la punta también negra. Su pelaje es

El gato de la jungla vive con preferencia en áreas forestales, como su nombre indica, pero es un félido muy adaptable que ha conseguido también establecerse en las áreas meridionales de las grandes extensiones áridas del centro de Asia.

muy adecuado para la vida en los desiertos fríos y limita sus áreas de distribución a las zonas esteparias y áridas del centro del continente, desde Turkmenistán hasta el norte de China, tanto en terrenos llanos como en las montañas.

El **gato chino del desierto** (*Felis bieti*) es de pelo más corto que el anterior, de color ocre, algo más oscuro por el dorso, y con numerosas manchas marrones por el cuerpo, que en las patas se convierten en franjas. La base de las orejas es negra y una línea negra se continúa hacia atrás desde los ojos a ambos lados de la cabeza. La cola, que es delgada, está dividida en anillos negros y claros, con el extremo también negro. Se encuentra disperso por gran parte de Mongolia y el norte de China.

Un pariente de las martas, perteneciente también a los Mustélidos, es la **mofeta jaspeada** o **mapurito jaspeado** (*Vormela peregusna*). Mide unos 35 cm de longitud y, a diferencia de la mayoría de los restantes pobladores del desierto, su pelaje resulta fácilmente visible a distancia. Es de color pardo negruzco por el pecho, el vientre y zona inferior de los costados, y por las patas, mientras que el dorso es de color ocre o amarillento con manchas pardas. La cola es también de color ocre, con su extremo negruzco. La cara es blanquecina con dos amplias manchas negruzcas alrededor de los ojos y las mejillas.

Gracias al líquido de olor nauseabundo que producen sus glándulas anales, carece prácticamente de enemigos. El colorido visible de su pelaje sirve de aviso para cualquier depredador que se acerque. Es de costumbres solitarias y se alimenta de roedores, a los que captura introduciéndose por los túneles de sus guaridas, así como de aves y reptiles. Construye sus propias madrigueras en el suelo o aprovecha las que encuentra abandonadas de otros animales, principalmente las de sus presas.

El período del celo tiene lugar a mediados o finales del invierno y es la única época en que se reúnen los individuos de ambos sexos, que tras la cópula vuelven a separarse. La gestación dura unas 9 semanas, tras los cuales viene al mundo la camada formada por entre 4 y 8 crías. Los pequeños permanecen con su madre hasta comienzos del verano, en que ya han aprendido las técnicas de caza y se independizan.

El área de dispersión de esta especie es bastante amplia pues se extiende desde las áreas centrales de Europa oriental hasta Mongolia y el norte de China, prefiriendo siempre las zonas áridas.

Los grandes fitófagos de los desiertos cálidos

◆ ◆ ◆ ◆ ◆

Hemos visto el mundo de los desiertos fríos de Asia central. Más amplitud tienen los llamados desiertos cálidos, que ocupan enormes extensiones en el Viejo Mundo. Se diferencian de los anteriores fundamentalmente por las medias térmicas, muy superiores, pues aparecen en regiones donde a lo largo de todo el año se dan temperaturas elevadas, aunque puedan existir grandes oscilaciones diarias.

El mayor de estos desiertos es el del Sahara, que ocupa algo más de 9 millones de km^2, pero no es el único. Gran parte de la inmensa península Arábiga es un desierto, lo mismo que la actual región de lo que fue la antigua Mesopotamia y el noroeste de la península Indostánica y, de nuevo en el continente africano, las tierras de Namibia.

Las altas temperaturas y la escasez o ausencia total de agua hacen de estos medios un entorno inhóspito para la vida. No obstante, incluso en zonas interiores, hay pequeños puntos donde de modo excepcional se dan condiciones aptas para el desarrollo de una escueta vegetación. Prescindiremos aquí de los oasis, que son lugares esporádicos donde el agua procedente de lagos subterráneos o de antiguos ríos desaparecidos en su mayor parte, emerge a la superficie y permite que crezca a su alrededor una vegetación a veces exuberante, con árboles formando incluso bosques de reducida extensión.

Hay lugares, no demasiado alejados de la costa, donde las brisas marinas, tras recorrer una larga distancia sobre el suelo yermo, encuentran un obstáculo y depositan en el suelo su exigua carga de humedad. Se crea de este modo un pequeño microclima, árido pero suficiente para que crezcan de modo permanente algunas hierbas. En otros sitios, a veces en el corazón del desierto, las circunstancias morfológicas del terreno favorecen que las mínimas cantidades de agua que lleva el rocío se concentren en un punto afortunado que, de este modo, recoge unas preciadas gotas de agua, que son aprovechadas inmediatamente por plantas austeras que hacen aparecer sus hojas entre las dunas de arena o el inmenso pedregal.

Las dunas son el reflejo de la acción del viento sobre un sustrato desprovisto de vegetación, dos factores que caracterizan a los desiertos cálidos.

La escasez o la ausencia de agua han favorecido la desaparición de la cubierta vegetal y, en consecuencia, la acción creciente de la erosión.

Las altas patas del dromedario lo mantienen a cierta distancia del suelo ardiente y el animal posee además capacidad de almacenar agua en forma de grasa.

Por último está el fenómeno de la lluvia, un hecho circunstancial y casi anecdótico, pero esencial para la vida en este medio. Cada ciertos meses, a menudo incluso después de varios años, las nubes cargadas de humedad aciertan a concentrarse en algún lugar sobre el suelo del desierto, allí la condensan y dejan caer en forma de una lluvia providencial, produciéndose entonces el fenómeno sorprendente de que en el curso de unas pocas horas el paisaje, que era pardo y reseco, se cubre de un manto verde salpicado de flores.

Las plantas de estas regiones áridas están adaptadas a soportar largos meses o años de sequía. Después de que las primeras gotas se evaporen a causa del intenso calor, el agua comienza a empapar el suelo. Esa súbita humedad rodea a las semillas, que despiertan del largo letargo. En pocos días u horas la planta completa su ciclo vital: germina, crece, da flores, que son polinizadas generalmente por insectos, produce frutos y nuevas semillas. Esto último coincide con el momento en que el terreno ya comienza a secarse. La intensidad del sol pronto reseca de nuevo el paisaje y las plantas mueren. Pero sus semillas encierran, dentro de una cubierta dura e impenetrable, el germen de vida que queda en espera del próximo episodio de lluvia.

Resulta magnífico el espectáculo del desierto florido y a él acuden enseguida miles de insectos, que se aprestan a visitar las flores y actuar de este modo como agentes polinizadores.

Los fitófagos que viven en estas regiones dependen para sobrevivir de esos pequeños enclaves de pastos o de los nuevos que de modo ocasional van surgiendo en distintos lugares cada cierto tiempo. La selección natural ha hecho que sólo sobrevivan los capaces de recordar el lugar donde en la inmensidad del desierto encontraron una vez hierba o de barruntar a tiempo la tormenta lejana que producirá un manto de jugosas pero efímeras plantas. Los que a lo largo de las generaciones superan esa dura prueba son capaces de transmitir a la descendencia los genes que propiciarán esas habilidades.

La dispersión del alimento obliga a estos fitófagos a un nomadeo permanente por sus territorios. Aunque nos parezca difícil que con tan escasos medios haya animales capaces de vivir en el desierto, el hecho es que animales del tamaño de un órix o una gacela prosperan por estas regiones. Veremos a continuación algunos de ellos.

El dromedario, el mítico barco del desierto

Constituye hoy una imagen arquetípica de los desiertos africanos, pero su origen está en Asia central. Allí, en las grandes llanuras áridas y desiertos del centro del continente, un antecesor suyo dio origen al actual camello bactriano y al dromedario. A simple vista resulta fácil diferenciarlos porque el primero posee dos jorobas y el segundo sólo una. Sin embargo, son parientes muy próximos, como lo demuestra el hecho de que en aquellos lugares donde coinciden ambas especies sean corrientes los cruces, dando como resultado individuos fértiles.

El dromedario posee las mismas características que el camello bactriano en cuanto a su adaptación al medio desértico, pues la principal diferencia entre el asiático y el africano radica en la temperatura media, muy inferior en el primero, aunque en verano son similares en ambos lugares. El dromedario, por tanto, sólo debe prescindir del largo pelaje de su pariente, aunque, como adaptación especial a las elevadas temperaturas que alcanza la superficie del suelo durante todo el año, sus patas son de mayor longitud, lo cual permite al cuerpo estar a más altura y facilitar la aireación. El sustrato, la escasez de alimento y la falta de agua son los otros condicionantes ante los que ambas especies han logrado una perfecta adaptación.

Al parecer fue alrededor del siglo III a.C. cuando el dromedario entró a formar parte de la fauna africana. Antes se había adueñado ya de las arenas de la península Arábiga y de los territorios que constituyeron la antigua Mesopotamia. La creciente desertización convirtió a las antaño fértiles tierras de Egipto en un terreno adecuado para el paso de este animal, que pronto amplió sus dominios hacia el oeste. Sin embargo, fue con los árabes con quienes conquistó definitivamente el continente africano, al utilizarlo este pueblo nómada en sus desplazamientos como animal de carga y montura.

Los dromedarios salvajes, que debieron de vivir en las tierras áridas del suroeste de Asia, se extinguieron hace mucho tiempo y hoy sólo se conoce la especie en estado de domesticación. En algunos lugares, no obstante, existen pequeños rebaños de cimarrones, que viven perfectamente en su medio sin necesidad de la presencia humana, lo cual demuestra que esa domesticación no ha privado al animal de su capacidad de supervivencia en el desierto.

El **dromedario** o **camello común** (*Camelus dromedarius*) alcanza hasta 300 cm de longitud y una altura en la cruz de 180 a 220 cm, con un peso que puede superar los 600 kg. Tiene las patas más delgadas y altas que su pariente asiático y una única joroba sobre el dorso, si bien existen vestigios de una segunda joroba, que no se manifiesta en el exterior. Su pelaje es corto y suave, de color por lo general beige, aunque se dan muchas variaciones y existen incluso ejemplares totalmente blancos.

Es proverbial su gran resistencia a la sed y al hambre, pues se puede contentar con un poco de pienso para soportar las largas jornadas del viaje por el desierto, sin necesidad de beber durante muchos días. Al igual que el camello asiático, la grasa de la joroba, único lugar donde se acumulan sus reservas, se transforma en agua gracias a procesos fisiológicos que independizan al animal de una fuente externa de líquido. Esta importante característica le ha permitido hacerse dueño de los grandes desiertos.

Los dromedarios siguen siendo imprescindibles para muchas poblaciones del desierto. No viven en estado salvaje y toda su población forma parte de los rebaños domésticos.

La expresión «barco del desierto», utilizada con frecuencia para popularizar la imagen de este animal, hace referencia a la enorme dependencia que ha tenido el hombre de este animal a lo largo de los siglos. Sin su inestimable ayuda no podría haber atravesado las enormes extensiones de arenales o terrenos pedregosos que constituyen los desiertos africanos y del Próximo Oriente. Por ese motivo el dromedario fue el vehículo esencial en las rutas comerciales que unían el Mediterráneo con Asia, y para los pueblos nómadas se convirtió en el recurso principal y a veces único para sobrevivir en el desierto. Todavía hoy sigue siendo imprescindible en muchos lugares. No sólo sirve para transportar cargas o como montura, sino que proporciona también leche, carne, pieles e incluso combustible, utilizándose sus excrementos secos como sustitutivo de una leña inexistente.

El dromedario, como el camello bactriano, carece prácticamente de enemigos naturales y sólo un individuo viejo, enfermo o herido que quede separado del rebaño puede caer presa de algún depredador del desierto.

Fuera de su área de distribución tradicional, se le encuentra hoy en muchos otros lugares, habiéndosele importado en regiones tan alejadas de sus núcleos originales como Australia.

Los órix son unos antílopes de gran belleza, lo que ha provocado casi su exterminio a manos de quienes disfrutan su ocio aniquilando la vida.

Los órix

Estos antílopes constituyen un género (*Oryx*) distribuido por varias regiones de África y la península Arábiga. Son animales vigorosos, de cuerpo recio, con una longitud total de cabeza y tronco de unos 2 m, con las patas finalizadas en pezuñas puntiagudas, sin crin en el cuello y caracterizados por sus largos cuernos, más o menos rectilíneos o algo arqueados, que se encuentran anillados en la mayor parte de su longitud y con los que se defienden eficazmente de sus atacantes. Suelen ser de colores claros, del blanco al gris, y presentan una mancha facial característica de color negro, así como otra, también negra, que ocupa la base de los cuernos y puede extenderse algo por la frente.

Su adaptación al medio en que viven es excepcional y son capaces de cubrir sus necesidades de agua simplemente con el alimento que ingieren. Las escasas hierbas que crecen en estas regiones áridas son muy esponjosas y, al caer la noche, pueden absorber la escasa humedad del aire, aumentando de este modo su contenido en agua. Por consiguiente, los órix aprovechan en general las horas nocturnas para alimentarse y sólo cuando las lluvias esporádicas han reverdecido el terreno, pacen también tranquilamente bajo el sol.

Otra adaptación a la aridez es la piel, que les aísla perfectamente del exterior, así como la tolerancia de su organismo a soportar sin problemas aumentos en la temperatura corporal

La época del celo, como en otras muchas especies, empuja a los machos a enfrentarse entre sí con objeto de que el vencedor pueda transmitir sus genes a la descendencia. Lo conseguirá el mejor adaptado a las condiciones de su medio.

de hasta 5 °C. Para preservar el cerebro frente a estos cambios, que podrían ocasionarle daños, la cavidad nasal actúa como una eficaz cámara refrigerante que mantiene a la temperatura apropiada la sangre que llega hasta ese delicado órgano.

Viven formando rebaños, que en ocasiones pueden ser muy numerosos, dependiendo de las regiones y las disponibilidades de alimento. Éste consiste principalmente en hierba y pequeñas plantas, que completan con tubérculos, bulbos y algunos frutos.

Durante la época del celo los machos suelen enfrentarse entrelazando los cuernos y empujándose. La gestación dura unos 9 meses, tras los cuales nace por lo general una sola cría.

En las estepas de África oriental viven dos especies, el **órix del Kilimanjaro** (*Oryx callotis*), de unos 100 cm de altura en la cruz, con el pelaje de color pardo grisáceo, penachos de pelo en la punta de las orejas y los cuernos dispuestos en forma de V, y el **órix de Kenya** (*Oryx annectens*), muy parecido al anterior, considerándolos muchos autores a ambos como subespecies del **beisa** (*Oryx beisa*). Éste mide 110 cm de altura en la cruz y alcanza un peso de hasta 180 kg. Tiene el pelaje de color ocre grisáceo, con una línea negra en la parte inferior de ambos costados para separarlos del vientre blanquecino, y sus cuernos, que son rectos, se disponen casi paralelos. Vive en las regiones áridas de Etiopía y Somalia.

Desde el sur de Angola hasta el suroeste de Suráfrica, ocupando todas las desérticas tierras de Namibia, se extienden los territorios del **órix sura-**

Los órix son animales dotados de una gran resistencia, lo que les permite recorrer las grandes distancias que separan los dispersos y escasos pastos del desierto.

fricano, **gembsbok**, **cucama** o **pasán** (*Oryx gazella*). Es el mayor representante de su género, pues alcanza una altura en la cruz de 120 cm y llega a pesar 230 kg. De color pardo grisáceo, lleva una mancha oscura que se extiende a lo largo del dorso, y la parte superior de las patas es también de color oscuro. Los largos cuernos se disponen en forma de «V».

Más escaso que los anteriores es el **órix blanco** u **órix cimatarra** (*Oryx dammah*). Mide entre 100 y 105 cm de altura en la cruz y se diferencia de las otras especies porque sus cuernos se curvan fuertemente hacia atrás. Tiene el pelaje de color blanco o amarillento, excepto en la zona del cuello, donde es ligeramente cobrizo, y la parte superior de las extremidades, que es parda. La cola, que es blanca, finaliza en un penacho de pelo oscuro. Su área de distribución comprende una estrecha franja de territorio sahariano que va desde el sur de Marruecos y la República Saharaui hasta la costa del mar Rojo en Egipto. En el curso de la Segunda Guerra Mundial sufrió un gran descenso en sus poblaciones y en la actualidad se conserva formando pequeños rebaños dispersos por distintas zonas del desierto.

Mucho peor es la situación del **órix de Arabia** (*Oryx leucoryx*), muy parecido al anterior, tanto en dimensiones como en colorido de su pelaje, pero del que se diferencia por los cuernos, que se sitúan rectos y que llegan a medir 1 m de longitud. Han sido precisamente sus cuernos los que han conducido a su práctica extinción. Antaño fue una especie muy abundante, que se extendía por toda la península Arábiga, el desierto sirio y Mesopotamía, pero hoy se encuentra limitado a algunas áreas protegidas del extremo suroriental de Arabia. Los cazadores sometieron ya desde la antigüedad a una caza implacable a este órix, pero su gran resistencia al calor le ponía a salvo de sus perseguidores, que sólo podían seguirlo a caballo durante la época menos calurosa del invierno, pues sus monturas no podían resistir la falta de agua.

En el siglo XX, los avances técnicos permitieron que los cazadores se transformaran en verdugos implacables, persiguiendo a los rebaños por el desierto incluso desde helicópteros, desde los que podían dispararles impunemente. Una vez sacrificada la presa, descendían y se apoderaban de los cuernos para mostrarlos más tarde, orgullosos de su hazaña en las peligrosas arenas del desierto. Los desmanes de estos matarifes finalizaron cuando en sus recorridos por el desierto no pudieron encontrar más ejemplares a los que masacrar, dándose la especie por desaparecida. Por fortuna, en algunos lugares recónditos y de muy difícil acceso lograron sobrevivir unos pocos ejemplares que, gracias a una operación de salvamento organizada por una sociedad proteccionista británica, pudieron criarse en los años 1960 en recintos vigilados. A partir de ahí han podido repoblarse las actuales reservas destinadas a esta hermosísima especie de antílope que ha estado a punto de desaparecer de la faz de nuestro planeta.

ÓRIX

CLASE > MAMÍFEROS | ORDEN > ARTIODÁCTILOS | FAMILIA > BÓVIDOS | GÉNERO > ORYX

CARACTERÍSTICAS
(variables según la especie)

Longitud	200-240 cm
Altura en la cruz	100-140 cm
Peso	130-250 kg
Gestación	250-300 días
Longevidad	hasta 23 años
Alimentación	hierba, brotes, bulbos, raíces

VIDA Y COSTUMBRES

- Las distintas especies, como el órix de El Cabo y el órix blanco o cimitarra aquí mostrados, se caracterizan por su gran resistencia, lo que les permite sobrevivir en condiciones extremas. Su pelaje es blanco con manchas negras de disposición y extensión diferentes y viven formando rebaños de hasta 15 individuos que se desplazan incansables durante las horas nocturnas en busca de pastos, descansando de día.

Los addax, parecidos a los órix pero con los cuernos en espiral, viven formando pequeños rebaños y, como muchos de los herbívoros del desierto, en un constante nomadeo en busca de los escasos pastos.

El addax

Quizás a lo lejos, el viajero que recorre el desierto y tiene la fortuna de encontrarse con él, podría tomarlo por un órix blanco, pero si lo observa con cuidado, verá que sus cuernos son distintos. El **addax** (*Addax nasomaculatus*) es una especie muy emparentada con los órix, hasta el punto que en muchos lugares se producen cruces entre ambas.

Es un magnífico antílope de unos 2 m de longitud total de cabeza y tronco y unos 105 cm de altura en la cruz, y que llega a pesar cerca de 120 kg. La cola mide de 15 a 20 cm. El pelaje es casi totalmente blanco, salvo el dibujo facial oscuro, aunque en invierno lo cambia por otro algo más denso y de color ligeramente ocre o grisáceo por la zona de la grupa y los flancos. En la parte inferior del cuello lleva una pequeña crin, y la frente aparece adornada por un vistoso mechón de pelo de color pardo. Los cuernos también aparecen anillados en casi toda su longitud, pero se retuercen en espiral dando dos o tres vueltas. Se diferencia también de los órix por sus pezuñas, que son cortas y no acaban en punta, sino que se ensanchan. Esta forma es de gran utilidad para el animal, pues le permite desplazarse perfectamente por terrenos arenosos sin hundirse.

Vive formando rebaños de 3 a 20 animales, que se mantienen activos noche y día, desplazándose en busca de pastos. Tienen una gran capacidad para localizar aquellas zonas en que ha crecido algo de hierba u otras plantas. Gracias a sus pezuñas, sus territorios son más amplios que los del órix blanco, penetrando en las amplias extensiones de dunas del Sahara central. Cuando se producen lluvias en alguna región, muchos rebaños de addax acuden desde los lugares más lejanos, formándose entonces rebaños muy numerosos. Puesto que en su hábitat natural prácticamente no hay lugares donde resguardarse, durante las horas de mayor calor se les puede observar a veces tumbados en un pequeño hoyo excavado en el suelo, que les proporciona algo de frescor.

Durante la época del celo, los machos se vuelven muy agresivos frente a

El nilghai es un hermoso antílope de las regiones desérticas de la India. Vive formando rebaños guiados por un par de machos y formados el resto por hembras y sus crías. Se desplaza en busca de agua y alimento en las primeras horas del día y al atardecer y es de costumbres sedentarias.

sus posibles competidores, expulsándolos de los rebaños. La gestación de las hembras es relativamente larga pues oscila entre los diez y los once meses y medio, trayendo al mundo en general una única cría, que nace en invierno o a comienzos de primavera, épocas en que el calor es menos intenso y el alimento abunda más.

Esta especie ha seguido un destino similar al de los órix del desierto y aunque a comienzos del siglo XX se encontraba desde el Atlántico hasta Egipto, Siria y la península Arábiga, en la actualidad su área de distribución se limita a las regiones centrales del Sahara. La persecución implacable de los cazadores, que también aquí recurrieron a aniquilarles desde el aire, estuvo a punto de hacerles desaparecer. Por fortuna se les mantiene también en varios parques zoológicos y se cuenta con algunos rebaños en centros de recuperación de fauna, que constituyen una reserva esencial para garantizar la supervivencia de la especie. En estas instalaciones se reproducen los addax, y algunos de los ejemplares así obtenidos han sido empleados en proyectos de reintroducción de la especie en sus territorios originales.

Antílopes de los desiertos tropicales de Asia

En los desiertos y tierras áridas de Asia tropical hay varias especies de antílopes de gran interés, que habitan también en áreas de sabana o de bosques secos.

Uno de ellos es el **nilgó**, **nilghai** o **toro azul** (*Boselaphus tragocamelus*), considerado uno de los rumiantes salvajes más bellos de la India. Tiene un cuerpo fuerte y musculoso, de hasta 2,1 m de longitud total de cabeza y tronco, con una altura en la cruz de unos 140 cm y que alcanza un peso de 180 kg. La cabeza es alargada, afilándose hacia el hocico, el cuello es corto y robusto, las patas son altas y fuertes y sobre la parte dorsal del cuello lleva una corta crin. La cola mide entre 45 y 55 cm. El pelaje de los machos adultos es de color gris azulado, salvo el vientre, que es blanco, así como la parte posterior de los muslos y una mancha del cuello. A la altura de las pezuñas aparece también una mancha blanca en todos los individuos. Por debajo del cuello, en su parte anterior, cuelga un corto penacho de color negro. Los cuernos miden unos 25 cm de longitud y aparecen ligeramente inclinados hacia delante. Las hembras, en cambio, que son más pequeñas, presentan un pelaje de tonos pardos y carecen de cuernos.

Viven formando rebaños de hasta 30 individuos, conducidos por un par de machos adultos, siendo el resto de componentes las hembras y sus crías. Los machos viven solitarios o se agrupan en pequeños rebaños. Tienen la costumbre de buscar lugares comunes donde todos los miembros del grupo depositan sus excrementos. Esto sirve al parecer para delimitar el territorio de la manada e informar a otros congéneres del sexo de los individuos que la forman.

Son animales de costumbres sedentarias y siempre que dispongan de alimento y agua suficientes no se desplazan a otros lugares. Se alimentan de las hojas y frutos de los arbustos que ramonean, así como de algo de hierba, que comen arrodillándose sobre las patas delanteras pues su corto cuello no les permite llegar directamente al suelo. Suelen ir en busca de su alimento por las mañanas y al atardecer, permaneciendo las horas centrales del día, cuando más calor hace, descansando entre los arbustos. Acuden diariamente a los abrevaderos, pero los que viven en las regiones más áridas o en los desiertos, son capaces de pasar muchos días sin beber, obteniendo gran parte del agua que necesitan a partir de las plantas que comen.

La época del celo tiene lugar en general a finales de invierno o a comienzos de primavera, aunque hay datos que parecen indicar que en muchas regiones las hembras pueden quedar receptivas en otros períodos del año. Para hacerse con el dominio de un harén, los machos entablan entre sí luchas ritualizadas, en las que se arrodillan y empujan con la cabeza. Son enfrentamientos no cruentos, en los que gana el adversario que con más fuerza empuja a su contrario, el cual, una vez vencido, se retira en busca de nuevas hembras en otro lugar. La gestación dura unos 245 días, tras los cuales nacen en general dos crías, salvo en el caso de las hembras primerizas, que suelen tener sólo una. Permanecen con su madre por espacio de año y medio, que es cuando alcanzan la madurez sexual y se independizan.

De pequeñas dimensiones, pues no supera los 60 cm de altura, el chousingha vive solitario, en pareja o formando pequeños grupos familiares.

Los principales enemigos naturales de los nilghais son los tigres, los leopardos, los leones y los cocodrilos. A pesar de ello, no resultan una presa fácil pues permanecen en todo momento vigilantes y son muy asustadizos, emprendiendo una rápida huida en cuanto algún miembro del grupo detecta la menor señal de peligro. Es una especie muy ecléctica en cuanto al hábitat, por lo que podemos encontrarla tanto en las regiones áridas y desiertos de India, como en áreas boscosas y de sabana de este subcontinente. A diferencia de lo que les ha sucedido a otros muchos antílopes, los nilghais no se encuentran en peligro de extinción gracias a que en la India son considerados sagrados y en las regiones de Pakistán donde viven, los cazadores no los aprecian como una presa valiosa. No obstante, el incremento de la población humana ha reducido algo sus territorios.

Un pariente del nilghai, y con el que comparte buena porción de su área de distribución, es el **chousingha** o **antílope de cuatro cuernos** (*Tetraceros quadricornis*). Sin embargo, es de dimensiones mucho más modestas, pues apenas llega a los 60 cm de altura en la cruz. La longitud total de cabeza y tronco supone 1 m, con unos 12 cm de la cola, y pesa cerca de 20 kg, pero la característica más peculiar y que le ha dado nombre es la existencia de dos pares de cuernos, de forma cónica y aguzados, que aparecen sólo en los machos. El par más grande se encuentra situado en la parte alta de la cabeza y alcanza una longitud de unos 10 cm, mientras que otro par se dispone por delante de aquél, cerca de las órbitas oculares, y mide entre 2,5 y 3,5 cm, si bien no está presente en todos los individuos y en muchos apenas se percibe, por su pequeño tamaño.

Las hembras de antílope negro y sus crías viven en rebaños de hembras conducidos por un macho. A veces se reúnen varios rebaños formando grandes agrupaciones que se desplazan juntos en busca de los escasos pozos de agua que quedan en la estación seca.

El chousingha tiene el cuerpo bien proporcionado, con el dorso arqueado y algo más alto hacia la parte posterior. Su pelaje es de color pardo rojizo, con la zona ventral blanca, lo mismo que el hocico y la parte interna de las patas.

Vive solitario, en parejas o formando pequeños grupos familiares, y es de costumbres territoriales, marcando los límites de sus feudos con montones de excrementos. Habita en regiones áridas o semidesérticas, pero dotadas de algo de vegetación arbustiva, que es donde busca refugio con rapidez en cuanto detecta la presencia de algún enemigo. Sin embargo, nunca se aventura en terrenos forestales. Su alimentación se basa en hierbas y brotes tiernos y depende mucho de los abrevaderos, pues debe beber todos los días.

Los machos suelen pelear entre sí durante la época del celo, que tiene lugar a lo largo de la temporada de las lluvias, y las hembras, tras una gestación que se prolonga por espacio de unos siete meses y medio, traen al mundo de una a tres crías.

Se encuentra distribuido por gran parte de India y el sureste de Pakistán, pero a diferencia del nilghai, su situación actual es bastante precaria, habiendo desaparecido de muchas áreas donde estaba presente hace tan sólo medio siglo. Además, resulta muy difícil mantenerlo en cautividad, por lo que los numerosos intentos de cría que se han llevado a cabo en diversos centros de recuperación de fauna no han dado hasta la fecha los resultados apetecibles que permitieran regenerar sus escuetas poblaciones.

El tercer antílope que encontramos en el subcontinente indio y cuya área de dispersión se superpone a las de las dos especies anteriores, es el **antílope negro**, **sasín** o **ena** (*Antilope cervicapra*).

Alcanza una altura en la cruz de unos 80 cm y un peso cercano a los 40 kg. El primero de los nombres comunes que recibe hace referencia al color del pelaje de los machos adultos durante la época del celo, que es pardo negruzco por las partes superiores, con la región de la nuca más clara, y el pecho, el vientre y la zona interior de las patas blancos, lo mismo que la mitad inferior de las cuatro extremidades. En la cabeza hay manchas blancas formando un dibujo facial característico, que rodea los ojos, abarca el hocico y se extiende por las orejas. El resto del año, el colorido está menos acentuado y es más parecido al de las hembras y los jóvenes, que presentan la misma distribución cromática, pero con un tono general pardo amarillento. Tampoco son raros los individuos totalmente albinos. Además, los machos llevan cuernos en forma de espiral, que dan tres o cuatro vueltas, y que aparecen atravesados en toda su longitud por anillos transversales.

La vida cotidiana del rebaño y los mecanismos de aviso ante el peligro

Los antílopes negros viven formando en unos casos pequeños grupos de solteros y en otros, rebaños de hembras con sus crías y un único macho dominante, totalizando entre 25 y 40 ejemplares. Estos rebaños pueden agruparse durante la estación seca, cuando se dirigen en busca de los escasos pastos o de los pozos de agua casi totalmente exhaustos, reuniéndose en tales ocasiones incluso algunos centenares de individuos. Son animales de costumbres sedentarias, que suelen mantenerse dentro de sus territorios, salvo que las condiciones de la sequía sean muy severas y les obliguen a desplazarse a otros lugares en busca de alimento y agua. Prefieren siempre los terrenos que dispongan de algo de vegetación, aunque evitan los bosques.

Su actividad principal se desarrolla por las mañanas y por la tarde, que es cuando salen a pastar la hierba y las pequeñas plantas herbáceas que constituyen su dieta. Aunque acuden con regularidad a los abrevaderos, resisten bien la escasez de agua, pues sus necesidades hídricas son bastante reducidas. Sus principales enemigos fueron los guepardos, ya desaparecidos de sus tierras, pero también son una presa apetecida por tigres, leopardos y lobos. Cuando cualquiera de los miembros de la manada se alarma por algún motivo o detecta la presencia de un enemigo, salta sobre sus patas, lo que sirve de señal de aviso para todos los demás, que huyen velozmente dando también grandes saltos, a menudo al unísono todos los miembros del grupo, lo que constituye un magnífico espectáculo.

Cuando llega la época del celo, los machos dominantes marcan los límites de sus feudos con ayuda de la secreción producida por las glándulas preoculares. Defienden entonces su harén frente a los intrusos, haciendo primero una demostración de su poder echando hacia atrás la cabeza, para bajarla a continuación y dirigir la punta de los cuernos hacia el contrincante. Si eso no es suficiente, llevan a cabo enfrentamientos ritualizados en que los dos adversarios se limitan a hacer manifestaciones de su fuerza y pequeños amagos de embestida, empujándose mientras entrechocan los cuernos, pero sin llegar a derramar la sangre, hasta que el más fuerte, por lo general el dueño del harén, consigue expulsar al macho que le ha retado. Dueño otra vez del rebaño, el vencedor controla todas sus hembras, una actividad que repite a menudo, pues durante esta época se muestra muy celoso de sus dominios y no permite que ninguna de ellas lo abandone.

Las ventajas para la supervivencia de ser un animal sagrado

Las hembras fecundadas tienen una gestación de unos seis meses, transcurridos los cuales nace una única cría, que permanece las dos primeras semanas de vida oculta entre la vegetación, hasta que adquiere las fuerzas suficientes para poder seguir a su madre con el resto del rebaño.

La belleza de este antílope ha hecho que en muchos lugares haya desaparecido a causa de la intensa persecución por parte de los cazadores, aunque hay algunas regiones indias donde se le considera un animal sagrado y goza entonces de una relativa tranquilidad.

El mundo de las gacelas

El grupo de las gacelas está ampliamente representado en el Viejo Mundo y estos animales se han convertido en una de las imágenes características que aparece asociada de manera inseparable a las grandes sabanas herbáceas del continente africano. Sin embargo, también las encontramos viviendo en las extensas regiones áridas, tanto en los desiertos fríos, según hemos podido ver en el centro de Asia, como en los cálidos. Aun siendo un medio que plantea grandes retos a la supervivencia de los animales, en especial a los herbívoros, que parecerían no poder encontrar aquí el sustento necesario, existe una gran variedad de especies en estas regiones inhóspitas de ambos continentes.

Quizás una de las especies más representativa de las adaptadas a los paisajes tórridos de África sea la **gacela común** o **gacela dorcas** (*Gazella dorcas*). Alcanza una altura en la cruz de entre 55 y 65 cm, dependiendo de la variedad, y un peso de 20 a 23 kg. Tiene el pelaje de color pardoamarillento claro, con una franja de tonalidad rojiza más o menos oscura por los flancos y el vientre blanco, lo mismo que las nalgas, que constituyen lo que comúnmente designamos como «espejo», mientras que la cola es de color pardo oscuro. Los cuernos están fuertemente anillados y presentan forma de lira, siendo más cortos en las hembras que en los machos. Sus patas son largas y relativamente delgadas.

Vive formando pequeños rebaños de hembras con sus crías, mientras que los machos más viejos suelen ser de costumbres solitarias, reuniéndose para formar grupos sólo cuando las condiciones del medio son muy extremas y todos se desplazan hacia áreas más benignas. Los machos jóvenes acuden a los rebaños de hembras cuando éstas entran en celo, lo que al parecer puede suceder en cualquier época del año.

La legendaria belleza de la gacela común es sólo la respuesta de la especie a las duras condiciones que le impone la vida en un medio árido. Las formas estilizadas y la perfecta armonía de las mismas y del color son la solución óptima que la selección natural ha producido.

Lo mismo que sucede con las restantes especies de gacelas, el color blanco de las nalgas, el espejo, combinado con los movimientos de la cola, es un medio utilizado para dar la alarma cuando se detecta un peligro. Si les ataca un depredador, todos los individuos de la manada emprenden la huida al galope, mientras que muestran esa zona blanca de su cuerpo, que sirve de aviso a otros rebaños. Su principal enemigo natural es el guepardo en las regiones donde todavía vive, pues la gacela es un herbívoro de gran agilidad y perfectamente dotado para la carrera. Únicamente los ejemplares heridos, enfermos o viejos pueden ser capturados por chacales o hienas.

Se alimentan principalmente de hierbas y de cualquier otra materia vegetal que encuentren en las desoladas llanuras que ocupan, obteniendo de ellas el agua necesaria, salvo cuando la sequedad es extrema y el contenido hídrico del alimento es insuficiente para cubrir sus necesidades. En tales circunstancias, los rebaños se ven obligados a emigrar hacia las áreas limítrofes del desierto en busca de agua y alimento, pero en cuanto barruntan la llegada de las esporádicas lluvias que se producen al final de un largo período seco, regresan a sus territorios habituales, donde el agua benefactora habrá hecho brotar de nuevo algunos pastos, más que suficientes para su proverbial frugalidad. Completan esta dieta con algunos insectos terrestres, en particular langostas, que en las ocasiones en que éstas se congregan formando las gigantescas nubes que las convierten en temibles plagas, constituyen una importante fuente de proteínas para las gacelas. Habitan tanto en las zonas de arenas como en las de suelo rocoso del desierto y sus áreas marginales.

Gracias a los rebaños mantenidos en cautividad, la gacela común ha sobrevivido al bárbaro exterminio de los cazadores motorizados.

Aunque el celo puede producirse en cualquier época del año, la mayor parte de los apareamientos tiene lugar durante el otoño y a comienzos del verano. La gestación se prolonga por espacio de unos tres meses y cada hembra trae al mundo una única cría.

El área de distribución de la gacela común se extiende por todo el Sahara, desde la costa atlántica hasta la del mar Rojo, las regiones del Cercano Oriente y la península Arábiga. Sin embargo, durante la primera mitad del siglo XX ha sido objeto de una cruel e irracional persecución por parte de individuos ociosos de nuestra especie, que la han seguido desde vehículos, sacrificando rebaños enteros simplemente por el placer de practicar el tiro. Estos hechos han conducido a que la especie haya desaparecido de muchas de las regiones que antaño ocupó y que haya estado a punto de desaparecer para siempre, como ha sucedido con otros muchos animales.

Afortunadamente, se trata de una especie que se mantiene bien en cautividad. Hay por varios países centros de recuperación, como el existente en Almería (España), donde se dan unas condiciones análogas a las del hábitat natural de la gacela común, en los que se reproduce sin problemas. Esto ha permitido que durante el último tercio del siglo XX se hicieran varias reintroducciones de pequeñas manadas en áreas donde había desaparecido y que al no estar ya expuestas a la presión humana, hayan prosperado. Por consiguiente, las perspectivas de recuperación son favorables y permiten albergar esperanzas de que de nuevo las arenas de los desiertos norteafricanos y del Cercano Oriente pronto posean la misma riqueza que en el pasado.

Las otras especies de gacelas

Veremos ahora otras especies de estos elegantes animales. Varían en el tamaño y en algunos detalles de su coloración, pero son fácilmente reconocibles como miembros de este gran grupo. Sus modos de vida son en general los mismos, con las naturales adaptaciones al medio propio que cada una de ellas habita. Igualmente, presentan las mismas costumbres sociales y reproductoras, así que no haremos referencia a estos dos aspectos importantes de la vida de cualquier animal, pues es aplicable todo lo que hemos visto para la anterior especie,

Es frecuente encontrar a las gacelas dama formando rebaños mixtos con las comunes. De mayores dimensiones que éstas, tienen las patas largas y el pelaje claro, no siendo extraño que aparezcan casi blancas.

considerada como arquetípica de todas ellas.

En las regiones meridionales de su área de dispersión, la gacela común comparte el espacio e incluso llega a formar rebaños mixtos con la **gacela dama** o **antílope mhor** (*Gazella dama*), de mayores dimensiones que ella. Tiene una altura en la cruz que oscila entre los 90 y los 107 cm, y alcanza un peso de hasta 75 kg. Se caracteriza por su largo cuello y las patas, que son bastante largas. Los cuernos, también anillados, aparecen inclinados hacia atrás. El pelaje es de color pardo rojizo, con el vientre y las patas blancas, y las zonas blancas de las nalgas se extienden hacia la grupa, mientras que en la cabeza forman un amplio dibujo, haciendo que en ocasiones sea totalmente blanca. En los flancos no aparece la franja oscura que caracteriza a muchas otras gacelas. La cola es corta, de color blanco y con la punta negra.

La gacela dama tiene su área de dispersión más reducida que la anterior especie. Se extiende desde la costa atlántica, en Mauritania, hasta las regiones centrales de Sudán. Habita en el desierto y en las regiones subdesérticas del Sahel.

Otra especie más, la **gacela de frente roja** o **corina** (*Gazella rufifrons*), tiene el área de dispersión paralela a la de la gacela dama, aunque algo más hacia el sur. Mide unos 70 cm de altura en la cruz y pesa entre 25 y 30 kg. Los cuernos están ligeramente curvados en forma de «S». Tiene el pelaje de color pardo, con el vientre blanco y una franja rojiza en los flancos. Las nalgas son también blancas, mientras que el dorso de la nariz es de color rojizo, lo que le ha valido su nombre común.

Para camuflarse en los medios áridos se requiere un pelaje totalmente críptico con los entornos desprovistos de vegetación. Además, hay que obtener el máximo provecho de los escasos pastos que crecen en estas regiones secas.

Vive en las zonas abiertas de la sabana seca.

La **gacela de Pelzeln** o **dero** (*Gazella pelzelni*) mide unos 65 cm de altura y pesa 18 kg, como máximo. Es de color pardo grisáceo, con el vientre, las nalgas y la zona dorsal de la nariz blancos. Una franja parda se dispone a lo largo de los flancos. Los cuernos aparecen ligeramente inclinados hacia atrás y tienen forma de una «S» suave. Vive en desiertos pedregosos y en las estepas secas de las zonas costeras septentrionales de Somalia.

Al sur de la anterior especie extiende sus territorios la **gacela de Speke** (*Gazella spekei*), la más pequeña de la familia, pues rara vez supera los 60 cm de altura en la cruz y alcanza un peso de unos 18 kg, como máximo. Es de color leonado con una franja parda bastante ancha a lo largo de los flancos, y el vientre y las nalgas son blancos. Los cuernos se inclinan ligeramente hacia atrás y tienen forma de una «S» suave. Sobre la nariz lleva unos pliegues cutáneos que los machos pueden desplegar formando una estructura en forma de pelota. Vive en terrenos altos semidesérticos, con algo de matorral. Su área de distribución se extiende por el este de Etiopía y las regiones centrales de Somalia.

En las regiones occidentales de Sudán vive la especie *Gazella tilonura*, de unos 70 cm de altura y un peso que oscila entre los 25 y los 30 kg. Es de color leonado, con una franja negra a lo largo de los flancos y el vientre y las nalgas blancos. La frente y el dorso de la nariz son rojizos y una mancha blanca rodea los ojos. Lleva en las patas delanteras, en la articulación de la rodilla, un penacho de pelos. Los cuernos tienen forma de lira, con las puntas dirigidas hacia delante. Habita las sabanas secas y las tierras semiáridas de las mesetas.

La **gacela arábiga** (*Gazella gazella*) tiene una altura en la cruz que varía entre los 60 y los 70 cm según las razas, y alcanza un peso de hasta 25 kg. Tiene el pelaje de color pardo grisáceo, con una franja lateral algo más oscura en los flancos, el vientre blanco y un dibujo rojizo sobre fondo blanco en la cabeza. Los cuernos son rectos. Habita zonas esteparias y desiertos, tanto en las llanuras como en las mesetas y las zonas montañosas. Su área de dispersión abarca un amplio territorio que se extiende desde la península Arábiga hasta las regiones occidentales de India, pasando por los desiertos iraníes.

Sin embargo, son pocas las regiones de esta extensa área donde se pueden encontrar hoy ejemplares de dicha especie, pues las matanzas sistemáticas llevadas a cabo por el hombre armado de fusiles, e incluso de ametralladoras según consta en muchos informes, han conseguido reducir los efectivos a los mínimos de supervivencia, hasta el punto que se temió por su total desaparición. Estas hermosas gacelas se pueden encontrar en nuestros días sólo en las áreas arenosas y más hostiles del desierto, a las que no pueden acceder los vehículos y que se han convertido en su último refugio. Sin embargo, son también zonas donde escasea el alimento, por lo que los escasos rebaños son poco numerosos. Todo ello hace que el estado de conservación de la gacela arábiga siga siendo muy frágil, y su futuro, incierto.

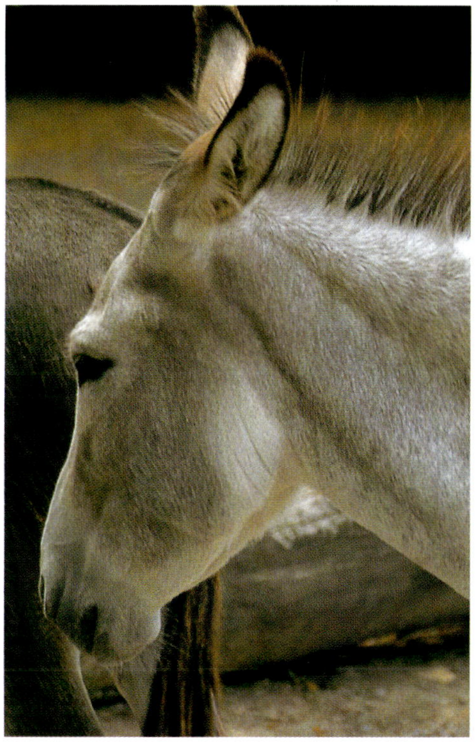

Los asnos se diferencian de los caballos por sus menores dimensiones y el mayor tamaño de sus orejas. Son animales muy resistentes.

Los parientes menores del caballo

La gran familia de los Équidos engloba tres tipos de animales muy próximos, pero en general fácilmente distinguibles entre sí. Por un lado están las cebras, que son características de las sabanas africanas; por otro, los caballos, propios de las llanuras y estepas eurasiáticas, y, por último, los asnos, más parecidos a estos últimos y que encontramos originalmente en el norte de África, pero también en las regiones áridas del sur de Asia. Sin embargo, los asnos en sentido estricto son únicamente los pertenecientes al grupo africano, pues los asiáticos suponen un grupo más cercano al de sus parientes mayores y están representados por el conjunto de los hemiones, que viven en las estepas secas de Eurasia.

Veremos aquí, por consiguiente, los **asnos** (*Equus asinus*) en sentido estricto, que están representados por varias subespecies y que son los antecesores de las numerosas razas de asnos domésticos que existen en la actualidad, aunque muchas de ellas se encuentren en trance de desaparición a consecuencia de la progresiva sustitución de los animales de carga por vehículos.

Los asnos salvajes son animales de mediano tamaño, que alcanzan una altura en la cruz que puede variar en las diferentes especies entre los 113 y los 140 cm, y tienen un peso comprendido entre los 200 y los 320 kg. Su cuerpo es similar al de los caballos o las cebras, aunque menos corpulento, pero se diferencian principalmente por el mayor tamaño de sus orejas, que acaban en punta, la cola más corta y finalizada en un penacho de pelos, y las pezuñas comprimidas lateralmente, lo que hace que resulten más altas. Tienen asimismo una pequeña crin de pelo eréctil y la grupa es relativamente corta. El pelaje es en general de tonos grisáceos, castaños o leonados, con alguna raya o franja vertical a la altura de la cruz y en algunos de ellos también líneas oscuras o negras horizontales en las patas, de manera similar a las cebras, mientras que el vientre es más claro o blanco y la zona que rodea al hocico también blanca.

La vida en un medio adverso

El hábitat natural de los asnos salvajes lo constituyen las regiones semidesérticas y las estepas áridas. Estas condiciones son las que a lo largo de la evolución han ido modelando su cuerpo y adaptando su fisiología hasta hacer de ellos unos animales muy resistentes y frugales en sus necesidades, que fue una de las principales razones que empujaron al hombre para que los domesticara ya en la antigüedad.

Al tener las pezuñas altas y estrechas, ofreciendo una superficie de sustentación menor que la que poseen las cebras o los caballos, se desplazan mejor por terrenos pedregosos que por los lugares de suelo blando. Eso les permite poblar también zonas montañosas, en las que se mueven con gran seguridad y ligereza.

Animales pacíficos y gregarios que saben defenderse con eficacia

Viven formando rebaños de entre 10 y 30 individuos, constituidos por hembras con sus crías y un macho dominante. Los restantes machos se agrupan también en rebaños, pero menos numerosos. En las épocas de sequía rigurosa, que se producen cada cierto tiempo, pueden verse también grandes agrupaciones de varios rebaños que se desplazan juntos en busca de los escasos abrevaderos que quedan, pero en cuanto las condiciones mejoran lo suficiente, cada uno de ellos regresa de nuevo a sus territorios.

El macho dominante posee un territorio de extensión variable, de entre 10 y 15 km^2, y marca sus límites mediante montones de deyecciones. Mantiene a las hembras del harén unidas, pero no se muestra agresivo frente a los grupos de machos, a los que permite la presencia en el mismo territorio siempre que no intenten quitarle alguna de las hembras.

Se alimentan de hierba y de las pequeñas plantas que crecen en las llanuras, así como de los brotes y ramas de los arbustos, o incluso de alguno de los escasos árboles espinosos que encuentran. Su actividad suele comenzar al atardecer, cuando todo el rebaño se pone en movimiento en busca de los pastos, donde permanecerán durante gran parte de la noche y las primeras horas del día. Después buscan un lugar donde haya algo de sombra para descansar y permanecen allí descansando el resto de su jornada. En lo que respecta a sus necesidades de agua, los asnos salvajes se muestran también bastante frugales, pues si bien prefieren acudir todos los días al abrevadero, pueden permanecer algunos días sin beber. En las regiones más áridas, donde escasea el agua dulce, se les ha visto también bebiendo agua salobre.

Son animales de carácter pacífico, que rehúyen la presencia humana y emprenden rápidamente la huida cuando alguna persona intenta acercárseles. Se desplazan con ligereza y si es necesario emprenden un trote sostenido, que pueden mantener durante mucho tiempo. Salvo el hombre, en la actualidad carecen prácticamente de enemigos pues sus depredadores naturales han desaparecido en la mayoría de los lugares que habitan. Eran éstos los leones y los leopardos. Sólo las hienas pueden constituir en alguna ocasión un peligro para algún individuo aislado. Sin embargo, si bien prefieren huir del atacante, si son varios los perseguidores, suelen optar por defenderse. El grupo forma entonces un círculo, dejando a las crías en la parte interior si se trata de hembras, y se defienden valientemente con mordiscos y propinando fuertes coces, que con sus duras pezuñas pueden causar graves lesiones a una hiena o un chacal. Por lo general basta que adopten esta clara posición para que los atacantes renuncien a la persecución.

Como sucede con muchos otros herbívoros de los terrenos despejados, el oído y la vista son dos de los órganos sensoriales más desarrollados.

Cuando una hembra del rebaño entra en celo, el macho se muestra agresivo frente a cualquier intruso y defiende violentamente su harén. La cópula va precedida de un pequeño cortejo, en que persigue a la hembra mientras emite rebuznos y muestra los dientes en una actitud característica de todos los équidos. Cuando la hembra en celo no pertenece al harén, los machos de los rebaños de solteros se enfrentan entre sí para conseguirla, golpeándose y empujándose mientras la siguen. Los individuos más fuertes son los que lograrán reunir un par de hembras e iniciar de este modo un nuevo harén.

Una larga gestación para dar una única cría bien desarrollada

La gestación es bastante larga y se prolonga por espacio de once meses y medio a doce meses. Del parto nace una única cría, que a las pocas horas ya se sujeta perfectamente sobre las patas y está en condiciones de seguir a su madre. Ésta, sin embargo, se mantiene alejada de los restantes miembros del rebaño durante los primeros días, que es el tiempo necesario para que entre ella y el pequeño se establezcan los vínculos necesarios. Los potros suelen permanecer con su madre por espacio de un año, iniciando después una etapa de transición que les permitirá independizarse. La madurez sexual se alcanza entre los dos y los tres años, aunque los machos jóvenes no comienzan a formar un rebaño hasta los 5 o 7 años.

Las razas de asnos africanos y su situación actual

Se distinguen tres subespecies de asnos salvajes, que se diferencian por el colorido del pelaje y sus dimensiones generales, aunque son muy parecidas en todos los restantes aspectos, tanto en los referentes a su comportamiento social como en los hábitos re-

Una de las mayores especies de asnos es la de Somalia, de cuerpo recio, orejas de mediana longitud y una crin erguida a lo largo de la parte superior del cuello. Carece de la característica franja negra a la altura de la cruz que presentan otras especies.

productores. Resulta difícil muchas veces distinguir estas subespecies, pues son frecuentes los cruces con los asnos domésticos asilvestrados, y la escasez de sus poblaciones hace temer que alguna de ellas ya esté realmente extinguida o en un proceso de declive irrecuperable.

El **asno de Somalia** (*Equus asinus somalicus*) es el de mayor tamaño, alcanzando hasta 140 cm de altura en la cruz. Su pelaje es de color gris rojizo y lleva una línea oscura a lo largo del dorso, que llega hasta la cola. Sin embargo, casi nunca presenta la franja vertical que muestran otros a la altura de la cruz. Las patas, en cambio, siempre aparecen con un dibujo de franjas negras acebrado. Vive en las regiones orientales de Etiopía y en Somalia, con una población de algunos centenares de cabezas dispersos por todo este territorio.

Más escaso, pues se conocen muy pocos rebaños puros, ya que gran parte de la población original se ha mezclado con asnos cimarrones, es el **asno de Nubia** (*Equus asinus africanus*). Su altura hasta la cruz oscila entre los 110 y los 115 cm y tiene el pelaje de color grisáceo o gris amarillento. Lo mismo que el anterior, presenta una larga línea oscura que recorre el dorso hasta la zona de la cola y que a la altura de los hombros se une con la franja vertical, formando una especie de cruz. Sin embargo, carece de las franjas horizontales negras de las patas. Su área de distribución original comprende Egipto y gran parte de Sudán, aunque hoy está reducida a las áreas más áridas del sur.

Las franjas negras que cubren la piel de estos asnos salvajes nos muestran la variedad de capas que pueden presentar los équidos, con formas de aspecto muy parecido, como la cebra, el caballo y el mismo asno, pero con un pelaje adaptado al medio en que viven.

Por último, el **asno norteafricano** (*Equus asinus atlanticus*) se cree que ya se ha extinguido y que los rebaños que se encuentran en la región del Atlas son el resultado de su cruce con asnos domésticos, pues presentan una gran variedad de características intermedias entre las de las dos subespecies salvajes anteriores y las de las razas domesticadas.

El asno doméstico, un animal para la historia

El declive del asno doméstico es general en todo el mundo y mucho más acentuado que el del caballo, que aunque ha dejado de ser en gran medida un animal de carga, sigue desempeñando su papel como cabalgadura, aunque sea hoy con fines en su mayor parte deportivos.

A pesar de este notable retroceso, el asno como animal doméstico ha desempeñado un importantísimo papel en la historia de los pueblos del Cercano Oriente y el norte de África, como puede comprobarse en muchos testimonios de la Antigüedad, desde pinturas murales o papiros hasta relatos en la Biblia o el Corán. El asno estuvo presente en muchas grandes migraciones que tuvieron lugar en todas estas regiones. Su presencia es también constante en fábulas y leyendas de todo tipo y aparece, además, en multitud de giros lingüísticos y refranes de los más diversos pueblos del Viejo Mundo.

Se cree que la domesticación se completó hace unos 6.000 años, en el antiguo Egipto, siendo el asno de Nubia el antecesor común de la mayoría de las razas, que posteriormente se fueron adaptando a las distintas regiones donde se las introdujo.

Las múltiples virtudes de los asnos, desde un punto de vista humano, hicieron de ellos unos excelentes animales domésticos. Rústicos y austeros donde los haya, se contentan con un escaso alimento y son muy resistentes frente a las enfermedades. Su anatomía los hace más aptos para la carga que para el tiro y fueron durante siglos los principales acompañantes de las caravanas de camellos. A todo esto hay que añadir su mayor longevidad, pues viven hasta 40 años. Por otra parte, la forma de sus pezuñas los hace idóneos para desplazarse por terrenos agrestes y por áreas de montaña, donde el caballo encuentra mayores dificultades.

De este modo, el asno se convirtió en el animal doméstico más extendido y a menudo imprescindible, pues estaba también al alcance de los agricultores más pobres, que no podían adquirir otros animales. Su expansión fue paulatina y ya durante el Imperio romano estaba presente, además de en las áreas originales de la especie, en la totalidad de las regiones mediterráneas, llegando por el este hasta China. El principal factor limitante para su expansión es la temperatura, pues cuando ésta es baja, el asno se vuelve más sensible a las enfermedades y su rendimiento es muy inferior al que da en las áreas cálidas. Es, por consiguiente, un animal propio de regiones calurosas y que podemos encontrar también en lugares del planeta muy alejados de sus territorios originales, como son Centroamérica o Australia.

Además de servir como animal de carga y de trabajo, en algunos lugares de África se consume también su carne y, de modo más general, se le emplea también para obtener leche, cuyas cualidades son muy similares a las de la humana.

Existen varias razas que se diferencian por el tamaño y también por el perfil de la cabeza, que puede ser convexo como sucede con la raza pirenaica, o recto, como en el caso del **asno de Poitou**. Este último alcanza gran tamaño, llegando a medir más de 150 cm de altura en la cruz, y es una de las razas preferidas para cruzar con el caballo con objeto de obtener mulos. Otras razas grandes son también el **asno gigante español**, el **asno de Puli**, originario del sur de Italia, el **asno Meskat**, de la península Arábiga, y el **asno tuareg**, que se cría en la región del Atlas. Entre las razas más pequeñas están los **asnos de Macedonia**, de unos 100 cm de altura máxima en la cruz, y los **asnos enanos**, que no superan los 80 cm en la cruz y que se crían en distintas regiones mediterráneas, como en las islas Baleares y en Sicilia, así como en el sur de Asia.

Los híbridos como resultado de la cría en domesticidad

Los mulos son el resultado del cruce entre caballos y asnos en general, aunque el término se aplica más propiamente al cruce de asno y yegua, dejando el de burdégano o burreño para designar el fruto del cruce de caballo y burra. No obstante, en ambos casos se trata de individuos no fértiles, que no pueden cruzarse entre sí ni con las especies originales. Sin embargo, reúnen muchas de las principales características de ambas, por lo que se trata de animales que han tenido una gran importancia económica. Su tamaño es algo menor que el de un caballo, pero su fuerza es la misma. Poseen la misma excelente aptitud para moverse por terrenos agrestes que los asnos, por lo que se les utiliza muy a menudo en regiones montañosas, e incluso los ejércitos modernos continúan empleándolos en misiones especiales por este tipo de terrenos, donde ningún vehículo es capaz de superar los obstáculos que no plantean dificultades a un mulo, o por lugares tan angostos que hacen totalmente inviable el paso para cualquier ingenio mecánico. Además, son bastante longevos, más que el caballo, pues pueden superar los 30 años de vida, y su frugalidad es análoga a la del asno.

Un roedor singular: el puerco espín

Dentro del gran orden de los Roedores hay formas muy diversas que se alejan de la idea general que la gente tiene de estos animales, que equipara casi automáticamente a ratas y ratones. Pero también son roedores las ágiles ardillas que saltan de árbol en árbol, los enormes capibaras que pastan a la orilla de los ríos o el castor constructor de diques. No obstante, todos ellos guardan un cierto aire de parecido que nos hace admitir sin dudas su parentesco. Hay, por último, algunos cuyo

En el curso de los siglos de domesticación, el asno salvaje dio lugar a multitud de razas domésticas, de tamaños y usos muy diversos. Sin embargo, hoy se encuentra en franco declive.

Lo que en los erizos es una magnífica defensa, al puerco espín le vuelve casi inexpugnable. Las larguísimas espinas que cubren su cuerpo son pelos transformados en espinas, que actúan como dardos produciendo heridas muy dolorosas.

aspecto, en cambio, resulta realmente discordante con esa imagen tópica. Aquí podemos incluir al puerco espín, que forma por sí solo una familia particular, la de los Histrícidos.

Su principal característica la constituyen las larguísimas espinas que recubren su cuerpo. Se trata de pelos transformados, de manera análoga a lo que sucede con los erizos y algunos otros mamíferos, pero que en él adquieren un especial desarrollo. Las espinas nacen entre el resto del pelaje, pero adquieren una gran dureza y finalizan en punta, convirtiéndose en eficaces dardos protectores que pueden causar dolorosas heridas a quien las toque. Suelen ser de dibujos llamativos, formando franjas negras y blancas, alcanzan un grosor de unos 7 mm y pueden medir hasta 40 cm de longitud.

Esta potente cubierta protectora se dispone sobre el dorso y en la cola, orientándose hacia atrás, mientras que en general la cabeza y la nuca sólo aparecen recubiertas de un pelaje denso. Cuando el animal se siente amenazado, suele enroscarse parcialmente sobre sí mismo, dejando las espinas dirigidas hacia el exterior. Si el peligro es más directo o inmediato, le hace frente mientras da pequeños saltos y mueve la cola, que produce un ruido característico al chocar las espinas entre sí. Es una llamada de atención ante el posible enemigo, indicándole que se arriesga a quedar gravemente lesionado, ya que las espinas se desprenden con facilidad (aunque no es cierta la leyenda de que puede lanzarlas contra su atacante) y se clavan, pudiendo infectar la herida causada. Por lo general es suficiente el aviso para que el atacante desista de sus intenciones, aunque se trate de predadores tan potentes como los leopardos o los leones.

El puerco espín tiene el cuerpo macizo y puede medir hasta 85 cm de largo, dependiendo de las especies, aunque las más pequeñas apenas superan los 35 cm. La longitud de la cola, en consonancia con esas dimensiones, varía desde los 4 a los 23 cm. Las patas son relativamente cortas y están provistas de fuertes uñas, con las que puede excavar en el suelo si lo necesita. En cuanto a los sentidos, el más desarrollado es el del oído, seguido del olfato y el tacto, mientras que el de la vista, con ojos de muy pequeño tamaño, es bastante deficiente. Mientras busca su alimento, escucha cualquier ruido que se produzca a su alrededor y que pueda indicarle la presencia de algún peligro.

Son animales de costumbres nocturnas, que aparecen en una gran cantidad de hábitats diversos del Viejo Mundo, tanto en bosques como en sabanas o en regiones áridas. La familia comprende cerca de 21 especies, que se agrupan en cuatro géneros. Los pertenecientes al género *Hystrix* son los que presentan las características más claras y los que sirven para definir la familia.

Una de estas especies es el **puerco espín africano** (*Hystrix galeata*). Alcanza una longitud total de cabeza y tronco comprendida entre los 65 y los 80 cm, y un peso que varía de 18 a 27 kg. Su pelaje general es de color castaño, de una tonalidad más oscura por la parte superior de la cabeza. Las

largas y afiladas púas del dorso se presentan a franjas blancas y negras, con la punta de color blanco, y se alternan con otras más gruesas y cortas. En la parte posterior del cuerpo las púas son negras, mientras que las de la cola son blancas.

Es de hábitos solitarios y suele vivir en el interior de cuevas naturales que encuentra o bien de las madrigueras que él mismo excava, donde pasa la mayor parte del día hasta el anochecer, momento en que comienzan sus actividades, que se prolongarán a lo largo de toda la noche. Se alimenta de todo tipo de productos vegetales, desde raíces a frutos y hierba.

Las hembras preñadas tienen un período de gestación muy variable, oscilando entre algo más de dos meses y tres meses y medio. La camada está formada en general por 2 o 3 crías, aunque puede ser una sola o en algunos casos hasta 4. Los pequeños nacen desnudos, lo que constituye una adaptación necesaria para evitar daños a la hembra durante el parto. Hasta pasados tres o cuatro días no comienzan a nacerles las espinas. Éstas, sin embargo, se mantienen flexibles durante algún tiempo y empiezan a endurecerse al cabo de unas dos semanas. Después de un par de meses, se alimentan ya por sí mismos. Alcanzan la madurez sexual al llegar al año de edad.

El puerco espín es un fitófago solitario, que pasa el día en su madriguera y sale de noche en busca de alimento.

El puerco espín surafricano tiene un aspecto y unas dimensiones similares al común, pero ocupa una zona complementaria.

El puerco espín africano habita regiones semidesérticas y territorios áridos, con una amplia área de distribución que se extiende desde el norte de Egipto hasta el norte de Tanzania, abarcando todas las tierras del llamado Cuerno de África.

Similar a esta especie es el **puerco espín común** (*Hystrix cristata*). Mide de 57 a 68 cm de longitud total de cabeza y tronco, y pesa entre 10 y 15 kg. Tanto en su aspecto general como en su colorido no presenta diferencias importantes con respecto al anterior, y lo mismo puede decirse de sus costumbres. Es también muy adaptable a distintos hábitats y podemos encontrarle lo mismo en regiones desérticas que en estepas secas o en zonas de monte bajo. Su área de dispersión es bastante amplia pues se extiende por el norte de África desde Libia hasta Marruecos, descendiendo después hasta llegar al Congo, evitando sólo las regiones centrales del Sahara y el sur de Nigeria. Aparece también en Europa, en el sur de Italia, en Sicilia y en algunas zonas de los Balcanes, pero al parecer se debe a su introducción por parte del hombre durante el Imperio romano, como ha sucedido con algunas otras de las especies que están hoy plenamente adaptadas e incorporadas a la fauna europea.

El **puerco espín surafricano** (*Hystrix africae australis*), muy parecido a los anteriores, se extiende desde la región de los Grandes Lagos y el norte de Angola hasta el extremo meridional del continente, habitando igualmente en los más diversos medios.

Por último, el **puerco espín de cola blanca** (*Hystrix leucura*) se diferencia de las otras especies sólo por el color de la cola que le da nombre. Ocupa una zona de distribución muy amplia por el continente asiático, desde Turquía por el oeste hasta las regiones septentrionales del mar Caspio y el lago Baljash por el norte, y desde allí hasta el noreste de India, llegando por el sur hasta Yemen y algunas zonas de la península Arábiga.

Los hamadrías y sus parientes

Entre los monos más conocidos del continente africano se cuentan los papiones o babuinos, de hábitos terrestres, que habitan muchas de las extensas sabanas de África Oriental. Pertenecen al género *Papio*, que cuenta con diversas especies, que se caracterizan por la rígida estructura social de sus poblaciones. Entre los babuinos hay también especialistas de los medios áridos, que habitan las áreas más secas de los predesiertos y desiertos del noreste del continente africano.

Se trata del **hamadrías** o **papión sagrado** (*Papio hamadryas*). Alcanza hasta 80 cm de longitud y una altura de unos 50 cm en los hombros, además

Los babuinos o papiones son los primates más conocidos de las tierras áridas, perfectamente adaptados a un entorno tan hostil para animales originalmente forestales, pero que han encontrado en la férrea disciplina social la mejor arma de defensa frente a sus enemigos.

La relación interpersonal entre los distintos individuos que componen el grupo es esencial para mantener éste perfectamente cohesionado. Sólo así es posible obtener el máximo provecho de los recursos disponibles.

de una larga cola de cerca de 50 cm. Puede pesar casi 25 kg. Se diferencia con facilidad de otros babuinos por la larga melena que cubre la cabeza, los hombros y la parte superior del tronco de los machos, que es de color gris claro, pero que en los individuos de mayor edad adquiere una espectacular tonalidad blanca plateada. El resto del cuerpo es de color pardo grisáceo, que va aclarándose a medida que envejece el individuo. Los machos jóvenes se parecen a las hembras, pues están cubiertos de un corto pelaje de color pardo oliváceo. La diferencia de tamaño entre ambos sexos es también muy notable, lo que acentúa todavía más el dimorfismo sexual de la especie.

El hocico es alargado, sobre todo en los machos, y de aspecto perruno como en los restantes miembros de este grupo zoológico (simios cinocéfalos), albergando en el interior de la boca una poderosísima dentadura. Por encima de los ojos destaca un saliente óseo, formando una especie de visera supraorbital, y la piel de la cara, que es desnuda, suele ser de colores claros, a menudo de color carne o algo grisácea.

Tanto los machos como las hembras poseen una zona de piel desnuda de color rosado alrededor de la región genital, que recibe el nombre de callosidades isquiáticas. En los machos suele ser de mayor tamaño y supone también un símbolo del nivel social y muestra de su poder, mientras que en las hembras normalmente resulta poco llamativa, salvo durante la época del celo en que se hincha, actuando entonces como una señal estimulante para los machos.

Como sucede con los restantes babuinos y en general con todos los primates de costumbres terrestres, los hamadrías poseen una elaborada estructura social. Es un aspecto de gran importancia para estos animales, que viven en un entorno muy desfavorable, expuestos a los depredadores en un terreno abierto y desprovisto en gran medida de refugios, y donde existe una gran escasez de alimentos. Para hacer frente a ambos problemas, han desarrollado unas pautas de conducta muy complejas y evolucionadas.

La unidad social básica la forma el grupo familiar, constituido por un macho y un número variable de hembras, que puede llegar a ser de hasta nueve, junto con sus crías. A diferencia de otras especies de su mismo género, estas unidades familiares llevan vidas independientes y sólo se reúnen varias de ellas por la noche para dormir en lugares comunes. En estas ocasiones pueden llegar a congregarse numerosos individuos, que en el pasado, cuando la especie era más abundante, llegaban hasta varios cientos de ejemplares. Esto es una estrategia defensiva que reporta indudables ventajas a todos ellos, ya que un grupo numeroso de estos poderosos monos impide que los depredadores se atrevan a atacarlos. Sin embargo, en cuanto rompe el alba, el dormidero se desocupa por completo y cada familia se aleja y pasa el resto del día en sus propios asuntos.

El macho es muy celoso de su harén y no permite que las hembras se alejen más allá de unos pocos metros, obligándolas a volver mediante mordiscos si se distancian demasiado. Él es el encargado de vigilar los alrededores por si hubiera enemigos y de defender al grupo en caso necesario, pues es durante estos períodos de dispersión cuando más expuestos están a los depredadores, principalmente los leopardos. Sin embargo, un macho en buen estado de salud es capaz de enfrentarse al ataque de este hábil félido, mostrándole su poderosa dentadura y defendiéndose a mordiscos en caso necesario. No obstante, si la familia se encuentra cerca de un roquedo, las hembras trepan a la parte alta, mientras el macho cubre la retirada y después, también desde las rocas, todos ellos lanzan piedras al atacante.

El quehacer cotidiano de estos monos terrestres

La jornada habitual del grupo familiar es una constante búsqueda de comida en unas tierras donde ésta es muy escasa. La pobreza de alimentos en el medio también explicaría la dispersión de los grandes grupos, que al extenderse por un territorio amplio pueden sacar mejor provecho de los recursos, en lugar de concentrarse todos en una misma zona, como sucede con los babuinos de la sabana, que recorren juntos el territorio mientras buscan el alimento, disponible en mayor cantidad. La dieta de los hamadrías es de tipo mixto. Por un lado están las hierbas, raíces, bulbos, semillas y otras partes vegetales. Por otro, y como complemento proteínico imprescindible, están los insectos y pequeños invertebrados, que en ocasiones consumen en grandes cantidades. Han desarrollado técnicas especiales para capturar estas pequeñas presas, entre las que incluyen también escorpiones, a los que despojan con gran habilidad de su aguijón antes de comérselos.

La importancia de las callosidades isquiáticas

Las callosidades isquiáticas desempeñan un doble papel. De modo general actúan como elementos inhibidores de la agresión en las disputas entre unos animales provistos de formidables colmillos. Cuando dos machos se enfrentan por cualquier motivo, aunque se propinan mordiscos y golpes, rara vez llegan a causarse graves daños, puesto que el que se encuentra en inferioridad de condiciones acepta la derrota y para ello muestra sus callosidades al contrincante, en una postura de presentación similar a la que tiene lugar durante la cópula. Esta actitud de sumisión hace que la agresividad del vencedor disminuya rápidamente, evitando así al vencido males mayores. Estas presentaciones se producen también sin que haya habido una lucha y tienen lugar entre individuos de distinto rango, como una medida preventiva frente a la agresividad de los dominantes, en particular cuando los grupos familiares se reúnen en los dormideros y han de compartir un espacio que suele ser escaso.

También en los hamadrías el «grooming», o aseo ritualizado, tiene una gran importancia. Aparte de su función desparasitadora, sirve para establecer los lazos de pertenencia al grupo y mantener el rango que ocupa cada individuo.

Las callosidades isquiáticas tienen para las hembras un significado sexual, pues su aumento de tamaño es un proceso fisiológico de tipo hormonal que va ligado a la aparición del celo. Cuando se encuentran receptivas, las hembras presentan su zona genital tumefacta, invitando de este modo a la cópula. Los machos interesados, o el jefe del harén dependiendo de los casos, manipularán las callosidades para comprobar el estado de recepción y entonces podrá tener lugar la cópula.

La gestación dura, de manera análoga a como sucede entre los restantes papiones, entre 6 y 7 meses, tras los cuales la hembra da a luz en general una única cría, aunque en algunas ocasiones pueden ser también dos. Durante los primeros días, el pequeño permanece aferrado con fuerza al pelo de su madre, no comenzando a encaramarse a su espalda hasta que han transcurrido algunos días más y comienzan a desarrollarse mejor sus sentidos.

El crecimiento de un antiguo animal sagrado

Cuando las crías cuentan unas tres semanas de vida, empiezan a soltarse de su progenitora y corren por el suelo, aunque en su inmediata proximidad. A medida que crecen, van aventurándose más tiempo fuera del contacto permanente con la madre y juegan constantemente con otras crías de su misma edad. El período infantil está caracterizado por el juego, que es una actividad esencial en el desarrollo psíquico de la mayoría de los mamíferos,

El feroz aspecto de los machos contrasta con el menor tamaño de las hembras y su carencia de la amplia melena de aquéllos. Son ellos los encargados de defender al grupo frente a los enemigos y de imponer la disciplina en su seno.

y de modo muy particular de los primates. Aprenden entonces las normas de comportamiento que regirán en el futuro la vida social dentro del grupo y sus relaciones con otros miembros de su misma especie. Los jóvenes alcanzan la madurez sexual alrededor de los cuatro años, aunque los machos no lograrán formar un harén hasta varios años después, cuando tengan fuerza suficiente para imponerse en las luchas.

El otro nombre común con el que se conoce a los hamadrías, el de papión sagrado, hace referencia al importante papel que desempeñaron como animales sagrados en el antiguo Egipto. Se les encuentra reproducidos en numerosos papiros, esculturas, vasijas y murales. En especial representaban al dios Tot, con el cuerpo humano o de hamadrías y con cabeza de ibis, que era la divinidad de la sabiduría y que más tarde se incorporó a la mitología grecorromana en la forma de Hermes Trimegisto. El gran aprecio que gozaban los hamadrías en este aspecto en la civilización egipcia lo demuestra el hecho de que también eran momificados, y se han encontrado de esta manera centenares de momias suyas en las tumbas de los faraones.

El área de distribución actual de esta especie comprende el noreste de Etiopía, el norte de Somalia y el suroeste de la península Arábiga, donde está representada por una raza que se diferencia por ser de dimensiones menores que las de su pariente africano. Aunque no se halla en grave peligro de extinción, sus poblaciones son hoy mucho menos numerosas que hace apenas un siglo, a lo que ha contribuido la perniciosa actividad de los cazadores, especializados en aniquilar la fauna africana y convertirla en tristes despojos momificados con los que adornar sus confortables guaridas.

El papión negro tiene unas costumbres similares a las de otros babuinos, pero no suele alejarse nunca de las áreas arboladas de la sabana y de los bosquetes que aparecen en las regiones áridas, encontrándosele a menudo encaramado en las ramas.

El gigante de los papiones

El **papión negro**, **chacma** o **papión ursino** (*Papio ursinus*), con los casi 40 kg que alcanzan a veces los machos y una longitud que puede superar 1 m, es el mayor representante de su género. Tiene el pelaje de color pardo grisáceo o verde negruzco, más o menos oscuro, tanto las manos como los pies son negros y lo mismo sucede con la cara, en la que destacan los párpados de color blanco.

Sus costumbres son similares a las de los restantes papiones y vive formando grandes grupos en los que impera un estricto orden social. Habita en zonas áridas o estepas secas, recorriendo el territorio todo el grupo mientras que se dedica a la búsqueda de alimento. En estas formaciones los individuos se disponen ordenadamente, de modo que en caso de ataque de un depredador, los machos puedan repelerlo con facilidad. Su principal enemigo es el leopardo que, sin embargo, sólo les atacará si los encuentra aislados o en grupos muy pequeños, pues un papión adulto puede llegar a matar al felino.

Su área de distribución comprende buena parte de las regiones áridas de Suráfrica y del sur de Zimbabwe. En algunos lugares se les domestica aprovechando su sentido del orden para utilizarlos como guardianes de los rebaños. A pesar de su tamaño, no resulta difícil acostumbrarlos al trato con los seres humanos, empleándose individuos jóvenes, principalmente hembras.

Las aves de vocación terrestre

El desierto, pero en general las grandes extensiones áridas, ofrecen algunas ventajas para animales como las aves, que provistas de alas y capaces de volar, pueden abandonar el territorio cuando las condiciones son extremas. Pero no son sólo éstas las que han encontrado en tierras yermas un entorno muy apropiado para prosperar, sino también otras muchas que han optado por una forma de vida más ligada al suelo que al medio aéreo, recurriendo entonces a sus aptitudes voladoras sólo en determinados casos.

Las ocasionales lluvias que se producen de vez en cuando en el desierto son un acicate para la vida. Las semillas dormidas son despertadas de su letargo y en pocos días transforman el seco paisaje amarillento en una alfombra de verdor, salpicado de infinidad de flores multicolores. Este despertar atrae enormes cantidades de insectos, que polinizarán las flores y obtendrán a cambio alimento, pero a su vez ellos se convertirán en el alimento caído del cielo para otros animales hambrientos, principalmente aves. Después, cuando las plantas completen su breve ciclo vital y la humedad haya desaparecido bajo el intenso resplandor del sol, el verde volverá a morir y tan sólo quedarán como recuerdo de su presencia los millones de semillas que en ese breve espacio de tiempo han podido producir.

Esas semillas, enterradas entre la arena, son la esperanza de vida para el futuro de un nuevo verdor cuando otra vez, pasados quizá muchos años, el cielo se cubra de nubes y éstas dejen caer en unas pocas horas todo el agua que adeudaban al desierto. Pero estas semillas son también el alimento que sustentará a muchos habitantes del desierto durante el resto del tiempo, y las aves granívoras encuentran en ellas un recurso suficiente para hacer de estos desolados paisajes su lugar de residencia.

Muchas aves que el viajero puede encontrar en el desierto le serán familiares pues se trata de esas especies cosmopolitas que habitan la casi totalidad de nuestro planeta. Entre los cazadores podemos citar el halcón como uno de los ejemplos más representativos. Pero hay también muchas otras que tienen una zona de dispersión bastante amplia y ocupan las grandes llanuras, desde las sabanas hasta las áreas predesérticas, penetrando, aunque en menor número, en los verdaderos desiertos. Así pues, el relato sobre esas aves puede encontrarse en muchos casos en las descripciones que se hacen de hábitats como la sabana africana, las estepas eurasiáticas o las praderas y pampas americanas.

Vamos a ver ahora algunos de estos habitantes alados que caracterizan los suelos del desierto y sus aledaños, y que nos servirán para conocer mejor los complejos ciclos que se desarrollan bajo estas condiciones de aridez, así como las reglas que los rigen.

Los corredores del desierto

Los zoólogos agrupan dentro de una misma familia, la de los Glareólidos, a una serie de aves, como son las canasteras, frecuentes en playas y marismas, y los pluviales, que frecuentan los bancos de arena ribereños de los ríos, junto con otras que comparten con ellas muchas características anatómicas que han justificado esa inclusión en un mismo grupo, pero que residen en un hábitat totalmente distinto, pues viven en las resecas tierras de los desiertos y sus aledaños. Se las conoce en general bajo el nombre de corredores y agrupan una docena de especies, que se encuentran tanto en Asia como en África, además de una única especie que vive en Australia.

Se trata de aves de mediano tamaño, de entre 20 y 30 cm de longitud, con largas y robustas patas provistas únicamente de 3 dedos y con alas relativamente cortas, aunque perfectamente funcionales para el vuelo. Tienen ojos grandes y el pico afilado y curvado hacia abajo por su extremo anterior. El plumaje se presenta en general de tonalidad parda o leonada, que se confunde muy bien con el suelo, y las partes inferiores son claras o blancas. Muchas muestran también un dibujo más o menos conspicuo de franjas negras o rojizas dispuestas horizontalmente en la cabeza.

La base de su dieta la constituyen en esencia diversos invertebrados terrestres, sobre todo insectos y sus larvas. Muchas veces se les puede observar con la cabeza estirada, inspeccionando a su alrededor en busca de posibles enemigos. Cuando detectan un depredador, optan por agacharse en el suelo o entre algún matorral y permanecer inmóviles, siendo entonces prácticamente invisibles gracias a su mimético plumaje. Sólo en caso de ser descubiertos o si se les sorprende desprevenidos, emprenden una rápida carrera en la que alcanzan una notable velocidad. Esto se debe a la presencia de los tres dedos en sus fuertes patas, que es una característica común a otras muchas aves de hábitos terrestres que recurren a la carrera para escapar de sus enemigos. Más raro es verles volando y cuando lo hacen casi siempre es en trayectos cortos, pues son de costumbres inequívocamente terrestres.

Viven en parejas o formando pequeños grupos, y para hacer la puesta simplemente emplean una pequeña hondonada del suelo, situada entre algunas

Las fuertes patas provistas de tres dedos dirigidos hacia delante permiten al corredor común escapar a la carrera ante un enemigo.

piedras o bien oculta debajo de unos arbustos, sin recubrirla de ningún material. Los huevos suelen ser de color pardo, con manchas, que se camuflan perfectamente en el suelo.

Las especies de corredores

Uno de los más conocidos es el **corredor común** (*Cursorius cursor*). Mide unos 23 cm de largo. Tiene el plumaje de color leonado, con las primarias negras y muy llamativas, la parte interna de las alas negra y una ancha franja blanca y negra a lo largo de la cabeza, englobando el ojo, mientras que la zona de la nuca es gris. Las patas son de color pardo amarillento.

La puesta consta en general de dos huevos, aunque en ocasiones pueden ser tres, y en muchos lugares la repiten dentro de la misma temporada. Los pollos nacen perfectamente desarrollados y al cabo de pocas horas son capaces de seguir a sus padres. Su área de distribución es muy amplia, pues aparece en las islas Canarias, Cabo Verde y la mitad septentrional de África, llegando por el sur hasta Chad y Kenya, mientras que en Asia abarca toda la península Arábiga y hacia oriente se extiende hasta Afganistán y Pakistán.

El **corredor de Temminck** (*Cursorius temminckii*) es el más pequeño de su grupo, pues apenas alcanza los 20 cm de longitud total. Es muy similar al anterior, aunque con el tono del plumaje pardo grisáceo y las patas blanquecinas. Se encuentra distribuido por África subsahariana, desde la línea que va de Gambia a Etiopía hacia el sur, llegando hasta el extremo meridional del continente.

El **corredor indio** (*Cursorius coromandelicus*) llega a medir 26 cm de longitud. Tiene el plumaje de color gris oscuro, con la garganta y el pecho rojizos, mientras que las patas son de color claro. En la cabeza presenta el mismo dibujo en blanco y negro que las dos especies anteriores. Vive en India y Sri Lanka.

El **corredor de dos bandas** (*Rhinoptilus africanus*) mide unos 21 cm de longitud y tiene el plumaje blanco, con el dorso y las alas de color gris con las plumas ribeteadas de blanco, así como dos llamativas bandas negras que cruzan el pecho y se prolongan hasta la base posterior del cuello. También la parte superior de la cabeza está manchada en gris y blanco. Las patas son blancas. Este colorido tan llamativo en un medio árido se debe a que esta especie, a diferencia de las restantes de su grupo, se mantiene activa sobre todo durante la noche. Se encuentra distribuido desde las regiones centrales de Etiopía hasta Tanzania, ocupando también las secas tierras de Somalia.

El **corredor de patas rojas** (*Rhinoptilus chalcopterus*) es bastante mayor que su congénere, pues llega hasta los 27 cm de longitud. Su plumaje es de color pardo por las partes superiores y blanco por las inferiores, con ambos lados de la cabeza blancos y atravesados por una franja oscura, que incluye los ojos. Las patas son de color rojo. Lo mismo que la anterior especie, es de costumbres nocturnas. Cuando descansa durante el día tumbado en el suelo, resulta prácticamente invisible y sólo se detecta su presencia si por algún motivo se mueve o sale corriendo en caso de sentirse realmente amenazado. Su área de distribución comprende gran parte de África al sur del Sahara, excepto las selvas del Congo y las regiones más áridas, en el suroeste y en el llamado Cuerno de África.

Por último, está el **corredor australiano** (*Peltohyas australis*), de unos 20 cm de longitud y bastante más abigarrado que los anteriores, pues es de color ocre en el vientre, con el dorso y las alas castañas manchadas de oscuro, una amplia franja negra en forma de «Y» en el pecho, la garganta blanca y la cabeza de color claro, con una franja vertical negra, que atraviesa los ojos. Las alas son más grandes que en otros corredores y también vuela con mayor frecuencia que ellos. Vive en las llanuras pedregosas del interior de Australia.

La pequeña avutarda del desierto

De tamaño algo mayor que el sisón, pero más pequeña que la avutarda, la **hubara** (*Chlamydotis undulata*) pertenece a la misma familia que estas dos aves de las estepas eurasiáticas, es decir, la de los Otídidos.

Mide alrededor de 63 cm de longitud, tiene el cuerpo compacto, con el

El corredor de Temminck es uno de los representantes más pequeños del grupo de los corredores. Habita en las llanuras del África subsahariana.

A pesar de este dibujo llamativo, cuando el corredor de patas rojas se tumba en el suelo para descansar durante las horas diurnas, pasa prácticamente inadvertido.

La hubara, un representante de la familia de las avutardas, vive en pareja o en pequeños grupos en regiones semidesérticas. Dado que se alimenta de insectos perjudiciales, goza de simpatías entre la población local.

cuello largo, lo mismo que la cola y las patas, que finalizan en tres dedos dirigidos hacia delante, con el central de mayor longitud que los restantes. Es un tipo de disposición que se observa con frecuencia entre las aves del desierto y que les permite ser excelentes corredoras. El pico es corto y robusto y los ojos grandes. Las alas son largas, relativamente estrechas y están muy bien desarrolladas.

El colorido general del plumaje es un tono ocre más o menos amarillento por las partes superiores, el vientre blanco y la garganta en tonalidades grisáceas. Las plumas primarias son negras, con una gran mancha blanca situada cerca de su base. Algo que les diferencia de otras avutardas es la presencia, tanto en los machos como en las hembras, de un copete eréctil de plumas estrechas en la parte superior de la cabeza y grupos de largas plumas de color blanco y negro que se disponen a ambos lados del cuello.

Vive en parejas o formando grupos poco numerosos en regiones semidesérticas de suelo pedregoso y en desiertos arenosos. Se alimenta de hierbas, pequeñas plantas y frutos, así como diversos invertebrados terrestres, sobre todo insectos. Cuando las langostas inician la fase de agregación, comenzando a reunirse en grandes grupos antes de ponerse en camino en sus destructivos vuelos migradores en busca de alimento, es frecuente ver a las hubaras, junto con muchas otras aves, capturando una buena cantidad de estos insectos. Es uno de los motivos por los que la hubara goza de grandes simpatías en las zonas azotadas con regularidad por las plagas de langostas.

No construye nido, sino que deposita los huevos directamente en una simple depresión del suelo, que no recubre de hierbas ni de paja. La puesta consta de 2 a 4 huevos, que son de color pardo oliváceo, con gran número de manchas oscuras.

Algunas de sus poblaciones realizan desplazamientos más o menos erráticos hacia áreas más benignas cuando las condiciones empeoran en el desierto. Su área de distribución es muy amplia y podemos encontrarla en las islas Canarias y todo el norte de África, penetrando después sus territorios por Asia y prolongándose a lo largo de todas las regiones áridas hasta llegar a Mongolia. También en algunas regiones del sur de Europa llegan ocasionalmente pequeñas bandadas de hubaras.

Gangas y ortegas

Avutardas, sisones y hubaras son aves corpulentas que habitan los terrenos despejados y semidesérticos del Viejo Mundo, ya sean desiertos fríos como los centroasiáticos o los tórridos arenales del Sahara, pero no son las únicas que ocupan este medio. Otras aves, de dimensiones mucho menores, están también perfectamente adaptadas a la vida en condiciones tan hostiles. Se trata de unos parientes de las palomas y tórtolas, es decir, de miembros del orden Columbiformes, que pertenecen al género *Pterocles*, y que se conocen bajo los nombres comunes de gangas y ortegas.

Como una característica general de todas ellas puede decirse que tienen un cuerpo de forma compacta y muy aerodinámico, con unas alas fuertes y terminadas en punta, que son un instrumento excelente para poder volar

Las gangas y ortegas, que son parientes de palomas y tórtolas, tienen un cuerpo compacto y un plumaje muy críptico que les permite descansar y anidar sobre el suelo en las regiones áridas que habitan, sin ser detectadas por sus enemigos.

incansables incluso cientos de kilómetros entre el lugar donde descansan y sus bebederos. Por ello pueden estar presentes en zonas donde la absoluta carencia de agua impide la presencia de depredadores y de otras aves que compitan con ellas por el escaso alimento.

Gangas y ortegas forman una familia propia dentro de este orden, la de los Pteróclidos. Aunque son excelentes voladores, muy resistentes y llevan a cabo largos viajes, sus costumbres muestran una clara vocación terrestre, pudiendo correr con gran agilidad por el suelo a pesar de que las patas son relativamente cortas. Su plumaje, en el que predominan los tonos pardos y amarillentos, les camufla perfectamente sobre el terreno, por lo que en general prefieren ocultarse ante la presencia de un enemigo. Sólo en caso de verse descubiertas emprenden un rápido vuelo que les pone a salvo.

El pico corto y afilado nos indica la clase de régimen alimenticio que siguen, pues la base de su dieta son las duras semillas, que completan con algunos otros productos vegetales y de modo más ocasional con diversos insectos y sus larvas. Sin embargo, este tipo de alimentos tiene un contenido en humedad muy bajo, lo cual les exige acudir todos los días a beber. Para ello, realizan largos desplazamientos hasta las charcas u otras masas de agua situadas con frecuencia muy lejos de su lugar habitual de residencia. A estos bebederos acuden a primeras horas de la mañana o al atardecer y por lo general lo hacen en bandadas, que a veces reúne una considerable cantidad de individuos.

Este gregarismo a la hora de buscar el preciado líquido constituye una notable ventaja para la especie, pues cuando un individuo ha encontrado un lugar adecuado, gracias a su excelente sentido de la orientación es capaz de regresar a él sin perderse. Su vuelo seguro y orientado con claridad señala a otros congéneres la existencia de agua e induce en ellos el instinto de seguirle, incorporándose poco a poco los restantes individuos que van encontrando en su viaje.

Además de esta habilidad para llegar hasta sus bebederos, hay que señalar también la especial adaptación fisiológica de sus cuerpos, que les permiten aprovechar casi cualquier tipo de agua, incluso las muy salobres, a las que ningún otro animal accede.

Viven en parejas o formando pequeños grupos. No construyen nido, sino que aprovechan una pequeña depresión del suelo, que pueden ampliar algo o incluso forrar someramente con algunas hierbas, donde depositan de 2 a 3 huevos, de cuya incubación se encargan ambos miembros de la pareja.

Las gangas y ortegas empapan el plumaje del vientre con agua para transportarla así hasta el nido y dar de beber a los pollos.

La ganga común (Pterocles alchata)

Mide entre 30 y 36 cm de longitud, siendo las hembras ligeramente más pequeñas, y pesa unos 250 g. Tiene el cuerpo rechoncho, con las patas cortas, las alas puntiagudas y la cola alargada. El plumaje es de color blanco en el vientre, con una ancha franja de color castaño en el pecho y una mancha negra en la garganta. El dorso es de color ocre con listas negras, y la cabeza, pardoamarillenta. Éste es el plumaje del macho, que además se cubre de manchas amarillas durante la época del celo, pues la hembra presenta un tono general más apagado y carece de la mancha negra de la garganta.

Tienen un vuelo rápido y sostenido y viven en parejas o formando pequeñas bandadas en áreas secas y llanas, evitando los terrenos agrestes o aquellos con accidentes u obstáculos que les impidan tener una amplia visión de su entorno. Al volar suelen emitir un grito característico y bastante sonoro, del que deriva el nombre común con el que se les conoce.

Las parejas nidifican aisladas y hacen una o incluso dos puestas al año. Los huevos son de color pardo, con pequeñas manchas grisáceas y rojizas. La incubación dura entre 19 y 21 días y los pollos nacen cubiertos de un plumón de color leonado con manchas negruzcas por el dorso, que los camufla muy bien en el suelo.

Su área de distribución comprende las llanuras del sur de la península Ibérica, todo el norte de África y ya en Asia, desde Turquía y el norte de la península Arábiga hasta las regiones occidentales de la India.

La ortega (Pterocles orientalis)

Es algo mayor que la ganga, pues mide hasta 38 cm de longitud y pesa 500 g. Su aspecto general es muy parecido al de aquélla, aunque tiene la cola más corta y presenta variaciones en el colorido de su plumaje, que es menos llamativo. Los machos tienen el vientre negro, y el dorso, lo mismo que la cola, de color gris con pintas amarillentas. Las alas son ocres, con tonalidades grises y los bordes de las plumas amarillos. La garganta es pardorrojiza y el pecho gris con una franja delgada negra. Las hembras tienen las partes superiores de color ocre, con delgadas barras negruzcas por el dorso y la cola. La garganta es amarillenta con listas oscuras que se disponen transversales, la cabeza lleva también una lista oscura y el pecho es pardorrojizo con motas negras. El abdomen es blanco en su parte anterior y negro en el resto.

Una característica asombrosa de las ortegas para adaptarse a los desiertos cálidos es la particular configuración de su región ventral. Es bien conocido el hecho de que son capaces de permanecer durante horas tumbadas sobre la arena ardiente sin que eso les afecte en lo más mínimo. Un estudio de su anatomía ha revelado que la piel del abdomen es más gruesa que en el resto del cuerpo y, además, está separada de los músculos por una delgada capa de aire, que sirve de eficaz aislante. De este modo, el conjunto actúa como un perfecto colchón neumático sobre el que la ortega puede descansar sin que el intenso calor se transmita a su cuerpo y afecte a los órganos internos.

Son aves de costumbres más gregarias que las gangas, que presentan también un vuelo rápido y sostenido mediante fuertes y vigorosos aletazos, desplazándose a una cierta altura sobre el suelo cuando se dirigen hacia los bebederos.

Lo más frecuente es que tengan una única puesta al año, aunque en ocasiones, cuando las condiciones son muy favorables, pueden repetirla antes de finalizar la temporada. La incubación de los dos o tres huevos que pone la hembra se prolonga por espacio de unos 21 o 22 días. Son de color crema, con pequeñas manchas rojizas o grisáceas. Los pollos nacen cubiertos de un plumón de color leonado, con pequeñas manchas pardas que se extienden por la cabeza y otras algo más oscuras que cubren el dorso. Esta coloración, lo mismo que sucede con los polluelos de la ganga, los hace pasar inadvertidos en el suelo.

El área de distribución de esta especie coincide en gran medida con la de la ganga común, aunque falta en la mitad oriental del norte de África y amplía sus territorios en Asia hacia las regiones de la estepa.

Las alondras del desierto

Con la excepción de las islas oceánicas y la Antártida, los miembros de la familia de los Aláudidos, más conocidos como alondras (pero que incluye también calandrias, terreras y cogujadas), están presentes en los prados, sabanas y estepas, llanuras, tundras y desiertos del resto del mundo, si bien en medida distinta, pues mientras que en todo el continente americano sólo viven dos especies (una en Norteamérica y otra en Suramérica) y otro tanto sucede con Australia, las restantes casi 70 especies, agrupadas en unos 15 géneros, se distribuyen ampliamente por África y Asia, y en menor medida por Europa, que cuenta con una decena de esas especies.

Las alondras son aves características de los espacios abiertos y de costumbres terrestres, pues andan y corren muy bien por el suelo, y también para dormir se posan en tierra, buscando una pequeña depresión o rebajando ligeramente la superficie con sus patas hasta adaptarla a la forma de su cuerpo. El vuelo es potente y algo ondulado, alternando los aletazos con las alas cerradas.

Las dimensiones de las alondras oscilan entre los poco más de 11 cm de las especies más pequeñas y los 23 cm de longitud total en el caso de las más corpulentas. En el plumaje adquieren casi un carácter de uniforme para la mayoría de todas ellas los tonos pardos y ocres, con manchas más oscuras distribuidas principalmente por las partes superiores del cuerpo.

Como otros muchos pájaros, son aves canoras y emiten un canto prolongado y sostenido muy característico, que a menudo continúan también mientras vuelan, en particular durante la época del celo, sirviendo entonces como reclamo de los machos para atraer a las hembras y también como señal para fijar los límites de sus territorios. En la mayoría de los casos son de costumbres gregarias, y en ocasiones pueden reunirse para formar grandes bandadas.

El nido que construyen consiste en la gran mayoría de los casos en una pequeña depresión del terreno que acolchan con algo de hierba seca y algunas ramillas delgadas más o menos entrelazadas, aunque unas pocas especies, principalmente las africanas, a veces levantan algo así como una pequeña cubierta, también de hierbas, para protegerlo. La puesta consta de entre 2 y 6 huevos, de color blanco o gris blanquecino y con manchas oscuras, que la hembra se encargará de incubar por espacio de unas dos semanas. Pueden hacer dos puestas al año y en algunos casos incluso tres, todo ello dependiendo de las condiciones ambientales y de la mayor o menor disponibilidad de alimento en la zona. Durante la incubación se disgregan los grupos que se reúnen el resto del tiempo.

La ortega es capaz de descansar sin problemas sobre la arena ardiente del desierto gracias a la capa aislante de su vientre.

Las especies de las regiones cálidas suelen ser sedentarias, no así las que viven en latitudes más altas, que con la llegada del otoño emprenden una migración que las llevará hasta zonas más benignas donde invernar.

En los desiertos de África y Asia podemos encontrar varias alondras, entre las cuales destaca la llamada **alondra ibis** (*Alaemon alaudipes*). Mide unos 20 cm de longitud total y tiene el pico largo y algo curvado hacia abajo. Su plumaje es de color gris con tonalidades ocres por las partes superiores, el vientre blanco y el pecho blanquecino con estrías oscuras. Las alas son muy vistosas pues se combinan franjas en blanco y negro.

En su dieta incluye con especial predilección las larvas de tenebriónidos, que son de gran tamaño y se ocultan en el suelo, donde las busca y saca con ayuda del pico curvado. Esta especie se diferencia de todas las restantes en cuanto al modo de nidificar, ya que de manera excepcional no lo hace en el suelo, sino entre las ramas de algún arbusto. Esto se debe a las especiales condiciones de su hábitat, pues el excesivo calor que se acumula en las arenas de los desiertos cálidos y las altísimas temperaturas que pueden llegar a alcanzar podrían matar los embriones y malograr la puesta.

Son también estas condiciones las que guían su conducta, pues es menos social que otras y vive en parejas o grupos muy reducidos.

El área de dispersión es muy amplia, pues podemos encontrar la alondra ibis a lo largo de todo el Sahara, cruzando después a la península Arábiga y extendiéndose hasta India.

Menor es la superficie ocupada por otras dos especies del género *Ammomanes*. Son alondras más pequeñas que la anterior, que se encuentran distribuidas por varias zonas del norte de África y el noroeste de India. Habitan también en zonas desérticas.

La alondra ibis no nidifica en el suelo como las restantes alondras, sino sobre un arbusto a causa de la elevada temperatura del suelo.

Una de ellas, la **terrera sahariana** o **alondra del desierto** (*Ammomanes deserti*), que alcanza una longitud de unos 15 cm, habita con preferencia las zonas pedregosas del Sahara y regiones semidesérticas. Presenta una gran variabilidad de tonalidades en su plumaje en las distintas regiones donde aparece, en respuesta al color que presenta en cada caso el terreno, formando así diferentes razas. La otra, la **alondra de los arenales** (*Ammomanes cinctura*), mide cerca de 13 cm de longitud y, como su nombre indica, podemos encontrarla principalmente en las zonas arenosas del desierto, evitando las áreas con rocas o las zonas de arbustos.

Una golondrina muy especial

La **golondrina yebélica** (*Hirundo obsoleta*) es una excepción entre los miembros de su familia. En primer lugar, sus alas no son tan alargadas, sino más anchas de lo normal, y de este modo puede volar con mayor lentitud. En segundo lugar, su pico es más robusto que el de las restantes golondrinas. Estas dos características son las que hacen posible a este pájaro encontrar su alimento en el único lugar donde se concentra en las regiones más áridas del desierto, en las que suelen soplar fuertes y bruscas brisas, es decir, a resguardo de las rocas.

En estas pequeñas áreas a salvo de la fuerza del viento se crea un microclima con el aire en calma, que es el adecuado para que prosperen los insectos alados. La golondrina yebélica vuela muy cerca de la roca y captura los insectos que allí se encuentran o que saltan asustados por su llegada. Entonces entra en juego la segunda adaptación anatómica, el pico, que al ser más grueso y fuerte de lo normal es adecuado para romper el duro caparazón de la mayoría de los insectos del desierto.

Mide unos 13 cm de longitud total. Su plumaje es completamente castaño, salvo la garganta y el pecho, que son blancos, y tiene la cola cuadrada provista de una línea de puntos blancos.

Además de los rasgos anatómicos particulares que hemos descrito, muestra también varias peculiaridades de comportamiento que hacen de ella un caso especial dentro de la familia. En primer lugar está su carácter territorial, que obedece a la necesidad de encontrar suficiente cantidad de un alimento escaso que no puede compartir si quiere sobrevivir. Además, la puesta es reducida, condicionada por la poca abundancia de sus presas y los jóvenes tardan muy poco tiempo en independizarse y dispersarse para buscar sus propios territorios.

Esta golondrina tan singular posee una amplia área de dispersión, que abarca la totalidad del desierto del Sahara, la península Arábiga y todas las restantes tierras desérticas que se prolongan hasta Pakistán.

La vida a ras de suelo

Desde los dromedarios, los órix o los hamadrías hasta las ortegas o las alondras, son muchos los animales que nos hemos encontrado en el desierto, como testigos de una riqueza biológica que muchos no creen posible en estas áreas aparentemente desprovistas de vida. Pero por debajo de sus patas, a ras de suelo, ya sea arrastrándose sobre él o viviendo enterrados bajo su superficie, otros muchos animales completan el ecosistema y se enlazan con los anteriores a través de series de cadenas tróficas y otras complejas relaciones.

Entre esta otra fauna destacan los insectos, por un lado, y los reptiles y roedores, por otro. Son insectos en su mayoría terrestres, a los que pueden añadirse algunos arácnidos y otros grupos menores de invertebrados. Bien viven bajo tierra o pasan allí la mayor parte de su tiempo, a salvo de las temperaturas exteriores. Lo mismo sucede con sus larvas. Además, muchas especies poseen formas de resistencia en las que la vida se detiene durante un período más o menos largo de latencia, recuperando la vitalidad cuando las condiciones ambientales son más favorables, de manera análoga a como sucede con muchas plantas.

Por muy abundante que sea la fauna que se desplaza por las llanuras, en el subsuelo transcurre la vida de una mayor cantidad de micromamíferos.

También los roedores son relativamente abundantes, alimentándose de las semillas de todas esas plantas o de invertebrados. Por último, estos pequeños mamíferos sirven de presa principal para los reptiles. Todos, cazados y cazadores, suelen desarrollar gran arte de sus actividades al final del día o por la noche, cuando las temperaturas descienden a valores mucho más bajos y tolerables. Las horas en que el sol está por encima del horizonte suelen pasarlas ocultos en su madriguera, pues a poco más de 1 m por debajo de la superficie del suelo la temperatura es muy inferior a la que se alcanza al aire libre.

Los pequeños mamíferos del suelo

Entre los roedores nos puede servir de ejemplo el **hámster dorado** (*Mesocricetus auratus*). Mide unos 15 a 18 cm de longitud, alcanza un peso de hasta 150 g y tiene el cuerpo robusto y la cola muy corta, ojos pequeños y orejas de mediano tamaño. El pelaje es suave y de color pardo amarillento u ocre, con la zona ventral blanquecina. Es un animal muy prolífico, con un período de gestación de apenas dos semanas y media, trayendo al mundo hasta una docena de diminutas crías, que crecen con gran rapidez. Los jóvenes pronto se independizan y cuando alcanzan la edad de 10 semanas ya están en condiciones de reproducirse. Si a esto se añade el hecho de que la hembra puede llegar a tener hasta ocho camadas al año, nos dará una idea del número de individuos que pueden formar su población. Que no se conviertan en una plaga que acabaría con todos los recursos alimenticios hay que agradecerlo a los numerosos enemigos naturales con que cuentan estos roedores. Son una de las presas favoritas de aves carniceras, de serpientes y de cazadores de pelo de muy diverso tamaño. El control que ejercen estos depredadores sobre sus efectivos es decisivo para el equilibrio del ecosistema de los desiertos.

El hámster dorado se alimenta de una gran variedad de productos vegetales, con preferencia semillas, pero incluye también tallos frescos, raíces y frutos, dieta que completa con insectos y sus larvas. Durante el día permanece durmiendo en el interior de sus confortables guaridas, iniciando sus actividades al caer la tarde. Su área de dispersión comprende el desierto sirio, Turquía y algunas regiones orientales de los Balcanes. Por último, hay que decir que es una especie criada en cautividad y de la que se han obtenido diversas variedades.

Un grupo distinto de roedores es el formado por los miembros de la familia de los Dipódidos, conocidos como **jerbos**, de aspecto muy característico y que tienen su equivalente en las ratas canguro de los desiertos americanos. Todos ellos tienen las patas delanteras muy pequeñas, mientras que las posteriores son muy largas, con los dedos también de gran tamaño que proporcionan una gran superficie de sustentación cuando se desplazan por terrenos arenosos. El cuerpo acaba en una larga cola rematada por un penacho de pelo. Esta estructura, similar a la de los canguros, les garantiza un perfecto equilibrio al correr a grandes saltos, con los que alcanzan una notable velocidad y que les permite ponerse muchas veces a salvo de sus numerosos enemigos.

La enorme longitud de la cola de los jerbos tiene como misión actuar de balancín y de este modo permitir al animal correr a saltos y alcanzar una notable velocidad.

Están perfectamente adaptados a la vida en los áridos ambientes que frecuentan y no sólo desde el punto de vista anatómico, sino también en cuanto a la fisiología y el modo de vida. Su cuerpo cubre todas las necesidades hídricas a partir del alimento y es capaz también de transformar la grasa corporal en agua, lo mismo que los camellos. Además, son en su mayoría de costumbres nocturnas, cuando las temperaturas descienden hasta niveles muy tolerables, permaneciendo durante las horas de sol en el interior de sus madrigueras, situadas a una profundidad tal que mantiene un microclima térmico soportable. En las zonas más calurosas del Sahara, muchas de las especies experimentan un período de letargo estival, reduciéndose su metabolismo y quedando sumidos en un sueño más o menos profundo durante esos períodos en que se alcanzan valores térmicos extremos. Las especies que viven en los desiertos fríos, en cambio, tienen también un período de letargo, pero es invernal.

Suelen ser de color ocre o leonado y tienen ojos grandes, adecuados para la visión nocturna. La dieta es de tipo omnívoro, pues comen semillas, hierbas, frutos y también insectos y otros invertebrados, que capturan gracias a sus excelentes sentidos del oído y de la vista en la oscuridad.

El **jerbo del desierto** (*Jaculus jaculus*) mide de 10 a 15 cm de longitud total de cabeza y tronco, más de 15 a 25 cm de la cola, alcanzando un peso que varía entre los 50 y los 70 g. Las orejas son grandes y las patas traseras tienen sólo tres dedos. Su pelaje es de color ocre, con la zona ventral blanquecina y con algunos pelos blancos en los pies. Se encuentra distribuido por el norte de África y Próximo Oriente, llegando hasta Irán.

Vertebrados de sangre fría

En los desiertos abundan también los reptiles, desde pequeñas lagartijas a lagartos y, sobre todo, serpientes. Son el principal depredador que actúa controlando las poblaciones de roedores. Entre las más conocidas están las cobras. Una de sus características más llamativas es la capacidad de extender lateralmente las vértebras cervicales, con lo cual su cuello se ensancha hasta adoptar la forma de un disco casi redondo. Lo hacen como señal de aviso y amenaza, al mismo tiempo que levantan verticalmente el tercio anterior del cuerpo. Su mordedura es muy eficaz para capturar todo tipo de presas y puede ser mortal también para grandes animales, incluidos los seres humanos. Se alimentan de roedores, aves y reptiles, incluso de otras serpientes. El colorido es muy variable según las distintas especies y razas, desde las tonalidades claras y lisas a las que son pardas u oliváceas con franjas o dibujos oscuros, existiendo también individuos totalmente negros. Las hembras ponen alrededor de 20 huevos en una cavidad del suelo, en el hueco de un árbol muerto o entre unas rocas y los vigilan ocasionalmente.

Las cobras viven en medios muy diversos, algunas en la selva, otras en las sabanas y zonas arbustivas y otras más en las regiones áridas. Una de las que podemos encontrar en este último medio es la **cobra común** o **áspid de Egipto** (*Naja haje*). Mide unos 2,5 m de longitud y es de color pardo, con tonalidades amarillentas o negruzcas y estrías oscuras por la parte superior, mientras que la inferior es algo más clara y de tonalidad uniforme. Su veneno es uno de los más potentes. De costumbres tanto diurnas como nocturnas, se la puede encontrar lo mismo en zonas de llanura que en las montañas hasta casi los 2.000 m de altitud. Su área de distribución comprende todas las zonas áridas de África, salvo las del suroeste, así como una amplia franja costera en el oeste y el sur de la península Arábiga.

Otra especie muy extendida es la **cobra de anteojos** (*Naja naja*), parecida a la anterior, aunque algo más pequeña pues alcanza una longitud total de 1,9 m. El nombre que recibe se debe al dibujo que aparece en la parte posterior del cuello cuando lo dilata. Es la especie utilizada por los encantadores de serpientes en sus espectáculos. Vive tanto en zonas de jungla como en las sabanas y en las regiones semidesérticas. Su área de distribución se extiende desde India hasta Australia.

La **cobra escupidora** o **cobra de cuello negro** (*Naja nigricollis*) mide unos 2 m de longitud y es de color gris oscuro. Recibe este nombre común porque proyecta el veneno mezclado con saliva contra sus enemigos, cegándoles o incluso matándoles si son pequeños, y actúa sobre las mucosas. Vive lo mismo en sabanas que en regiones semidesérticas, incluso muy áridas, y está presente en toda el África subsahariana, llegando por el noreste hasta las regiones centrales de Egipto, evitando sólo las zonas de selva.

Aparte de estos ofidios, otros reptiles que podemos encontrarnos en los desiertos del Viejo Mundo son las **lagartijas de las arenas** (género *Acanthodactylus*), que son muy abundantes en el Sahara y que se caracterizan por su capacidad de correr rápidamente sobre sus patas traseras. Se alimentan sobre todo de insectos y son una de las presas habituales de casi todos los cazadores de estas regiones. De mayor tamaño es el **lagarto de cola espinosa** o **lagarto de las palmeras** (*Uromastix acanthinuros*), de unos 23 cm de largo más 12 cm de la cola. Es de color ocre con pequeñas pintas oscuras, salvo la cabeza y las patas, que son negras. La cola está provista de agudas espinas, que utiliza para defenderse de sus atacantes. Es de costumbres diurnas, aunque también puede salir en las noches de luna, de carácter muy pacífico y en gran medida herbívoro, aunque durante las épocas en que no encuentra hierbas para alimentarse, recurre a los insectos. Vive en el interior de madrigueras de más de 2 m de longitud, donde permanece cuando las condiciones no son adecuadas. Se encuentra distribuido por gran parte de la mitad septentrional de África.

La cobra común es una de las serpientes más frecuentes en los desiertos del Viejo Mundo.

El complemento del ecosistema: los cazadores

◆ ◆ ◆ ◆ ◆

Hemos visto muchas de las especies que forman los escalones inferiores o medianos de la pirámide ecológica, es decir, una gran variedad de animales comedores de plantas, los fitófagos, y unos cuantos, de mediano tamaño, que o bien son omnívoros o exclusivamente cazadores, como es el caso de las serpientes. Pero el desierto y las regiones áridas, como cualquier otro ecosistema, poseen también un escalón superior, la cumbre de esa pirámide, que se encuentra ocupado por los grandes depredadores, capaces de abatir grandes presas y que pueden controlar muchas de las poblaciones del medio en que viven. Además, los carroñeros completan al final de toda la cadena trófica, rematando la pirámide.

El tamaño de estos cazadores, si hacemos excepción del halcón, es bastante más grande que la mayor parte de los otros habitantes del desierto y también son grandes sus necesidades tróficas. Esto hace que para muchos de ellos los herbívoros de estas regiones inhóspitas sean uno de los recursos utilizados, pero no el único, es decir, que aparecen en el desierto pero no son exclusivos de él, pues el medio es insuficiente para satisfacer sus necesidades. Esto se manifiesta en una densidad de población de estas especies muy baja, en el caso de residir de modo permanente en estos lugares, o en el carácter errante de su presencia.

En ocasiones, los grandes superdepredadores sobreviven en el desierto como última opción para no desaparecer del planeta. Los cazadores de trofeos consiguieron que un animal tan magnífico como el **león asiático** (*Panthera leo persica*) se encuentre hoy limitado a un pequeño bosque, seco y árido, en India, el de Gir. Pero antaño, este pariente del león africano, habitó en muchas de las calurosas tierras áridas del sur y del oeste de Asia.

Cazadores y carroñeros de los desiertos

Muy distinta es la situación de otro cazador, el **lince caracal** (*Lynx caracal*). De unos 60 cm de longitud, más 25 cm de la cola, alcanza una altura en la cruz de hasta 45 cm y un peso cercano a los 20 kg. Es de color leonado, con los labios y los pinceles de las orejas negros, mientras que las partes inferiores del cuerpo presentan un tono blanquecino. Tiene grandes orejas, de forma triangular y puntiagudas.

Vive solitario o en parejas y posee un marcado instinto territorial, delimitando las fronteras de sus feudos con manchas de orina. Puede estar activo tanto de noche como de día, pero cuando las temperaturas son elevadas, suele descansar durante las horas más calurosas a la sombra de un arbusto o una roca. Es un félido perfectamente adaptado al desierto, que también puede presentarse por las sabanas, pero que evita los bosques y las zonas de vegetación. Su dieta la forman de manera importante aves terrestres como las gangas o los francolines, en cuya captura se ha convertido en un verdadero especialista, pero incluye también roedores, reptiles e incluso insectos grandes si no encuentra otras presas.

Las hembras gestantes buscan poco antes del parto, que sucede tras 9 semanas de gestación, una madriguera abandonada y tienen allí entre 2 y 4 crías, a las que amamantan durante varios días antes de comenzar a darles también carne. A las pocas semanas siguen ya a

Aunque descansa durante las horas de mayor calor del día, el lince caracal puede estar activo de día y de noche, recorriendo infatigable su territorio y marcando con orina las fronteras. Como otros muchos depredadores, vive solitario o en parejas y se alimenta de una amplia variedad de presas.

Los cuones son cánidos de mediano tamaño, que viven formando manadas en las tierras áridas de la India. Sociales, dentro del grupo impera una rígida estructura de jerarquías que garantiza el funcionamiento del conjunto de todos ellos.

su madre para aprender las técnicas de caza. El lince caracal se encuentra distribuido por todas las regiones áridas de África y en Asia desde la península Arábiga hasta el golfo de Bengala.

En las zonas áridas de India, pero también en terrenos de sabana e incluso en áreas de arbolado, vive un cazador social, el **cuon** o **perro jaro** (*Cuon alpinus*). Es un cánido de hasta 1 m de longitud, con unos 30 a 50 cm de cola y un peso que llega a los 21 kg. Su aspecto recuerda algo al de un lobo, pero se diferencia claramente por detalles como las orejas, que son redondeadas, además de su colorido, pues tiene el pelaje castaño, claro u oscuro según las razas, y la cola moteada de negro.

Sus costumbres son al parecer similares a las de otros cánidos y caza en jauría, persiguiendo a la presa durante mucho tiempo, haciendo relevos entre ellos hasta que logran cansarla y derribarla, momento en que todo el grupo se lanza para matarla. Las manadas de cuones están perfectamente jerarquizadas y marcan los límites de su territorio orinando en algún matorral, una roca u otro accidente del terreno. La gestación dura unas 9 semanas y las camadas constan de 2 a 6, o más, crías.

Dentro del declive general que ha experimentado la fauna asiática desde finales del siglo XIX, también los cuones han visto mermadas de manera considerable sus poblaciones, a lo que ha contribuido en parte la tradicional enemistad del hombre frente a estos cazadores sociales. Su área de distribución se extiende desde Irán hasta Indonesia, incluyendo gran parte del sureste asiático, pero en muchas de las regiones que ocupó en el pasado ya se ha extinguido por completo.

También las regiones desérticas cuentan con un pariente de las hienas manchadas de la sabana. Se trata de la **hiena rayada** (*Hyaena hyaena*), conocida ya en la antigüedad en muchas representaciones del antiguo Egipto. Mide alrededor de 1,2 m de longitud total y alcanza una altura en la cruz de unos 70 cm, con lo que es menos corpulenta que su pariente y presenta también un cráneo menos compacto. El pelaje es de color pardo grisáceo u ocre, con franjas o rayas de color oscuro, tanto por el dorso y los costados como por las patas, y una corta melena más clara por la nuca y la parte anterior del dorso.

Vive formando grupos, aunque muchos aspectos de su conducta todavía no se han estudiado. No obstante, parecen ser similares a los de las restantes hienas. Su actividad está en función de la disponibilidad de alimento, pero prefiere desarrollarlas en las horas nocturnas, durante las cuales parece ser que captura pequeñas o medianas presas, aunque las carroñas son también un elemento importante de su dieta, así como insectos e incluso materia vegetal. La hembra puede tener a veces dos camadas al año, de dos o tres cachorros cada una de ellas, que nacen en el interior de una cueva o de una galería excavada. Los pequeños son cuidados con gran solicitud por todos los miembros de la manada.

La hiena rayada ocupa una extensa área de distribución, que comprende la mitad septentrional de África, salvo las zonas centrales del Sahara, el noreste africano y hacia oriente, en Asia, desde Turquía hasta el golfo de Bengala.

El más pequeño de los carnívoros que podemos encontrarnos en el desierto, y también el que mejor se ha adaptado a él, es el **fenec** o **zorro del desierto** (*Fennecus zerda*), un pequeño cánido de apenas 40 cm de longitud total, más 30 cm correspondientes a la cola, que alcanza un peso aproximado de 1,5 kg. Se caracteriza por el gran tamaño de sus pabellones auditivos, anchos y de hasta 15 cm de longitud, que revelan la gran importancia y agudeza que tiene su sentido del oído, aunque desempeñan también otro papel de gran relevancia para cualquier poblador de estas regiones y que consiste en actuar como pantallas de refrigeración, pues la sangre que circula por ellos ayuda a desprenderse de parte del calor acumulado en el cuerpo. Los ojos son también bastante grandes. Su denso pelaje es de color crema, algo rojizo por el dorso y aclarándose hacia las partes inferiores, que a veces son blancas. La cola, muy poblada, finaliza en una mancha negra.

Tiene costumbres crepusculares y nocturnas y vive formando grupos de

El cuon desempeña en las regiones áridas de estas regiones de Asia un papel ecológico similar al del lobo en las estepas y desiertos fríos.

hasta 10 individuos, que pasan las horas del día en el interior de las madrigueras que excavan con gran rapidez en la arena. Se alimentan de reptiles, insectos, roedores, aves pequeñas, huevos e incluso materia vegetal.

La gestación dura cerca de 50 días y las camadas suelen constar de 2 a 4 cachorros, que nacen ciegos y tardan casi dos semanas en poder abrir los ojos. Crecen con bastante rapidez y cuando cuentan unos 25 días, ya son capaces de capturar las presas que sus padres les traen a la madriguera. No obstante, la lactancia se prolonga durante algo más de tiempo. Cuando llegan a los nueve meses, están en condiciones de vivir por sí solos y se independizan.

El fenec vive tanto en los desiertos arenosos como pedregosos y se extiende por todo el norte de África y la península Arábiga.

Veremos ahora un último grupo de cazadores de pelo, representados por numerosas especies, que se encuentran en los medios más diversos, desde las regiones semidesérticas a las sabanas y los bosques y selvas poco densos. Se trata de las **mangostas**. Pertenecen a la familia de los Vivérridos, carnívoros de pequeñas o medianas dimensiones, cuerpo alargado y cráneo también alargado, y que incluyen también especies tan conocidas como las jinetas, los suricatas o las civetas.

Una mangosta de distribución muy amplia es el **meloncillo** (*Herpestes ichneumon*), presente en gran parte de África, Asia Menor y el sur de la península Ibérica. Mide alrededor de 55 cm de largo, más la cola, de 35 a 45 cm, que es muy gruesa en su arranque y se adelgaza progresivamente hasta acabar

Esta actitud tan curiosa podemos observarla a menudo en el mungo, o mangosta estriada, que vive formando grupos de hasta dos decenas de individuos en bosques y desiertos.

El mungo, como las restantes mangostas, caza a menudo serpientes, incluso venenosas, pues sus sentidos están dotados de una extraordinaria ligereza.

en una punta delgada. Las orejas son cortas y lo mismo las patas, que finalizan en uñas no retráctiles. El pelaje es de color pardo oliváceo.

Es activo principalmente durante la noche, pero no es raro poder verle durante el día. Habita en lugares muy diversos, desde las llanuras a las montañas, en terrenos cubiertos de hierba y matorral, pero también en los secos y semidesérticos. Vive formando grupos familiares y descansa en el interior de la madriguera que excava él mismo. Es frecuente que las crías de una camada permanezcan al lado de su madre aunque ésta dé a luz una nueva camada.

Más pequeña y habitando en lugares más secos, es la **mangosta enana** (*Helogale parvula*), con una longitud comprendida entre los 17 y los 23 cm. Vive formando grupos de hasta 15 individuos en las madrigueras que ellos mismos excavan. Su dieta es omnívora, pero muestra una marcada preferencia por los frutos. Se encuentra distribuida por las regiones áridas del sureste de África.

El **mungo** o **mangosta estriada** (*Mungos mungo*) mide alrededor de 40 cm de largo y se caracteriza por las bandas transversales claras y oscuras que atraviesan su dorso. Vive formando grandes grupos de hasta 20 individuos y se encuentra distribuido desde Sudán y Somalia hasta Nigeria, ocupando los hábitats más diversos, desde las áreas boscosas de sus territorios occidentales a los predesiertos del este.

En Asia nos encontramos con la **mangosta gris** (*Herpestes edwardsi*) y la **mangosta menor** (*Herpestes auropunctatus*). La primera de ellas mide unos 45 cm de longitud, más 40 cm de la cola, mientras que la segunda no pasa de los 35 cm. El pelaje es en el primer caso pardo grisáceo, como indica su nombre, mientras que en el segundo predomina el pardo amarillento. Ambas viven en las regiones semidesérticas y en los desiertos del subcontinente indio, alimentándose de insectos, roedores, pequeñas aves y reptiles. Sin embargo, una de las facetas más conocidas y sorprendentes de su comportamiento son las luchas que mantienen con las serpientes.

Estas mangostas son hábiles cazadoras de serpientes, en particular de las cobras. En contra de lo que muchos creen, no son inmunes a la mordedura de estos ofidios, que si logran clavarles sus colmillos también les provocan la muerte. Sin embargo, es algo que sucede muy raras veces. En cuanto la detectan, se acercan a ella y dan vueltas a su alrededor para provocar la conocida reacción de defensa. De vez en cuando, hacen un amago de ataque que desencadena la reacción de la serpiente, que intenta morderlas, pero las mangostas, dotadas de una extraordinaria agilidad, logran esquivar el golpe. Repiten la maniobra varias veces hasta que el reptil comienza a dar síntomas de distracción o cansancio, y en ese momento la mangosta se lanza en un rápido salto al cuello de su presa y la mata, sin darle tiempo a que le clave sus mortíferos colmillos.

Completando a estos diversos cazadores hay que hacer mención también a las aves de presa. Son muchas las que están presentes en los desiertos y zonas áridas, que recorren en sus largos viajes de exploración, pero entre todas ellas destacan los halcones. Hay uno de ellos que cría en el mismo corazón del desierto. Es el **halcón borní** o **halcón lanario** (*Falco biarmicus*). Mide entre 44 y 49 cm de longitud y alcanza una envergadura de 110 cm, así como un peso de 600 g en el caso de los machos y 900 g en el de las hembras. El pico es más grande y fuerte que en otros halcones, las alas son largas y puntiagudas y la cola acaba de forma rectangular. El plumaje es castaño grisáceo por las partes superiores, con barras transversales sobre el dorso, mientras que las inferiores son más claras o incluso blancas por completo, con algunas motas oscuras.

Vive formando parejas, que se mantienen unidas a lo largo de años, y caza una gran variedad de presas, desde aves terrestres o voladoras a insectos, murciélagos, reptiles y roedores. Es menos rápido que otros congéneres en sus picados, lo que se debe a un menor peso a igualdad de tamaño. Esta desventaja en velocidad cumple un fin adaptativo. Esa mayor ligereza le permite volar planeando y ascender a gran altura aprovechando las térmicas, lo cual constituye un importante ahorro de energía.

No construye nido, sino que busca una cornisa rocosa o similar, depositando 3 o 4 huevos directamente en el suelo. Durante los primeros días de vida, la hembra no se separa de los polluelos y es el macho el encargado de aportar la comida. Más tarde, ambos miembros de la pareja contribuyen a esta tarea. A los dos meses y medio, los polluelos han completado su desarrollo y abandonan el nido, pero permanecen aún varias semanas en sus cercanías hasta independizarse por completo e iniciar una etapa errática que les llevará a instalarse en un nuevo territorio.

El área territorial de dispersión del halcón borní comprende la totalidad del continente africano, con excepción de las selvas, y toda la península Arábiga, así como algunas regiones de Europa meridional. A pesar de su proximidad, este halcón no se encuentra en Madagascar.

Un excelente volador, el halcón borní, captura una gran variedad de presas, desde aves a roedores e insectos, e incluso murciélagos.

Desiertos americanos: el aviso de la cascabel

Los desiertos americanos, de dimensiones mucho menores que los del Viejo Mundo, albergan una interesantísima y abundante fauna.

Los cactos gigantes de las regiones áridas de Norteamérica son un refugio de numerosos animales y sirven de alimento a muchos otros.

Desiertos vivientes

Así se ha llamado en ocasiones a las regiones áridas y a los desiertos que existen en el continente americano, haciendo referencia a la gran diversidad de seres vivos que los pueblan. La razón radica principalmente en sus dimensiones, relativamente pequeñas, y desde luego no comparables a las de las inmensas extensiones del Gobi en Asia o del Sahara en África, aunque en ellos se puedan registrar también valores extremos en cuanto a las condiciones ambientales.

Sin embargo, esa relativa proximidad a áreas más favorables ha hecho que en muchos lugares sean un lugar de paso para toda la fauna de los ecosistemas que se desarrollan en las inmediaciones y que también, por su parte, en caso de darse en ellos unas circunstancias adversas extraordinarias, sus pobladores puedan disponer en buena medida de los recursos de esas otras áreas cercanas.

Las principales regiones desérticas que vamos a recorrer se sitúan en el suroeste de Estados Unidos, el noroeste de México y en varios lugares de la cordillera andina.

Las condiciones de los desiertos americanos difieren de las de los restantes continentes precisamente por sus dimensiones; a pesar de ello, se alcanzan valores de temperatura o sequedad extremos, constituyendo microclimas áridos en un entorno en general más favorable. Esto se debe en gran medida al emplazamiento de la mayoría de ellos, que aparecen estrechamente encajonados entre elevadas montañas. Es el caso, por ejemplo, del Valle de la Muerte, en Estados Unidos, del desierto de Sonora, en México, y del desierto de Atacama, en Chile.

La importancia del relieve para la fauna

Otro aspecto que diferencia los desiertos del Viejo y del Nuevo Mundo es su relieve. Mientras que en aquéllos se extienden las inhóspitas llanuras hasta el horizonte, que forma una línea uniforme en todas direcciones, en América, además de que los horizontes finalizan casi siempre en los picos elevados de las montañas, la geología de estas áreas presenta un relieve mucho más accidentado. Esto es un hecho de notable relevancia que favorece la gran riqueza faunística, e incluso botánica, que mencionábamos al comienzo. Los cambios de altitud, las quebradas y los montículos, los roquedos desnudos o los pináculos que se elevan sobre un llano, en fin, todas las pequeñas discontinuidades que dividen el paisaje y que fijan unas fronteras delimitables y visibles, albergan también condiciones ambientales distintas. Una zona hundida donde no circula el aire puede alcanzar temperaturas insostenibles para la vida, mientras que la sombra casi permanente que produce un roquedo sobre una estrecha vaguada seca da cobijo a animales y plantas que no sobrevivirían en las anteriores condiciones. El resultado es una enorme serie de pequeños microclimas, diferentes entre sí y donde cada especie encuentra un óptimo para su desarrollo.

Veremos ahora los grandes grupos de animales que habitan estos miles de pequeños mundos en uno mayor y en apariencia menos poblado. El viajero que acuda a estos lugares no se encontrará con los grandes nómadas de los desiertos eurasiáticos o africanos, sino que deberá mirar atentamente los accidentes del terreno que se multiplican a su alrededor.

Un mundo de reptiles

Las condiciones que se dan en los desiertos son óptimas para la mayoría de los reptiles. Estos animales, incapaces en su mayoría de regular la temperatura corporal, por lo que se dice de modo genérico que son de sangre fría o poiquilotermos, necesitan una temperatura ambiente elevada para que en ellos tengan lugar los procesos internos que determinan su fisiología. Sólo los más evolucionados, los cocodrilos, han conseguido alcanzar un mayor control sobre su temperatura interna, similar a la de las aves o los mamíferos, en los que la temperatura del organismo es independiente de la del entorno, razón por la que se les designa como de sangre caliente u homeotermos.

Cuando la temperatura del aire desciende por debajo de un determinado valor, los reptiles son incapaces de desarrollar plenamente esas funciones, lo cual explica su ausencia de las regiones más frías del planeta. Se quedan entonces aletargados e incapaces de reaccionar a los estímulos. Necesitan calentarse previamente para que las células inicien esos procesos bioquímicos que serán los que les permitirán mover los músculos, activar los sentidos, etc. En los desiertos cálidos, en cambio, las elevadas temperaturas reinantes les proporcionan sin ningún problema el calor interno que ellos por sí mismos no pueden conseguir. Estos medios áridos, que resultan inhóspitos o inviables para muchos otros animales, se convierten así en un paraíso para ellos, y han sabido sacar provecho suficiente.

Salvo los cocodrilos, que han adaptado sus formas de vida al medio anfibio de los ríos, en los desiertos americanos podemos encontrar los principales grupos de reptiles vivientes, es decir, los lagartos, las serpientes y las tortugas.

Las tortugas terrestres de América

La familia de los Testudínidos es la más extensa del orden de los Quelonios, que engloba cerca de un centenar de especies e incluye gran parte de las tortugas terrestres más conocidas, como el galápago común de Europa y la tortuga gigante, de las islas Galápagos, y que tienen como característica común el espaldar formado por nueve huesos y que el cuello puede retraerse por completo en el interior del caparazón.

El caparazón es voluminoso y alto, de forma abovedada, osificado en su totalidad y que sólo en unas pocas especies aparece articulado. Cuando el animal esconde la cabeza, puede retraer también las patas, de modo que cierra totalmente el interior y queda así a salvo de sus eventuales enemigos.

Las tortugas terrestres siguen una dieta principalmente vegetariana, pero cuando viven en medios áridos en que escasean las plantas, incluyen también insectos, gusanos y otros invertebrados. Habitan siempre en terrenos despejados, ya sean sabanas herbáceas o arbustivas, estepas o desiertos, y se les puede encontrar en todos los continentes, excepto en Australia, donde faltan por completo.

Las representantes americanas de las regiones áridas pertenecen a los géneros *Testudo* y *Gopherus*, en particular las de este último, mejor adaptadas a las condiciones de sequedad extrema.

La **tortuga del desierto** (*Gopherus polyphemus*) mide unos 35 cm de longitud. El caparazón es alto y bastante ancho, con los escudos o placas bien destacados formando rectángulos con-

El Valle de la Muerte recibió este nombre por la imposibilidad del hombre para cruzarlo sin morir. Pero no es así para la fauna, que ha sabido conquistarlo.

La tortuga del desierto se muestra activa durante las horas nocturnas, manteniéndose durante el día en el interior de su madriguera, a salvo de los rigores del sol.

céntricos. Es de color pardo, que se oscurece en la parte superior de la cabeza y de las patas. También el extremo de las placas es más claro que las capas inferiores. Las patas acaban en potentes uñas, adecuadas para excavar en el suelo. Con pequeñas variaciones en el colorido y en las dimensiones, se distinguen tres razas o subespecies según las zonas de residencia, aunque algunos autores asignan a cada una de ellas la categoría de especie. En cualquier caso, se cuentan entre los pobladores del desierto mejor adaptados, lo cual es también una necesidad imperiosa dada la lentitud de sus movimientos, que no les permite desplazarse largas distancias, por lo cual, si las condiciones de vida empeoran, no tienen otra alternativa que permanecer en el territorio.

Las diferentes estrategias para sobrevivir a un desierto hostil

La mayor parte de su actividad tiene lugar por la noche, sobre todo en las regiones más tórridas, permaneciendo durante el día en el interior de las madrigueras que excavan con las uñas, en pequeñas cavidades naturales del terreno o a la sombra protectora de las rocas. Sus madrigueras son de una gran longitud, en algunos casos de hasta 10 m. Su naturaleza pacífica, y el hecho de que carezcan prácticamente de enemigos, hace que compartan este abrigo con otros muchos animales que encuentran aquí un buen refugio contra los ardientes rayos del sol de mediodía, por lo que pueden encontrarse allí desde aves terrícolas a roedores, o incluso serpientes. Durante el invierno, cuando las temperaturas son más bajas, es frecuente que permanezcan gran parte del tiempo, o incluso algunas semanas, dependiendo de la zona, en un estado de aletargamiento, que interrumpen en cuanto la primavera vuelve a irrumpir, y con ella las altas temperaturas habituales.

La tortuga del desierto se alimenta de las hojas, flores y frutos de plantas, completando esta dieta con insectos y algunos otros invertebrados en función de las necesidades. Aunque bebe ocasionalmente, puede prescindir del líquido pues su organismo es capaz de metabolizar las grasas obtenidas a partir del alimento, transformándolas en el agua necesaria para cubrir sus necesidades. Se trata de una estrategia común en muchos animales que pasan toda su vida en los desiertos, como es el caso de los jerbos y los camellos, por citar dos ejemplos en una escala extrema de dimensiones.

Las tortugas del desierto viven solitarias gran parte del año. El celo tiene lugar durante la primavera, que es cuando son mayores las disponibilidades de los recursos tróficos. Finalizado el apareamiento, cada uno de los sexos vuelve a sus actividades habituales, no reencontrándose hasta el año siguiente. La

Durante los breves períodos de lluvia, el desierto se transforma en un vergel y la vida prolifera. Muchos invertebrados lo aprovechan para completar gran parte de su ciclo vital.

hembra busca al cabo de tres o cuatro semanas un lugar apropiado y deposita allí, en un pequeño hoyo, los huevos de la puesta, cubriéndolos después con algo de arena para que no queden a excesiva profundidad. Será el calor generado por los rayos del sol el encargado de la incubación. Este proceso se prolonga a lo largo de casi cuatro meses. Las pequeñas tortuguitas, de menos de 5 cm de longitud y con manchas amarillentas o anaranjadas en los bordes de las placas del caparazón, inician entonces el período más peligroso de su vida.

Su área de distribución se extiende por tres zonas distintas de Norteamérica. Una de ellas la constituyen los tórridos desiertos del noroeste de México y del suroeste de Estados Unidos, otra son las áridas llanuras del sur de Texas, también en Estados Unidos, y la tercera, igualmente en el mismo país, en Florida. Esta última subespecie habita con preferencia en los terrenos de dunas, tanto en las regiones áridas del interior como en las situadas en la costa.

Otra especie de tortuga es propia de Suramérica, pero habita en zonas menos áridas que la anterior. Se trata de la **tortuga argentina** (*Testudo chilensis*), que en contra de lo que parece por su nombre científico, no vive en Chile sino en Argentina, como indica el nombre común. El motivo de esta denominación radica en las leyes de prioridad que rigen en la nomenclatura científica, pues los primeros zoólogos europeos que la clasificaron creyeron que era originaria del país andino, aplicando así el apelativo latino de chilena como nombre específico del género.

Mide unos 28 cm de longitud, es de color pardo amarillento u ocre, con el borde de las placas negro, y tiene las patas grises, con numerosas protuberancias y finalizadas en robustas uñas.

Durante el celo, que tiene lugar a mediados de la primavera austral, los machos entablan feroces combates en los que se empujan con fuerza y se propinan mordiscos. El perdedor se retira lentamente y vencedor inicia entonces un cortejo con la hembra, dándole ligeros empujones de costado. Después del apareamiento, ambos sexos se separan y continúan con sus costumbres solitarias. Transcurrido más o menos un mes, la hembra deposita tres huevos blancos y esféricos en el interior de un pequeño hoyo y los recubre de tierra.

El calor de los rayos solares se encargará después de realizar la incubación, que es muy larga pues tarda cerca de un año en completarse.

Esta tortuga habita en áreas de pradera y zonas semidesérticas del centro de Argentina, llegando a penetrar hasta la región patagónica.

El sapo que es un lagarto

Al ver un animal de aspecto más o menos discoidal que permanece semienterrado en la arena, los primeros exploradores que tuvieron ocasión de contemplarlo creyeron a primera vista que se encontraban ante un sapo. Tal es la impresión que da, sobre todo cuando lo vemos de frente. Pero es una impresión errónea, pues en realidad no tenemos delante un sapo, que es un anfibio, sino un lagarto, que es un reptil, y pertenece a la misma familia que las iguanas, los Iguánidos.

A decir verdad, son varias las especies de este aspecto, pertenecientes a un mismo género, *Phrynosoma*, y que reciben el nombre genérico de **sapos cornudos**.

El nombre de sapos hace referencia a la forma de su cuerpo, muy ancho y aplanado como no lo presenta ningún otro lagarto, adoptando un aspecto casi discoidal, a lo que contribuyen también la cabeza, las patas y la cola, que son muy cortas. La denominación de cornudos se refiere a las protuberancias en forma de cuernos y de longitud y número variables que aparecen en su cabeza. Además, otras protuberancias más cortas y anchas, como aguijones, se distribuyen por distintas partes del cuerpo, principalmente por el dorso, y para completar el espinoso conjunto las escamas de los lados de las patas y de los costados presentan igualmente cortas espinas.

Las protuberancias en forma de cuerno de este lagarto le sirven para el nombre común que ha recibido, de sapo cornudo, aunque no se trata de un anfibio sino de un reptil.

La coloración de estos lagartos es poco llamativa, predominando los tonos grisáceos o pardos, a veces con algunas manchas algo más oscuras que se disponen dispersas por distintas partes del cuerpo. Como no podía ser menos en animales tan singulares, su piel tiene la capacidad de cambiar de color para adaptarse al sustrato, lo mismo que hacen los camaleones, con lo cual pueden presentarse en muy diversas tonalidades. Estos cambios de color no son voluntarios, sino que se producen de manera automática, y en algunos experimentos realizados en laboratorio se ha comprobado que también ocurren cuando cambia bruscamente la temperatura del aire.

Los sapos cornudos se alimentan de insectos, sobre todo de hormigas, que capturan proyectando sobre ellas su larga lengua. Esta actividad la llevan a cabo durante las horas diurnas, puesto al llegar el ocaso se ocultan en hendiduras del terreno o se entierran entre la arena para pasar allí toda la noche. Dependiendo de la especie, ponen huevos (ovíparas) o bien la eclosión tiene lugar en el interior del cuerpo de la madre poco antes del parto, naciendo ya crías vivas (ovovivíparas). A estos curiosos lagartos se les puede encontrar en hábitats muy diversos. Así, algunos de ellos viven con preferencia en las regiones desérticas, mientras que otros lo hacen en praderas, estepas o incluso zonas de abundante vegetación, aunque siempre en terrenos llanos.

Sin embargo, una de las particularidades más llamativas de estos animales es el método de defensa que al parecer utilizan en ocasiones frente a sus enemigos, principalmente las aves de presa y las serpientes. Cuando se ven atacados, pueden proyectar a través del iris del ojo un pequeño chorro de sangre al contraer con fuerza los músculos oculares. Este súbito baño, que además puede irritar las mucosas, desconcierta al atacante y le da tiempo al lagarto para huir u ocultarse en algún refugio. Sin embargo, es un hecho pocas veces comprobado y no se sabe ciertamente si tiene en realidad una función defensiva o se debe a una alteración especial de algunos individuos.

En caso de peligro, el lagarto cornudo es capaz de desaparecer enterrado entre la arena en pocos instantes. Pertenece al mismo género que el sapo cornudo.

Una de las especies de estos curiosos animales es el **sapo cornudo**, **lagarto cornudo**, **tapayaryé** o **escorpión** (*Phrynosoma cornutum*), pues recibe todos estos nombres vernáculos en las distintas regiones que habita. Mide unos 15 cm de largo y lleva 6-10 púas aguzadas en la parte posterior de la cabeza, de las cuales las dos centrales alcanzan mayor longitud que las restantes. Es de color pardo con manchas circulares oscuras ribeteadas de una tonalidad más clara, que se disponen irregularmente sobre el cuerpo y que contribuyen a su camuflaje sobre el terreno. Se entierra en la arena con gran velocidad mediante movimientos laterales del cuerpo y las patas. Se alimenta sobre todo de insectos, pero en su dieta incluye también gusanos. Habita terrenos áridos lo mismo que zonas arboladas, y su área de distribución se extiende desde el sur de Estados Unidos hasta Centroamérica.

Similar es el **tepeyín** (*Phrynosoma orbiculare*), también de unos 15 cm de longitud, pero con los cuernos de la cabeza más cortos y las espinas corporales reducidas a dos líneas longitudinales por los costados. Es de color pardo rojizo, con cuatro manchas oscuras, ribeteadas de amarillo y que se disponen transversales sobre el dorso, desde la cabeza hasta la cola. Habita sólo en terrenos secos y áridos y su área de distribución es más reducida, pues vive únicamente en la Meseta Central de México.

Otros lagartos de las tierras áridas

Además de los extraños sapos cornudos, otros varios saurios prosperan en las tierras áridas americanas. Veremos ahora algunos ejemplos, pertenecientes todos ellos a la familia de los Iguánidos.

Entre ellos podemos mencionar el **lagarto de cola de cebra** (*Callisaurus draconoides*), de unos 9 cm de longitud, más cerca de 11 cm correspondientes a la larga cola de la que hace gala. Las patas posteriores, finalizadas en dedos delgados, son más largas y robustas que las anteriores, lo que le permite dar saltos de hasta 30 cm y correr erguido sobre ellas cuando se ve obligado a huir de un enemigo. Es de color pardusco o grisáceo por las partes superiores del cuerpo, con algunas manchas amarillas, y blanco o crema por las inferiores, pero presenta variaciones de tonalidad dependiendo de las razas. Además, el color de la piel puede cambiar en función de la temperatura del aire. El nombre común que recibe hace referencia a las franjas oscuras y claras que rodean su cola. Durante la época de celo, en los machos aparecen vistosas manchas verdes en ambos costados.

Es de costumbres diurnas y se alimenta de insectos, con especial predilección hacia los saltamontes. Cuando es atacado por algún enemigo, emprende una acelerada carrera en zigzag, hasta que logra dejar buena tierra de por medio y entonces, con gran rapidez, se entierra en la arena hasta quedar oculto por completo. Durante la época invernal permanece en estado de semiletargo en el interior de una cavidad del suelo. Vive en los desiertos del suroeste de Estados Unidos y del norte de México.

El **lagarto de arena** (*Uta inornata*) mide unos 24 cm de longitud total, de los cuales la mitad o algo más corresponden a la cola. Es de color pardo, con las escamas de la parte superior del cuerpo reticuladas en negro y las inferiores en blanco. Lo mismo que el anterior, es capaz de correr sobre sus patas traseras, alcanzando una velocidad notable. Se alimenta principalmente de insectos, pero consume también algunas plantas. En caso de peligro se entierra con rapidez en la arena e, igualmente, durante el invierno cae en un estado de semiletargo, que pasa enterrado o en el interior de una cavidad subterránea. Es de costumbres diurnas, frecuenta en especial los terrenos con dunas y su área de distribución es relativamente reducida, pues es endémico de algunos valles del sur de California.

El **lagarto de collar** (*Crotaphytus collaris*) mide unos 12 cm de longitud, más cerca de 20 cm de la cola, y es de color amarillo o anaranjado, con franjas transversales grises que cruzan el cuello, el tronco y la cola. En los flancos aparecen a menudo manchas azules redondeadas y alrededor del cuello se extiende una franja formada por dos líneas negras, a modo de collar, de donde deriva su nombre común. Cuando tiene que huir del ataque de algún depredador, corre a gran velocidad apoyándose en sus patas traseras. Es un saurio muy agresivo, que se alimenta de distintas presas, como insectos, reptiles y aves o mamíferos de pequeño tamaño. Su área de distribución comprende el norte de México y las regiones centrales del sur de Estados Unidos.

Frente a estas especies fundamentalmente insectívoras hay otras básicamente vegetarianas. Una de ellas es el **chucuala** o **chuckwalla** (*Sauromalus obesus*), que puede llegar a alcanzar hasta los 50 cm de longitud y un peso cercano a 1,5 kg. Es de color gris amarillento, con la zona anterior del dorso y las gruesas patas algo más oscuras, con tonalidades negras. Se alimenta de hojas y flores y tiene la característica de que puede acumular en la cola las reservas que adquiere cuan-

Un agresivo cazador de pequeños mamíferos, aves, reptiles e insectos es el lagarto de collar, con la característica franja oscura alrededor del cuello.

El chucuala tiene la extraordinaria capacidad de acumular en la cola grandes reservas, lo que hace que se vuelva muy gruesa, y de este modo puede sobrevivir a las épocas de penuria. Para conseguirlas consume una gran cantidad de flores y hojas cuando abunda la vegetación.

do ingiere grandes cantidades de alimento. Es lo que hace en las épocas en que éste abunda; después, en las temporadas en que casi desaparece toda brizna de hierba, recurre a esos depósitos. La cola, que ha adquirido hasta entonces un grueso aspecto, comienza a recuperar su forma inicial. Durante este período se mantiene inactivo en el interior de su guarida.

Es un lagarto de costumbres diurnas, que por la noche se oculta en hendiduras de las rocas. Dado su tamaño, resulta una presa muy apetecible para muchos depredadores, pero recurre a una estrategia muy especial para ponerse a salvo de sus enemigos. En cuanto detecta la presencia de su enemigo, se introduce en una grieta del terreno o de las rocas e hincha allí su cuerpo, hasta adquirir un tamaño tal que no puede salir y dificulta en extremo su captura. Se encuentra distribuido por las regiones desérticas de México y del suroeste de Estados Unidos.

Una excepción en la familia: los lagartos venenosos

Estamos acostumbrados a pensar en las serpientes al hablar de reptiles venenosos y, en efecto, son muchas las serpientes provistas de glándulas productoras de toxinas que pueden causar la muerte a una persona. Sin embargo, esa idea no la asociamos a sus parientes los saurios, pues lo más que esperamos de la agresividad de un lagarto es un doloroso mordisco. Y así es para la mayoría, casi absoluta, de todos ellos. Pero hay una pequeña excepción y son dos especies propias de las regiones áridas norteamericanas y pertenecientes al mismo género, y las únicas en el mundo provistas de veneno.

Se trata de lagartos robustos y de constitución maciza, con una cabeza grande y ancha. El tronco aparece bien diferenciado de la cabeza, es aplanado y grueso y se continúa en una cola, también gruesa y de sección casi cilíndrica. Las cortas patas finalizan en cinco dedos, provistos de fuertes uñas negras. En su conjunto, el aspecto del cuerpo es desgarbado y torpe. Los ojos son pequeños y la lengua bífida y protráctil, que mueven constantemente cuando siguen un rastro. Tienen la parte superior del cuerpo cubierta de pequeños tubérculos y son de color negro, con manchas amarillentas o anaranjadas, con lo cual resultan muy llamativos. Se trata de una coloración de aviso destinada a informar a sus posibles atacantes de que se trata de animales venenosos, como sucede en muchos casos similares con otras especies, desde las serpientes a los más diversos insectos.

La característica especial de estos lagartos es la posesión de glándulas venenosas, que no son más que glándulas salivales transformadas, situadas junto a la mandíbula inferior y no en la superior como sucede en el caso de

El monstruo de Gila es uno de los pocos lagartos que tiene glándulas de veneno. Su llamativo colorido nos indica ya que es una especie peligrosa.

las serpientes. Carecen de dientes inoculadores, por lo que han de morder y mantener un cierto tiempo a la víctima apresada para que el veneno pueda deslizarse y llegar hasta la herida producida, entrando de este modo en su sistema circulatorio. Por consiguiente, se trata de un procedimiento bastante primitivo y de eficacia muy inferior al utilizado por las serpientes, incluso las menos evolucionadas. Utilizan ese veneno para matar a sus presas y aunque en seres humanos provoca un intenso dolor, en condiciones normales no es mortal. En los pocos casos en que una persona mordida por un lagarto venenoso acaba muriendo se trata siempre de individuos debilitados por alguna enfermedad o que han consumido grandes cantidades de alcohol, que actúa potenciando el efecto del veneno.

Tienen costumbres generalmente nocturnas y durante las horas diurnas descansan en el interior de las madrigueras que ellos mismos excavan con ayuda de sus fuertes uñas. Se alimentan de pequeñas presas, generalmente crías de roedores y polluelos, pues su falta de agilidad les impide capturar animales adultos sanos, que escapan con facilidad. Consumen también huevos y algunos insectos. De manera análoga a como sucede con el chucuala, cuando hay abundancia de alimento devoran una gran cantidad y almacenan las reservas en la cola, que adquiere entonces gran tamaño, pues más tarde tendrán que sobrevivir varios meses en los que la comida escaseará o faltará por completo. Esto último sucede durante la época seca, en que las aves no están criando y los roedores permanecen ocultos en sus madrigueras. Gran parte de este tiempo, también los lagartos venenosos reducen su actividad al mínimo y permanecen resguardados en el interior de sus guaridas.

Viven solitarios, reuniéndose los individuos de distinto sexo sólo en la época reproductora. Antes de hacer la puesta, las hembras excavan hoyos de unos 15 cm de profundidad, en cuyo interior depositan entre 3 y 12 huevos de cáscara membranosa. El lugar elegido suele encontrarse siempre junto algún río, para que la humedad del suelo contribuya a mantener los huevos en buen estado, pues de lo contrario el exceso de temperatura podría matarlos. El calor del sol los incubará a lo largo de un mes, tras el que eclosionarán las pequeñas crías, provistas ya de glándulas venenosas funcionales.

Se trata de animales perfectamente adaptados a los ambientes áridos, que viven sólo en regiones muy calurosas, de terreno seco y a menudo pedregoso y con muy escasa cubierta vegetal.

De los dos lagartos venenosos el que ocupa un mayor territorio es el llamado **monstruo de Gila** (*Heloderma suspectum*). Mide, como máximo, unos 55 cm de longitud, de los cuales algo más de un tercio corresponde a la cola, y alcanza un peso de 1,3 kg. Es de color negro con manchas amarillentas o rosadas por todo el tronco, mientras que la cola presenta cuatro o cinco bandas del mismo color que las manchas. Su área de distribución comprende las regiones más secas de Norteamérica, pues se extiende desde el Valle de la Muerte, en Estados Unidos, hasta el desierto de Sonora, en el norte de México, atravesando otros desiertos, como el de Colorado y el de Mohave, y también la cuenca del río Gila, uno de los afluentes del Colorado, donde son muy abundantes y del cual deriva el nombre común con el que se le conoce.

La otra especie es el **lagarto de cuentas**, **acaltepón** o **temacuil** (*Heloderma horridum*), de hasta 80 cm de longitud, de los cuales, 30 o 35 corresponden a la cola, y con un peso superior a 1,5 kg. Su aspecto es muy parecido al monstruo de Gila, y el primero de los nombres que recibe se debe al hecho de que las escamas recuerdan las cuentas de un rosario. Es también de color negro, pero las manchas son amarillentas, algo más claras, dispuestas también por todo el tronco, mientras que la cola presenta de seis a siete franjas, igualmente amarillentas. Su área de distribución forma una delgada línea que recorre toda la costa pacífica de México, desde la entrada del golfo de California hacia el sur, llegando así hasta Guatemala.

Aunque sea venenoso, el lagarto de Gila no tiene dientes inoculadores del veneno, por lo que el sistema sólo es eficaz con pequeños animales.

El sonido de la muerte

Las películas del oeste han popularizado y en muchos casos han creado una falsa leyenda acerca de las serpientes de cascabel, pero sin duda el sonido producido por su cola es uno de los más conocidos por todos los habitantes de las praderas y desiertos americanos, aunque habita también en otros tipos de ecosistemas, como las selvas. Simplemente con escucharlo, cualquier animal retrocede asustado, pues sabe que ese sonido es la antesala de la muerte, que llegará en forma de la mordedura de una de las serpientes más venenosas y, desde luego, la más peligrosa del amplio grupo de los crótalos, al que pertenece.

El principal componente del veneno de los crótalos es una sustancia hemolítica que destruye las paredes de los vasos sanguíneos, provocando hemorragias. Además, contiene sustancias que atacan los glóbulos blancos y otras células de los tejidos corporales, así como trombinas, que provocan la coagulación de la sangre y la formación de coágulos, lo cual puede dar lugar a trombosis y otras complicaciones. En conjunto, las tres sustancias actúan destruyendo el sistema circulatorio y provocando de este modo la muerte del animal, o graves problemas si éste es de gran tamaño y sobrevive a la mordedura.

El cascabel de las serpientes homónimas es una estructura formada por las últimas vértebras de la cola y su función es avisar al posible atacante del peligro, con lo cual la serpiente evita también el riesgo del ataque.

Estas serpientes detectan la presencia de una presa gracias a la radiación térmica que emiten los mamíferos y las aves, sus presas habituales, y que aquéllas perciben gracias a un órgano especial situado en su cráneo.

Los crótalos constituyen la subfamilia de los Crotalinos, que se encuadran dentro de la gran familia de los Vipéridos, que incluye las conocidas víboras, con las que guardan numerosas similitudes. Sin embargo, hay un rasgo particular de su anatomía que hace que formen un grupo especial, el de la citada subfamilia. Se trata de la particular estructura existente en el cráneo y con cuya ayuda son capaces de detectar pequeñas diferencias de temperatura en el aire ambiente, lo cual les sirve para capturar sus principales presas, que son mamíferos y aves, animales ambos de sangre caliente que mantienen una temperatura corporal constante y, por tanto, distinta a la variable que existe en el aire.

Este importante órgano sensorial consiste en una pequeña cavidad alojada en el hueso de la mandíbula superior y situada entre los ojos y los orificios de la nariz. Se encuentra dividida en una cámara interior y otra exterior por medio de una delgada membrana, provista de un pequeño poro que comunica ambas y que puede abrirse o cerrarse. En esta membrana existen numerosas terminaciones nerviosas. Como hay un órgano de este tipo a cada lado, los crótalos son capaces de situar con precisión la fuente de calor. Este órgano termosensorial posee una elevada sensibilidad, por lo que es capaz de detectar diferencias de temperatura de sólo unas pocas centésimas de grado, una característica que resulta de especial utilidad a estos ofidios para localizar sus presas incluso en la mayor oscuridad.

El nombre común con el que se conoce al conjunto de estas serpientes hace clara referencia a una estructura muy especial existente en el extremo de la cola, que al agitarla emite un sonido sordo pero intenso, muy característico y que recuerda el que produce un cascabel. Consiste este órgano en el conjunto de las últimas vértebras, que aparecen fusionadas y se encuentran rodeadas por una serie de anillos córneos articulados entre sí. Cuando la serpiente agita la cola, estos anillos chocan unos contra otros y emiten ese sonido. El número de anillos es variable con la edad. Con cada muda de piel, el animal adquiere uno nuevo, hasta que llega a los 10 años, en que el proceso se invierte y los va perdiendo después de cada muda. Este órgano tiene funciones defensivas, pues los crótalos agitan la cola cuando se sienten amenazados y de este modo advierten al intruso que se enfrenta a un enemigo muy peligroso. En cambio, cuando emprenden sus cacerías nocturnas, se mantienen en silencio pues el ruido del cascabel podría alertar a su presa, que tendría entonces tiempo para escapar.

Cuando desciende la temperatura del exterior permanecen dentro de sus madrigueras, o bien, cuando los inviernos son fríos, pasan el período desfavorable en un estado de letargo, es decir de hibernación, que se prolongará más o menos en función de la latitud a la que se encuentren. Es frecuente que varias cascabeles se reúnan en una madriguera abandonada (salvo algunas que conviven con los perrillos de las praderas) para pasar juntas el invierno.

Las cascabeles, como algunas otras serpientes, son ovovivíparas, es decir, los huevos se desarrollan en el interior del cuerpo de la hembra y allí eclosionan, con lo cual nacen crías vivas. El número de éstas oscila por término

Las serpientes o crótalos de cascabel suelen retirarse al interior de una madriguera cuando llega el invierno, reuniéndose en gran número. En ocasiones, si las temperaturas descienden anormalmente, caen en un estado de letargo.

medio entre 10 y 20, pero pueden ser menos o incluso ser más de 60. La frecuencia de las puestas es variable; así, mientras que en las regiones más cálidas es de una al año, en latitudes más altas puede reducirse a sólo una vez cada dos años, debido a la menor actividad metabólica del animal.

La **serpiente de cascabel** o **crótalo de cascabel** (*Crotalus durissus*) alcanza una longitud máxima de 1,8 m y se diferencia de otras especies de su mismo género porque el cuerpo, en corte transversal, presenta una sección casi triangular. Esto se debe a la gran altura de la zona vertebral. Es en general de color amarillento o verdoso, con un número variable de rombos pardorrojizos y ribeteados de blanco. Por los lados llevan también unas manchas oscuras, más pequeñas y provistas asimismo de un reborde blanco.

Es de costumbres nocturnas o crepusculares, abandonando su madri-

La cascabel de Texas es otra de las especies de este grupo, de tamaño algo mayor que la cascabel común, de costumbres análogas a ella, pero de área de distribución más reducida.

guera cuando el sol declina ya en el horizonte. Caza principalmente roedores y otros pequeños mamíferos, pero también muchas aves. Las horas diurnas las pasa en el interior de su refugio, que puede ser desde una madriguera abandonada por otro animal, al tronco hueco de un árbol o una pequeña caverna entre las rocas.

Reside en hábitats diversos, desde las praderas a las zonas agrestes de las estribaciones andinas y los desiertos. El área de dispersión de la especie es muy amplia, pues se extiende desde México hasta las latitudes medias de Suramérica al este de los Andes. Sin embargo, se diferencia en varias subespecies propias de cada una de estas regiones y con ligeras diferencias en cuanto a su colorido y el dibujo de la piel.

La **cascabel de Texas** o **crótalo atroz** (*Crotalus atrox*) mide hasta 2,1 m de longitud y es de color pardo u oliváceo, con grandes manchas romboidales de color oscuro sobre el dorso y franjas blancas y negras alternándose en la cola. Tanto sus costumbres como sus hábitos de caza son análogos a los de la anterior especie. Habita las zonas secas de la pradera, las áreas semidesérticas y también los desiertos, con una zona de dispersión que comprende las regiones centromeridionales de Estados Unidos y todo el centro y norte de México.

Ocupando más o menos la misma área de dispersión se encuentra la **cascabel de cola negra** (*Crotalus molossus*), que habita también en regiones secas y desiertos. Algo menor que la anterior, es de color pardo amarillento, con el extremo de la cola negro.

La **cascabel roja** o **crótalo rojo** (*Crotalus ruber*) es algo más pequeña, pues

Esta serpiente de cascabel de cola negra se encuentra en la posición característica de aviso ante la presencia de un extraño.

El veneno de las serpientes de cascabel, como este crótalo rojo, destruye las paredes de los vasos sanguíneos, los glóbulos blancos y otros componentes celulares, provoca graves daños o la muerte, dependiendo del tamaño y estado de salud del animal o la persona mordidos.

no supera una longitud de 1,8 m, y presenta una tonalidad general parda con la parte dorsal de color rojizo, resultando de este modo muy llamativa. Se encuentra en las tierras secas de la California estadounidense y de la Baja California mexicana, así como en las islas que aparecen en el golfo de California.

El **crótalo verde** o **cascabel de las praderas** (*Crotalus viridis*) mide entre 75 cm y 1,5 m de longitud dependiendo de la subespecie. Es de color pardo con la parte dorsal verdosa y cubierta de una larga serie de manchas pardas rebordeadas en blanco. Durante la estación fría se muestra activa a lo largo de las horas en que luce el sol, capturando pequeños roedores. Es frecuente que comparta madrigueras con los perrillos de las praderas, tolerándose ambos a pesar de su distinta condición. Habita tanto en las praderas como en las regiones semidesérticas circundantes y no resulta raro encontrarla también en terrenos rocosos de las montañas. Su área de distribución comprende el oeste y el centro de Estados Unidos, así como el norte de México.

Una de las cascabeles más pequeñas es el **crótalo cornudo** (*Crotalus cerastes*), de unos 75 cm de longitud total. Es de color pardo, con las zonas superiores grisáceas y a veces con manchas algo más oscuras sobre el dorso, mientras que las partes inferiores son de tonalidad blanquecina. En la zona supraorbital lleva un par de salientes triangulares a modo de pequeños cuernecillos, por los cuales ha recibido su nombre común. Habita en zonas arenosas y dunas, enterrándose en la arena durante algún tiempo en los meses invernales, donde permanece en estado de hibernación hasta que la temperatura ambiente asciende hasta los valores adecuados para su fisiología. Su área de distribución se limita a las regiones desérticas del centro y el suroeste de Estados Unidos.

Las serpientes de coral

Al verlas deslizándose por el suelo, su dibujo nos pone de inmediato en estado de alerta y probablemente no tendremos tiempo de calcular la anchura de las bandas y su orden o disposición, ya que lo más seguro es que nos habremos alejado lo suficiente para evitar males mayores. Es lo que le debe suceder con toda certeza al roedor, o a cualquier otro animal, que a la salida de un matorral o detrás de una roca se encuentra de pronto enfrentado a esa terrible visión, pues lleva genéticamente grabado el aviso interior que le indica que esa serpiente de tan vivos colores puede matarle de una sola dentellada.

Pero quizá tanto nosotros como el roedor nos equivoquemos. Si mirásemos con cuidado la anchura de las bandas de color, el tono que tienen y cómo se disponen, podríamos ver que en realidad no se trata de un ejemplar

Entre las serpientes venenosas más llamativas se encuentran las llamadas corales por la característica combinación de colores que presentan.

La combinación de colores tan visible de las serpientes coral sirve de aviso frente a los depredadores, por lo que algunas serpientes que no son venenosas han adoptado una librea similar. Es una adaptación mimética que les sirve para engañar a posibles atacantes.

de las llamadas **serpientes de coral**, sino de una de las numerosas falsas corales. Al ser las auténticas muy venenosas, y por consiguiente peligrosas, muchas otras serpientes han adoptado una coloración muy similar para defenderse de sus posibles enemigos. Este mimetismo les resulta útil pues, como nos habrá sucedido a nosotros, antes de arriesgarse a la mordedura mortal, quien las encuentre optará por una prudente retirada. Sólo los científicos o los naturalistas han mantenido la calma necesaria y se han dedicado al estudio de estas llamativas serpientes, distinguiendo las que realmente son peligrosas de aquellas otras que simplemente intentan asustar.

Este mimetismo en que una especie inofensiva copia el aspecto de otra que es peligrosa, se encuentra muy extendido en la naturaleza y podemos encontrarlo en numerosos grupos zoológicos, desde peces marinos que viven en los arrecifes coralinos a multitud de insectos, como muchas mariposas, escarabajos, dípteros, etc. En ocasiones, incluso, no sólo imitan el aspecto, sino también la conducta de la especie utilizada como escudo protector, lo cual da lugar a un interesante campo de estudio para los etólogos que investigan el comportamiento animal.

Teorías sobre el origen de un útil mimetismo

Sin embargo, a pesar de lo dicho anteriormente, hay investigadores que sostienen una teoría distinta y afirman que las auténticas corales, las más venenosas, no son las que han servido de ejemplo a imitar por las restantes, sino al contrario, que ellas, lo mismo que las completamente inofensivas, han imitado a aquellas otras especies cuyo veneno tiene una potencia intermedia. La lógica de esta aseveración está en que si una auténtica coral muerde a un animal, éste morirá, con lo que la experiencia negativa no se transmitirá a otros miembros de su especie, que seguirán ignorando que ese llamativo animal resulta tan peligroso y que hay que evitarlo. En cambio, si la mordedura es suficientemente dolorosa, pero sin llegar a ser mortal, el individuo que la ha experimentado recordará con toda viveza la mala experiencia sufrida y no volverá a intentar acercarse a esa serpiente. Después, la selección natural, a la que se añade el aprendizaje en otros casos, hará que ese conocimiento tan importante se transmita a las siguientes generaciones. Con ello, la serpiente de coral saldrá beneficiada pues así evitará muchos ataques. No obstante, como sucede con cualquier mecanismo de defensa, no es una garantía absoluta de seguridad, como lo demuestra que estas serpientes son también presa de otros ofidios de mayor tamaño y de numerosas aves rapaces, que aprovechan su mayor capacidad de reacción para matarlas antes de que puedan responder con su mordedura.

Las serpientes de coral son relativamente pequeñas, pues sólo las mayores llegan a superar 1,5 m de longitud, pero la gran mayoría se queda rondando 1 m o menos. Su cuerpo es de sección cilíndrica casi constante, con la cabeza del mismo diámetro y apenas separada del tronco más que por un leve estrechamiento que no llega a constituir un verdadero cuello. En el extremo opuesto, la cola es muy corta, y todo eso hace que el conjunto del cuerpo presente un aspecto bastante uniforme.

Son venenosas y pueden causar la muerte de una persona, pero es muy raro que muerdan a los seres humanos, salvo que se las acose fuertemente. Son en general tranquilas y de movimientos lentos, lo que las diferencia de algunas de las falsas corales, que se mueven con rapidez y tienden a morder a la más mínima ocasión.

Muchas de estas serpientes, aunque muy venenosas, rara vez muerden, pues son pacíficas y prefieren retirarse ante la llegada de un extraño.

Costumbres y hábitos de las corales verdaderas

El carácter más llamativo de cuantos presentan es, sin duda, el brillante colorido de la piel, que constituye un dibujo en forma de bandas alternas de distintos colores, con el predominio de los anillos de color rojo coral combinados con los amarillos, los blancos y los negros o azules oscuros. Las escamas que recubren la totalidad del cuerpo son pequeñas y brillantes, lo que contribuye así a dar todavía más vistosidad al aspecto del animal.

Viven en el suelo, a menudo ocultas entre la vegetación, o en el interior de huecos y pequeñas cavidades, tanto en regiones áridas como en terrenos de tipo sabana o en zonas de selva. Se alimentan fundamentalmente de pequeños roedores, pollos jóvenes, insectos y otras serpientes de menor tamaño, que en algunos casos se convierten en su dieta casi exclusiva.

Las serpientes de coral tienen actividad fundamentalmente nocturna, por lo que el llamativo dibujo sirve sólo para que durante el día se las identifique con facilidad, en los momentos en que descansan en terrenos despejados aunque la vegetación les oculte parcialmente. No obstante, en caso de que el intruso insista en su ataque, adoptan una postura de defensa muy característica, enrollando el cuerpo y ocultando la cabeza entre los anillos, al mismo tiempo que agitan nerviosamente la corta cola que mantienen erguida algunos centímetros por encima.

Son ovíparas, depositando los huevos, que tienen forma alargada, en el interior de cavidades o de hoyos excavados en el suelo, dejando que sea el calor del sol el que los incube. La puesta es en general pequeña y oscila entre dos y cuatro huevos.

Las auténticas serpientes de coral son propias del continente americano, aunque existan otros grupos de aspecto similar, las falsas corales, que se encuentran en Asia, pero pertenecen a familias distintas. Totalizan cerca de medio centenar de especies, de las que veremos a continuación aquellas que son propias de terrenos despejados, y que pueden estar presentes también en los desiertos y zonas áridas.

En las llanas tierras del norte de Argentina, en Paraguay, Uruguay y el sur de Brasil vive la denominada **moi-chumbé** (*Micrurus corallinus*), de unos 90 cm de longitud total. Los anchos anillos rojos se combinan con los de color azul, más estrechos, que aparecen ribeteados por una franja amarilla. El elemento dominante en su dieta son otras serpientes de dimensiones más pequeñas.

Por la misma región, aunque algo más hacia occidente, se encuentra la especie *Micrurus frontalis*, una de las más grandes, pues llega a 1,5 m de longitud. Las bandas rojas alternan con grupos de tres bandas estrechas negras ribeteadas de amarillo.

La **coral mexicana** (*Micrurus fulvius*) mide cerca de 1 m de longitud. Su dibujo lo forman las bandas de color rojo coral alternándose con las negras, separadas unas de otras por franjas más estrechas amarillas. Viven en cañones y en las laderas secas de regiones rocosas, de gran parte de México y las regiones centrales del sur de Estados Unidos.

Los más pequeños habitantes del desierto

Todo ecosistema se organiza de distintos modos y su gran complejidad obliga a los ecólogos a crear modelos para intentar comprender su funcionamiento. Las pirámides tróficas son uno de los ejemplos clásicos de estos intentos de ver de una manera comprensible algo que, en su enorme diversidad, muy a menudo queda fuera de la capacidad de la mente humana para abarcar las infinitas interrelaciones que se establecen entre sus componentes. Ninguno de ellos está aislado de los restantes, por muy ajenos que nos parezcan a nosotros.

El águila que surca los cielos escrutando el terreno en busca de una presa, las pequeñas hormigas que excavan sus ciudades subterráneas y guardan en su interior los alimentos que necesitará toda la colonia o el gigantesco saguaro, el mítico cactus de los desiertos norteamericanos cuyas reservas de agua han salvado la vida a más de un explorador perdido en estas tierras abrasadas por el sol, están relacionados entre sí por cadenas invisibles que hacen depender, en mayor o menor medida, a unos de otros.

Aquí vamos a dedicarnos a aquellos animales de dimensiones modestas, pero muy importantes para el ecosistema. Muchos de ellos pasan casi inadvertidos por su pequeño tamaño, que sólo el observador cuidadoso percibirá, otros porque sus modos de vida son discretos hasta el punto de parecernos invisibles. En cualquier caso, si de pronto desaparecieran del desierto, gran parte de los restantes animales que podemos ver fácilmente, desaparecerían sin remedio. Casi todos estos pequeños habitantes de los medios áridos se encuentran situados en los escalones tróficos inferiores de las pirámides ecológicas, sirviendo de base a todos los restantes, más visibles y de mayor tamaño, pero mucho menores en número.

Los escorpiones

Temidos en todos los lugares, pero no tan venenosos como el vulgo les cree, los escorpiones son habitantes característicos de los lugares secos. En los desiertos y en las regiones áridas que circundan praderas y sabanas en las regiones tropicales e intertropicales, son uno de los elementos característicos del paisaje para quien tiene la paciencia de contemplarlos en todos sus detalles.

No son insectos, sino parientes de las arañas, pues pertenecen a la misma clase, la de los Arácnidos. Pero resultan fáciles de distinguir de cualquier araña por su abdomen alargado, que se articula en siete segmentos, seguido por otros seis segmentos, mucho más estrechos que forman lo que vulgarmente se denomina «cola», aunque no es tal, sino lo que los zoólogos llaman postabdomen. Esta porción puede moverse en sentido vertical y el último de sus elementos constituye el temido aparato de ataque y defensa de estos animales, una glándula venenosa que sale al exterior a través de una especie de aguijón.

En el abdomen pueden reconocerse los cuatro pares de patas de todos los arácnidos, frente a los tres pares que presentan los insectos. Por delante, en la zona de la cabeza aparecen unas enormes pinzas, que no son más que unos apéndices situados cerca de la boca y que se completan con otros más pequeños, llamados quelíceros. Estos últimos son tan característicos de todos los arácnidos que a los escorpiones, arañas, ácaros y otros miembros de la

misma clase se les incluye en una categoría sistemática mayor, la de los Quelicerados.

Volviendo a los hábitos de los escorpiones, hay que recordar que viven con preferencia en lugares áridos y calurosos, lo que hace que abunden de manera muy especial en los desiertos. Durante el día, permanecen encerrados en el interior de sus profundas madrigueras excavadas en la arena, o bien debajo de piedras o incluso en las grietas de los edificios. Al caer la noche, salen de sus escondrijos e inician la tarea cotidiana de ir en busca de sus presas, ya que se alimentan exclusivamente de los animales que ellos mismos matan. Mientras avanzan por el suelo, lo hacen con las pinzas extendidas y palpando el terreno. Al encontrar la víctima, la sujetan rápidamente con estas grandes pinzas y, si es pequeña, eso es suficiente para inmovilizarla

Arriba podemos ver una imagen del desierto de Sonora, donde los enormes saguaros constituyen una de sus imágenes más características. Estos enormes cactos columnares con brazos sirven de refugio a numerosos animales de modo análogo a los árboles del bosque. Los escorpiones, arañas e insectos son muy abundantes en este ambiente de gran aridez.

Los escorpiones avanzan por el terreno con las grandes pinzas extendidas mientras palpan el terreno. Si la presa es grande, recurren al veneno del aguijón para matarla en pocos segundos si se trata de un insecto u otro invertebrado, y en un poco más tiempo en el caso de un roedor o similar.

o matarla, aunque cuando es grande o se revuelve demasiado, recurren al veneno, que inoculan picándoles una o más veces con el aguijón.

Una vez muerta la presa, la desmenuzan lentamente con los quelíceros y, como en el caso de las arañas, vierten al mismo tiempo los jugos digestivos sobre ella, de modo que podemos decir que la digestión se inicia ya en la boca y el escorpión va succionando las partes blandas transformadas en una pasta líquida. Las presas más habituales son insectos y otros invertebrados, pero las especies de mayor tamaño pueden capturar de modo ocasional pequeños mamíferos o sus crías y pollos de aves.

El veneno tiene una intensa acción neurotóxica y mata en pocos segundos a cualquier insecto u otro invertebrado, pero si se trata de un mamífero, pueden tardar algunos minutos en surtir efecto. Las picaduras para los seres humanos resultan muy dolorosas, pero no comportan peligro para la vida, salvo que se trate de personas enfermas o muy débiles o de niños pequeños. De todas maneras, las picaduras son raras pues ante la presencia humana prefieren retirarse y las que se producen se deben en la mayoría de los casos a imprudencias.

Errores de interpretación de la conducta y la reproducción del escorpión

Existe un bulo muy extendido que afirma que cuando un escorpión se ve rodeado por el fuego se suicida clavándose su propio aguijón. Pero no es cierto. Lo que sucede es que el fuego, que es un enorme peligro para cualquier pequeño animal incapaz de escapar a sus llamas, provoca un estado de enorme excitación y descontrol en el escorpión, que mueve la «cola» de un lado a otro mientras intenta encontrar un lugar por donde escapar. En estos movimientos puede suceder que el aguijón se clave alguna vez en su propio abdomen dando lugar a esa impresión errónea.

Atribuir actitudes de una especie como la nuestra a otra distinta, en particular si se trata de un invertebrado, resulta muy arriesgado si no se conocen los mecanismos básicos que regulan la conducta de cualquier animal.

La reproducción de los invertebrados cazadores es siempre complicada, ya que la aproximación de ambos sexos debe superar la difícil barrera de la agresividad natural de estos animales frente a otros de su tamaño, aunque sean de su misma especie. Cuando se encuentran, inician una especie de baile en el que se sujetan mediante las pinzas, lo que debe interpretarse como una maniobra de apaciguamiento o un intento de impedir físicamente el ataque. Tras varios movimientos en que se empujan en una dirección u otra, algo que desde nuestra perspectiva tomaríamos por «pasos de baile», macho y hembra aproximan sus cuerpos y en-

Hembra de un escorpión transportando las crías sobre su cuerpo. Podría hablarse de un cuidado de las crías, lo que indicaría una conducta reproductora más evolucionada que la de otros invertebrados.

tonces tiene lugar el intercambio del material sexual.

La fecundación es externa, es decir, que no existe ningún órgano que introduzca los espermatozoides en el cuerpo de la hembra, como sucede en el caso del pene de los mamíferos. El macho del escorpión aprieta entonces su cuerpo contra el suelo y deposita una especie de capullo, que es una cápsula, llamada espermatóforo, en cuyo interior se encuentran los espermatozoides. A continuación empuja a la hembra para colocarla encima de este paquete y ella, con ayuda de unos pequeños palpos del abdomen lo sitúa en la abertura de su aparato genital, desgarrándolo y produciéndose así el paso de los espermatozoides que fecundarán los óvulos.

Los escorpiones son ovovivíparos. Con frecuencia, los pequeños escorpiones trepan al dorso de su madre, donde permanecen algún tiempo hasta que mudan y se independizan.

Los sapos con espuelas

Los anfibios son animales que necesitan del agua no sólo para beber, sino también para reproducirse. Además, a diferencia de otros vertebrados, su piel en general necesita estar húmeda para ayudar en la respiración, pues disponen de unos pulmones relativamente pequeños y que resultan todavía poco eficaces en comparación con los de otros vertebrados mejor adaptados a la vida en tierra firme.

Dentro de los sapos, incluso, los hay que han avanzado un paso evolutivo más y se han dotado de los mecanismos suficientes para hacer frente con notable éxito a las durísimas condiciones de vida que ofrecen los desiertos y que, sin duda, son muchos más difíciles de vencer para este tipo de animales.

Es cierto que la piel rugosa de los sapos brinda una cierta protección frente a la enorme sequedad del aire de los desiertos, pero aun así, el sol ardiente no tardaría en quemarla y en morir el animal por deshidratación. Para evitarlo, optan por no exponerse a los rayos solares, limitando su actividad a las horas nocturnas. El resto del tiempo lo pasan encerrados bajo tierra, en cavidades o madrigueras que encuentran, o bien, lo que resulta más habitual, enterrándose con rapidez en la arena hasta

La solución adoptada por los anfibios del desierto para sobrevivir a tan duras condiciones ha sido permanecer durante el día enterrados e iniciar sus actividades durante la noche.

una profundidad en que la temperatura sea soportable.

Aunque durante la noche los valores térmicos descienden de manera considerable con frecuencia un fuerte viento recorre todo el desierto. Por eso, los sapos salen a realizar sus recorridos nocturnos, en busca de los insectos de que se alimentan, cuando el aire está en calma y la escasa humedad existente se condensa en forma de rocío, que sobre su piel actúa como una suave película de agua.

Cuando se produce una de las escasas lluvias que cada ciertos meses, o incluso años, dejan caer el agua benefactora sobre las tierras sedientas, las plantas aprovechan esos breves períodos de bonanza para desarrollar su ciclo vital. Otro tanto hacen los sapos del desierto.

El olor de la lluvia, que ellos perciben como un aumento de la humedad junto a otros factores acompañantes, actúa como un desencadenante. En cuanto el cielo se ha cubierto de una densa capa de nubes, los sapos salen de sus guaridas y, apenas caen las primeras gotas, machos y hembras entran en una febril actividad. No importa que tras descargar el agua, las nubes hayan desaparecido de nuevo y el cielo se presente azul, pues machos y hembras acudirán en tropel a las charcas someras que se han formado.

No tienen tiempo que perder. Apenas han acabado de emitir sus gritos de llamada, cuando, ya juntos, se produce el acoplamiento. Tiene lugar del modo habitual entre los anfibios. Mientras la hembra deposita los huevos, el macho, situado encima de ella, los va fecundando. Quedan adheridos a las plantas o en el fondo y en muy pocos días, a veces en cuestión de horas, ya han na-

Cuando las breves lluvias del desierto producen someras charcas, los machos de los sapos de espuelas emiten sus llamadas en busca de las hembras para completar en poco tiempo sus tareas reproductoras.

La zona convexa de la parte superior de la cabeza caracteriza al sapo con espuelas de la llanura, frecuente en las regiones semiáridas y en las praderas.

cido los pequeños renacuajos. También para ellos el tiempo apremia y, con enorme celeridad, van completando las distintas etapas que en los anfibios que viven en medios más favorables tardan varios días en llegar a su fin. La profundidad de las charcas disminuye a medida que transcurren las horas, y los renacuajos emplean todas sus energías en alimentarse para acelerar el proceso de transformación, para que en la última metamorfosis dispongan todavía del mínimo de agua necesario para su supervivencia.

Antes de que hayan transcurrido cuatro o cinco semanas, los renacuajos se habrán transformado en adultos. Para entonces el desierto ha vuelto a recuperar su semblanza característica, y los pequeños sapos se habrán enterrado profundamente en espera de su primera noche de caza, cuando de nuevo una pequeña cantidad de humedad ambiente impida que el simple paseo nocturno signifique la muerte para ellos.

Estos sapos de los desiertos americanos se caracterizan por la presencia de unos fuertes espolones en las patas traseras, con cuya ayuda son capaces de excavar rápidamente en la arena para enterrarse. Ello les ha valido el nombre de sapos de espuelas o sapos espolados, con el que normalmente se les conoce.

El **sapo con espuelas de las llanuras** (*Scaphiopus bombifrons*) mide unos 6 cm de largo, es de color pardusco o grisáceo y tiene cubierto el cuerpo de pequeños tubérculos rojizos o amarillentos. Es muy característica la parte superior de la cabeza, que presenta una zona convexa, mientras que los espolones de sus patas tienen forma de cuña. Habita en terrenos llanos de las praderas y de las regiones semiáridas. Su área de distribución comprende el norte de México y las regiones centrales y meridionales de Estados Unidos.

Las llamadas ratas canguro son parientes de las ardillas, a las que la evolución ha dado el aspecto de ratones para poder hacer frente a las condiciones especiales del desierto.

El **sapo espolado de Couch** (*Scaphiopus couchi*) llega hasta los 9 cm de longitud, es de color verdoso o amarillento, cubierto de manchas más oscuras que se disponen irregularmente, y la zona de la cabeza comprendida entre ambos ojos es plana. El espolón de sus patas tiene forma de hoz, ligeramente curvado. Vive en regiones áridas y semidesérticas. Su área de distribución es análoga a la de la anterior especie, aunque algo más oriental.

El **sapo de espuelas del oeste** (*Scaphiopus hammondi*) mide entre 8 y 10 cm de largo, es de color pardo o grisáceo oscuro, con manchas irregulares y pequeños tubérculos de color rojo distribuidos por todo el cuerpo. La zona de la cabeza situada entre los ojos también es plana y el espolón, pequeño, tiene forma de cuña. Habita en praderas y regiones semidesérticas. Su área de distribución es bastante amplia pues ocupa todo el centro y sur de Estados Unidos y llega hasta las regiones centrales de México. Esto ha propiciado que se haya diversificado en varias razas o subespecies locales.

Las ardillas con aspecto de ratón

Las exigencias del medio en que vive un animal obligan en muchas ocasiones a adoptar un aspecto físico que no se corresponde con el normal del grupo zoológico al que pertenece. Algunos casos son extremos, como podemos comprobar si contemplamos la figura ágil de un delfín nadando entre dos aguas, que nos puede recordar un tiburón o un atún, pero desde luego no un leopardo o un caballo, a pesar de que está más emparentado con estos últimos que con aquellos. El delfín es un mamífero que respira aire atmosférico y es de sangre caliente, mientras que el tiburón es un pez que respira el aire disuelto en el agua y que es de sangre fría. Pero el mar les ha modelado a ambos muy similares.

Aunque no de manera tan extrema, el mismo proceso se repite en todo el mundo y en los distintos medios que forman el ecosistema terrestre. Los desiertos y las zonas áridas son uno de estos medios. Someten a los seres vivos que los pueblan a unas condiciones extremas que les han obligado a adaptarse o morir. Entre ellos están los roedores, que son un grupo animal dotado de una extraordinaria capacidad de adaptación, lo que explica su enorme éxito en todo el planeta y que les podamos encontrar en los lugares más diversos.

Veremos ahora uno de los pequeños pobladores de los desiertos americanos que ya por su nombre puede llevarnos a engaño. Se trata de las llamadas ratas canguro, que no son ratas ni canguros, sino miembros del grupo de las ardillas. En muchos lugares del mundo hay ardillas que llevan vida terrestre, pero mantienen un parecido notable a sus característicos parientes pobladores de los árboles. Las ratas canguro, en cambio, parecen pequeños ratones con las patas traseras mucho más grandes que las delanteras y provistos de una larga cola. Esto hace que se parezcan más a los jerbos de los desiertos africanos, que son parientes más cercanos de las ratas que de las ardillas, o a los canguros, con los que no guardan ninguna relación.

Toda esta compleja relación de parentescos se debe a lazos más sutiles, que en forma de características anatómicas o genéticas pasan inadvertidas para el aficionado a la naturaleza que se limita a contemplarlos y admirar su modo de vida, pero que tienen una gran importancia para los zoólogos. Los roedores son un importantísimo orden de mamíferos, muy diversificado y numeroso, pero del que se conocen menos datos paleontológicos que de otros grupos pues muchos de ellos no han quedado fosilizados. Esto hace que existan todavía numerosos puntos oscuros en los caminos que han seguido a lo largo de su evolución. La falta de datos es el principal inconveniente al que se enfrentan los científicos cuando se trata de ordenarlos. Por tanto, la sistemática de los roedores es un campo complejo, difícil y en constante cambio.

Entre los diversos subórdenes en que se divide el orden de los Roedores se encuentran los Esciuromorfos, es decir, animales con forma de ardilla, y los Miomorfos, o sea, los que tiene forma de ratón. Esta división es la que justifica el título de esta sección, pues las ratas canguro son ardillas (entiéndase en sentido amplio) con aspecto de ratón. Son animales muy conocidos y populares a raíz de los numerosos documentales de divulgación que se han rodado mostrándonos su modo de vivir y la importancia que tienen en estas regiones áridas.

Costumbres y adaptaciones al desierto

Estos pequeños roedores son de costumbres nocturnas, como sucede con otros muchos pobladores de los desiertos. Ello se debe a que no podrían soportar las elevadas temperaturas que se dan sobre la superficie del suelo cuando el sol incide implacable sobre él. Su pelaje es corto y suave, de color arena o leonado, pero no constituye una capa aislante como la que tienen, por ejemplo, los camellos. En algunos experimentos llevados a cabo en laboratorio se ha podido comprobar que, a más de 40 °C, todos los ejemplares morían a las pocas horas.

Por consiguiente, durante el día permanecen en el interior de sus madrigueras, en las que la temperatura no supera los 30 °C y, por tanto, garantiza su supervivencia. Estas madrigueras son muy complejas, pues constan de una cámara principal donde descansa y duerme el animal, de la que parten numerosas galerías. Unas se dirigen hacia la salida y otras a varias despensas. Además, pueden tener pequeñas madrigueras adicionales, donde solamente guardan reservas de alimento.

Cuando los rayos del sol alargan las sombras mientras cae la tarde, las temperaturas comienzan a bajar lo suficiente para que las ratas canguro se desperecen y se aventuren fuera de sus refugios. Una vez que el cielo aparece ya estrellado, todas estarán en plena actividad. Moviéndose en el aire más tibio de la noche, investigan cuidadosamente sus alrededores, buscando sobre todo las semillas que les sirven de alimento. También recogen alguna otra materia vegetal y en ocasiones un insecto u otro invertebrado, que sirvan para completar la dieta. No devoran de inmediato todas estas provisiones, sino que las van guardando en las bolsas laterales de la boca, los abazones, similares a los que tienen otros habitantes de las regiones áridas, como el hámster. Una vez llenas, regresan a su madriguera y, empujando con las patas delanteras, vacían su contenido, que guardan en las cámaras destinadas a almacén y a las que acudirán durante el día para comer.

Las semillas son un alimento muy seco, pero el organismo de estos roedores es capaz de obtener de ellas el agua necesaria para sus procesos metabólicos. En el curso de las reacciones digestivas que van transformado los hidratos de carbono y las grasas, resultan pequeñas cantidades de líquido suficientes para satisfacer todas las necesidades hídricas. Es otra de las adaptaciones que poseen para sobrevivir en el desierto, ya que de este modo se independizan por completo de la presencia de agua y pueden vivir en las zonas más inhóspitas. Es un tipo de adaptación que ya hemos visto en otros muchos animales propios de los medios áridos.

Además, para reducir las pérdidas de agua, las ratas canguro carecen de glándulas sudoríparas y poseen unos riñones de extraordinaria eficacia, capaces de extraer los menores restos de humedad de la orina, con unos resultados cinco veces superiores a los de nuestros riñones.

Estar tan bien adaptados al medio árido les permite prosperar sin dificul-

Las ratas canguro se caracterizan por la gran longitud de sus patas traseras, lo que les permite realizar grandes saltos. La larga cola actúa entonces como balancín y el pequeño roedor es capaz así de ponerse rápidamente a salvo del ataque de un depredador.

tades, hasta el punto de ser uno de los roedores más abundantes de estas regiones. Esa abundancia tiene sus inconvenientes, pues les convierte en presa favorita de todo tipo de cazadores. Desde un coyote o un águila hasta una serpiente de cascabel, todos aquellos que se alimentan de carne encuentran en las ratas canguro una fuente importante de proteínas, a pesar de las dificultades que supone su captura.

Gracias a la gran longitud de la patas traseras, las ratas canguro son capaces de dar enormes saltos, utilizando la larga cola como balancín para guardar el equilibrio. De este modo, ante el ataque de un enemigo, muchas veces pueden eludirlo con un par de saltos, en los que apenas gastan energía y que pueden llevarles hasta la entrada de su madriguera antes de que el atacante acierte a ver en qué dirección han saltado. Por otra parte, tienen un finísimo sentido del oído, hasta el punto que son capaces de oír el vuelo casi completamente silencioso de un búho.

A esta capacidad del roedor para darse cuenta de la inminencia del peligro y escapar con rapidez, los cazadores han ido oponiendo técnicas de caza más sofisticadas, llegándose así a una situación de equilibrio en que todas las especies salen beneficiadas. La gran cantidad de roedores puede alimentar a un buen número de depredadores, pero éstos, a su vez, controlan lo suficiente la población de sus presas para que no acaben con los recursos alimenticios disponibles, que provocarían su propia desaparición. Como vemos, es una situación de delicado equilibrio en la que todos dependen de todos para su supervivencia.

Grupos y especies de ratas canguro

Los zoólogos dedicados a la sistemática hacen numerosas divisiones de los distintos animales para satisfacer las necesidades de ordenarlos en un esquema general lógico. Así como un orden se divide en varios subórdenes, también se hace a la inversa y, por ejemplo, varias familias de un mismo orden se agrupan en una superfamilia para distinguirla de otra del mismo orden, pero que posee algunas características diferenciadoras importantes.

Esto es lo que sucede con las ratas canguro. Constituyen la familia de los Heterómidos que, junto con la de los Geómidos, forma la superfamilia de los Geomioideos. Todos estos nombres, que pueden resultar complejos, o incluso molestos, para el simple aficionado a la naturaleza, son importantes para entender muchos aspectos de la fauna. Por ese motivo, de vez en cuando hemos de introducir, como una pequeña cuña informativa, cuestiones relevantes de este tipo. Hablar aquí de ambas familias como parte de una superfamilia nos servirá para entender el modo en que la evolución sabe sacar provecho de las circunstancias que le brinda el medio. Ningún cambio anatómico, fi-

La rata canguro de Ord es una de las especies de este grupo más extendida por los desiertos y zonas áridas de Norteamérica. Es capaz de dar saltos de más de 2 m.

siológico o de comportamiento se produce al azar. En la naturaleza todo tiene sentido y, si persiste, es que proporciona al animal unas condiciones adecuadas para su supervivencia.

La injerencia humana en estos procesos es la que tan a menudo lleva a la desaparición a muchas de las especies que comparten con nosotros el planeta, pero esas intervenciones que en apariencia sólo afectan «a los demás», acaban repercutiendo de modo muy importante en la especie que las provoca, en este caso, la nuestra propia. La extinción de una especie animal o vegetal es una tragedia para la vida y una pérdida para todos nosotros.

Las ratas canguros, aunque pasen gran parte del tiempo bajo tierra, lo hacen para protegerse de la hostilidad del medio exterior, pero es sobre la superficie del suelo donde centran su actividad el resto del tiempo. Allí encuentran su alimento, y su anatomía está configurada de modo que pueden moverse con extraordinaria facilidad sobre el suelo. Más adelante veremos el caso contrario, representado por sus cercanos parientes, los Geómidos.

Pero centrémonos de momento en las pequeñas ardillas con aspecto de ratón. Podemos distinguir en ellas tres grandes grupos que se diferencian por su aspecto.

El primero de ellos comprende roedores más parecidos a un ratón, pues aunque tienen las patas traseras más desarrolladas que las delanteras, éstas no son todavía lo suficientemente largas y les permiten desplazarse de manera habitual sobre las cuatro extremidades. Sólo en caso de peligro recurren también al salto, poniéndose así a salvo de su atacante. Además, están bien dotados para trepar, algo que no hacen los restantes miembros de la familia. Se caracterizan también porque en su pelaje aparecen numerosas cerdas rígidas y púas, por lo que se les conoce de manera general como **ratas crespas**. Unos cuantos, agrupados en el género *Heteromys*, viven en las selvas de Suramérica, y otros, que pertenecen al género *Lyomys*, son propios de las regiones áridas y subdesiertos americanos.

El **jeyukí** (*Lyomis pictus*), mide unos 10 cm de largo y tiene el pelaje grisáceo o leonado, dependiendo de la subespecie, pues presenta una gran variabilidad geográfica. Se encuentra distribuido desde el sur de Estados Unidos hasta el norte de Guatemala.

El segundo grupo se reúne bajo el nombre genérico de **ratones canguro**. Son de pequeñas dimensiones, pues miden entre 6 y 12 cm de longitud, con las patas posteriores y la cola muy largas. Viven sólo sobre terrenos de consistencia blanda, como las dunas y las zonas arenosas. Comprenden dos géneros, *Perognathus* y *Microdipodops*. Se encuentran distribuidos por las regiones suroccidentales de Estados Unidos y en el noroeste de México.

El **ratón flavo** (*Perognathus flavus*) mide unos 6 cm de largo, sin contar la cola, que alcanza unos 5 cm, y tiene el pelaje de color amarillento claro. Es

Los roedores abundan en el desierto y encuentran alimento suficiente en las numerosas semillas que quedan enterradas después de los breves períodos de actividad vegetal. Gracias a ellas sobreviven numerosos depredadores.

una de las especies más extendidas, diversificada en varias razas. El **ratón de pinceles** (*Perognathus penicillatus*) habita en los desiertos occidentales de Estados Unidos y en varias regiones del centro de México, mientras que el **ratón de las arenas** (*Perognathus arenarius*) es propio de las dunas de la península de California.

El tercer grupo lo constituyen las **ratas canguro** propiamente dichas. Su aspecto es parecido al de los anteriores, pero de mayores dimensiones y más corpulentas, alcanzando una longitud de entre 10 y 20 cm. Los saltos que son capaces de dar llegan hasta los 2,5 m de distancia, gracias a la gran fuerza de sus patas traseras. Se agrupan todas bajo un mismo género, *Dipodomys*. Su área de distribución es más amplia, pues comprende el oeste de Estados Unidos, todo México y la parte septentrional de Centroamérica.

Entre las más difundidas están la **rata canguro de Ord** (*Dipodomys ordi*), de unos 12 cm de longitud y con el pelaje ocre por las partes superiores y blanco en las inferiores, y la **rata canguro del Pacífico** (*Dipodomys agilis*), que abunda en California. La **rata canguro de Texas** (*Dipodomys elator*) habita tanto en las praderas secas como en los subdesiertos, desde Texas hasta el norte de México, pero debido a la persecución que ha padecido por parte del hombre, cuenta hoy con poblaciones muy reducidas y se encuentra en peligro de extinción. La **rata canguro peninsular** (*Dipodomys peninsularis*) se encuentra únicamente en las resecas tierras de la península de California, mientras que la **rata canguro serrana** (*Dipodomys phillipsii*) es propia de las regiones montañosas secas del centro de México.

Las ardillas con aspecto de topo

Al hablar de las ardillas con aspecto de ratón, cuando nos adentrábamos en el complejo mundo de la sistemática, decíamos que formaban parte de la superfamilia de los Geomioideos junto con otra familia más. Ésta es la que vamos a ver ahora. Se trata de la familia de los Geómidos. Su presencia es bien distinta a la de los anteriores y, para seguir jugando con las semejanzas, cuando decimos que son ardillas con aspecto de topo aplicamos los mismos criterios que ya se han explicado. Pero el parecido, en este caso, es con animales más compactos, como los topillos eurasiáticos o los ratones topo africanos, ambos roedores, e incluso con los topos, que son insectívoros.

El aspecto no recuerda en absoluto al de sus parientes las ardillas o a las más cercanas ratas canguro, puesto que poseen un cuerpo robusto y macizo, con la cabeza unida al cuerpo casi sin discontinuidad, pues el cuello prácticamente es inexistente, y con un hocico corto en el que destacan los poderosos incisivos de color pardo amarillento, visibles aunque la boca permanezca cerrada. Tanto las orejas como los ojos son muy pequeños, lo que nos indica que tanto el sentido del oído como el de la vista no desempeñan un papel relevante en su vida. A ambos lados de la boca se abren los amplios abazones, que se dan la vuelta hacia fuera cuando es necesario limpiarlos. Las patas tienen cinco dedos que finalizan en poderosas y fuertes uñas curvas.

Esta anatomía es reveladora del modo de vida seguido por estos animales, de costumbres fundamentalmente hipogeas, o sea, subterráneas. Con ayuda de los dientes y de las garras, excavan galerías por debajo de la superficie del suelo, expulsando la tierra hacia atrás con ayuda de las patas traseras. La cola, que es corta, posee unos pelos muy sensibles al tacto, que el animal utiliza para reconocer el camino cuando debe volver de espaldas por las estrechas galerías que ha ido creando al ir en busca de tubérculos y raíces, en las que no les es posible darse la vuelta.

Viven solitarios en el interior de las complejas madrigueras que construyen con su incansable labor excavadora. Disponen de varias salidas, que tapan con tierra, y están formadas por una cámara central, en la que residen, y una serie de recintos menores situados a su alrededor, que utilizan como depósitos. Allí guardan los alimentos que van recolectando y que consisten principalmente en raíces y tubérculos, así como frutos, semillas y también partes verdes de las plantas. Los transportan hasta sus despensas dentro de los abazones y, en caso necesario, primero cortan las porciones grandes en pequeños trozos con ayuda de sus afilados dientes.

Esta actividad excavadora favorece en las zonas desérticas la retención del agua y de la humedad, al mismo tiempo que airea el suelo y facilita la germinación de algunas semillas, por lo que en general puede considerarse positiva. Sin embargo, en las áreas de pradera ha tenido que enfrentarse a los intereses del hombre, que considera peligrosos para el ganado y las caballerías los numerosos hoyos que provocan sus galerías, y que donde ha transformado la llanura herbácea de antaño en los campos de cultivo (o monocultivo) actuales ve cómo un gran número de estos animales puede destruir la cosecha entera. Por ese motivo se les ha perseguido, llevando a cabo campañas de aniquilación destinadas a acabar con ellos, campañas que en muchos lugares se han visto coronadas con el éxito.

Algunas especies del grupo de las ardillas se han adaptado a vivir bajo tierra, excavando largos túneles, con lo que evitan los rigores extremos del exterior. Su cuerpo ha adquirido cierto parecido al de los topos, como resultado de una convergencia adaptativa.

El aspecto de los miembros del género *Thomomys* no recuerda al de una ardilla, de la que son parientes, aunque se les conoce por el nombre de ratas ardilla, cumus o tuzas. Llevan vida subterránea.

El período del celo es breve y en su transcurso las hembras son fecundadas a menudo por varios machos. Las crías nacen en primavera, son de pequeño tamaño y su número oscila entre uno y media docena, dependiendo de las especies. En algunos casos, y cuando las condiciones de la temporada son muy favorables, la misma hembra puede tener una segunda camada en el otoño de ese mismo año.

Las taltuzas y las ratas ardilla

Estos dos nombres comunes son los que se aplican de modo genérico a la mayoría de las especies de geómidos. Se encuentran distribuidos exclusivamente por Norteamérica y parte de Centroamérica. Veremos a continuación algunas de las especies más representativas.

La **taltuza de las cumbres** (*Zygogeomys trichopus*) mide unos 25 cm de longitud y habita en las tierras secas de las estribaciones montañosas del centro de México, aunque se la encuentra también en áreas más húmedas. Las restantes taltuzas son más propias de terrenos herbáceos y praderías.

La **tuza topillo** o **rata ardilla californiana** (*Thomomys bottae*) mide unos 15 a 20 cm de longitud y presenta una gran variedad de formas cromáticas dependiendo de las regiones donde habite. Así, las que se encuentran en las zonas costeras suelen ser de tonos oscuros o negras, mientras que las de montaña son pardas y las de los desiertos casi blancas. Cuando aparece en tierras de cultivo, como en las plantaciones de cítricos o de caña de azúcar, puede provocar grandes daños. Su área de distribución comprende el oeste de Estados Unidos y las regiones septentrionales de México.

En las tierras centrales de México se hallan también numerosas especies, como el **cumu mexicano** (*Thomomys umbrinus*), la **tuza serrana de Jalisco** (*Pappogeomys bulleri*) y la **tuza grande de cola desnuda** (*Cratogeomys gymnurus*), de dimensiones similares a las de las anteriores y presentando también gran variedad cromática en el pelaje de las diferentes subespecies y razas.

Las ardillas del desierto

Estos roedores, a diferencia de los parientes suyos que acabamos de ver, conservan y hacen honor al nombre común que reciben, puesto que resulta fácil identificarlas como tales. Proceden, como todos los miembros del grupo, de especies originalmente arborícolas, que posteriormente descendieron a tierra. Algunas de ellas experimentaron una gran transformación morfológica con el cambio de hábitos, como es el caso de las marmotas. Otras, en cambio, mantuvieron la forma y el aspecto general que caracterizan a estos roedores.

En efecto, tienen el cuerpo delgado y similar al de las conocidas ardillas arborícolas, aunque las orejas son mucho más pequeñas y de forma redondeada. La cola, aunque larga, lo es menos que en aquella y está cubierta de pelo de una manera uniforme, sin llegar a constituir el gran penacho que les sirve a sus parientes de eficaz balancín cuando saltan de rama en rama. Los ojos se disponen también en una posición más alta, y a ambos lados de la cabeza poseen bolsas similares a los abazones ya descritos para otras especies. Las dimensiones que alcanzan son variables, oscilando entre los 15 y los 40 cm de longitud y un peso que va de menos de 100 g hasta casi 1 kg.

El paso de la vida en los árboles a la existencia sobre el suelo del desierto

La capacidad de adaptación ha hecho que al salir de las áreas forestales hayan conquistado también las praderas, las zonas semidesérticas e incluso los desiertos. Para ello han adoptado diversas estrategias, como las que ya hemos visto en los casos anteriores. Cuando las temperaturas del exterior son muy elevadas, muchas ardillas terrestres han optado por retrasar su actividad hasta las horas nocturnas, dejando el día para descansar, a diferencia de lo habitual en este grupo animal. Construyen madrigueras, más o menos complejas, que excavan en el suelo a una cierta profundidad para que se logre un microclima adecuado en su interior. Suelen tener espacios destinados a almacén, donde guardan los alimentos recolectados.

Otras ardillas terrestres, en particular las que viven en las áreas más cálidas y áridas, han desarrollado mecanismos fisiológicos con los que hacer frente al calor. En unas, como en el caso concreto de la ardilla antílope, han evolucionado hasta conseguir un margen óptimo de temperaturas muy amplio, dentro del cual su cuerpo no experimenta daños y los procesos metabólicos pueden discurrir con total normalidad. De este modo, son capaces de resistir hasta 43 °C sin que les afecte en su funcionamiento. Sólo cuando el calor aprieta más, deben tomar alguna medida preventiva. Lo que suelen hacer es buscar una sombra y allí, en pocos minutos, su cuerpo vuelve a recuperar la temperatura funcional más favorable. Si el terreno es tan llano que no ofrece ni el más mínimo resquicio de sombra, se ha observado a estas ardillas mojarse la cabeza con saliva, que al evaporarse refresca su cuerpo. Sin embargo, es una solución extrema a la que sólo recurren en algunas ocasiones, pues la pérdida de agua que eso supone constituye un grave lastre que deben recuperar después a través del alimento, precisamente en una época en que éste resulta en general muy escaso.

Más común es lo que suelen hacer otras ardillas, como la de Mohave, que puede considerarse arquetípica. Igual que sus parientes de climas fríos, caen en un estado de semiletargo cuando el paisaje se cubre de nieve; las ardillas terrestres del desierto pueden experimentar un letargo parcial durante un tiempo más o menos largo mientras duren las condiciones de sequedad y temperatura extremas. Por coincidir estas condiciones con el verano, se habla en tal caso de estivación, para distinguirlo del letargo invernal o hibernación. La temperatura corporal puede descender varios grados de modo paulatino hasta que el animal queda profundamente dormido. No obstante, cada cierto número de días se despierta y acude a sus despensas para alimentarse, volviendo después al cómodo nido para seguir esperando a que las condiciones en el exterior se vuelvan más benignas.

Podemos afirmar que una de las especies más características del desierto americano es precisamente la que nos acaba de servir de ejemplo en la anterior descripción, es decir, la **ardilla de Mohave** (*Citellus mohavensis*), de unos 30 cm de longitud y cerca de 300 g de peso. Durante la primavera y comienzos del verano acumula una gran cantidad de reservas en su cuerpo en forma de grasa, que le permiten pasar después unos ocho meses, entre agosto y marzo, en estado aletargado. Se encuentra principalmente en el desierto de Mohave (en el suroeste de Estados Unidos) y en áreas circundantes.

Especies comunes de ardillas terrestres

La **ardilla antílope** o **espermófilo de cola blanca** (*Citellus leucurus*) mide unos 25 cm de longitud y pesa algo menos de 100 g. Es de color pardo amarillento por el dorso, tiene las partes inferiores blancas, así como la cola y, como suele desplazarse llevándola levantada por encima del cuerpo, muestra la parte blanca de manera parecida a como hacen los berrendos y otros antílopes, lo cual justifica el nombre común con el que se la ha bautizado. Está adaptada a sobrevivir todo el año en el desierto y, por tanto, no se refugia en su madriguera para estivar como la anterior. Su área de distribución es más amplia, pues comprende todas las zonas áridas del suroeste de Estados Unidos y de la mitad septentrional de México.

La **ardilla de pedregal** (*Otospermophilus variegatus*) lleva franjas claras a ambos lados del cuerpo y vive por el norte de México y el sur de Estados Unidos. En la misma área vive el **espermófilo manchado** (*Ictidomys spilosoma*), de color castaño y con manchas blanquecinas de forma redondeada que se distribuyen de modo irregular por el dorso y los flancos. El **espermófilo mexicano** (*Ictidomys mexicanus*) es parecido al anterior, pero se encuentra distribuido por el noreste de México y en áreas próximas de Estados Unidos. Estas tres especies viven en madrigueras provistas de numerosas galerías y son de costumbres más sociales que

ARDILLAS DEL DESIERTO

CLASE > MAMÍFEROS | ORDEN > ROEDORES | FAMILIA > ESCIÚRIDOS | VARIOS GÉNEROS

CARACTERÍSTICAS
(variables según la especie)

Longitud	15-40 cm
Peso	80-1.000 g
Color	pardo, a veces con manchas o dibujos, y más claro por el vientre
Gestación	25-32 días
Alimentación	semillas, raíces, insectos

VIDA Y COSTUMBRES

- Las ardillas del desierto son estrictamente diurnas, por lo que es posible verlas incluso en las horas de más calor del día, gracias a sus adaptaciones fisiológicas. A veces descansan brevemente a la sombra, para continuar después su búsqueda de alimento. No hibernan algunas especies, pero en determinadas condiciones de temperatura y sequedad extremas pueden caer en un breve estado de letargo.

Las pequeñas ardillas terrestres del desierto conservan el aspecto característico de sus parientes arborícolas, pero rara vez abandonan el suelo y suben a una elevación o al tronco de alguno de los escasos árboles.

las restantes ardillas terrestres que hemos visto.

La **ardilla de las rocas** (*Citellus beechyi*) presenta un colorido pardo uniforme con numerosas pintas claras, que son los extremos blancos de los pelos. Como su nombre indica, prefiere las zonas rocosas para habitar. Con la llegada del verano se refugia en su madriguera para pasar el período de letargo estival. Se encuentra en las zonas áridas del sur de Estados Unidos y del norte de México.

El **tamias californiano** (*Eutamias merriami*) es un representante de este género tan característico, que está adaptado a las condiciones de aridez. Como sus parientes de áreas septentrionales, presenta el cuerpo recorrido por llamativas franjas claras y oscuras, y al tener también la cola más peluda que las anteriores especies, guarda un mayor parecido con las ardillas arborícolas. Vive en la península de California. Muy similar a él es el **tamias de Arizona** (*Eutamias dorsalis*), que se encuentra distribuido por las regiones áridas del suroeste y oeste de Estados Unidos y la mitad septentrional de México. En las áreas centrales de este último país vive otra especie muy parecida, el **tamias mexicano** (*Eutamias bulleri*).

Los tucotucos de las regiones áridas

Con este curioso nombre, que hace referencia al grito característico que emiten en una larga secuencia, se designan los miembros de otra familia de roedores que viven en zonas áridas, pero en este caso del continente suramericano. Se trata de los Ctenómidos, que serían el equivalente a la de los Geómidos que acabamos de ver.

No sólo desempeñan un papel ecológico similar, sino que también se parecen físicamente, lo cual es explicable como el resultado de una evolución convergente que ha llevado a dos tipos de animales distintos, aunque sean parientes, a un resultado similar al estar sometido a unas condiciones muy parecidas en el medio donde viven.

Son animales muy característicos de las praderas y pampas de Suramérica, pero también se les encuentra en las regiones áridas, lo mismo que en zonas forestadas, lo demuestra la gran capacidad de adaptación de este grupo. Son excelentes excavadores de vida sedentaria, que construyen sus madrigueras provistas de varias galerías y entradas, permaneciendo en su interior gran parte del tiempo. Únicamente salen por los alrededores, aunque sin alejarse mucho de alguna entrada para poder ponerse a salvo en caso de que les ataque algún enemigo.

Se nutren de raíces, bulbos, estolones y otras partes subterráneas de las plantas, que también almacenan en cámaras accesorias a la principal de la madriguera. En las épocas de mayor sequía pueden cubrir sus necesidades hídricas con el alimento vegetal que tienen guardado.

El **tucotuco magallánico** (*Ctenomys magellanicus*) mide unos 22 cm de largo, más cerca de 8 cm que corresponden a la cola. Tiene el pelaje de color gris, más oscuro por el dorso, que se aclara algo por los costados y en el vientre se vuelve de tono canela. Tanto la cola como los pies son blancos. Vive en las tierras inhóspitas de la región patagónica, habitando también en muchas de las islas cercanas, donde se ha diferenciado en distintas subespecies.

El **tucotuco sedoso** (*Ctenomys sericeus*) es de tamaño y colorido muy parecidos a los del anterior, aunque las zonas de tonalidad canela se extienden también por los costados. Vive en la región patagónica, pero ocupa tierras más altas que la otra especie, ascendiendo incluso por las laderas de las montañas.

Igualmente de la región patagónica es el **tucotuco amarillento del arenal** (*Ctenomys emilianus*), de mayor tamaño y peso que las otras especies, con el pelaje más claro y presentando tonalidades amarillentas. Vive en terrenos arenosos de los valles.

Alienígenas en el desierto: los peces del Agujero del Diablo

Si decimos a alguien con unos conocimientos medios de la naturaleza que nos cite los principales grupos animales que espera encontrarse en un desierto, los primeros que nos citará, probablemente, serán los reptiles y después le vendrán a la mente los grandes mamíferos clásicos, como el camello. Habrá oído hablar de las plagas de langostas y eso le servirá para añadir los insectos a la lista. No será muy difícil que nos cite entonces también las aves, pero a partir de ahí comenzará a cavilar y dirá nombres de animales, que lo más seguro es que pertenezcan ya a alguno de estos grupos. Al final se dará por vencido y dirá que sólo estos animales viven en el desierto.

Uno de los lugares más inhóspitos de Norteamérica, donde se alcanzan temperaturas incompatibles con la vida, recibe el nombre bien gráfico de Valle de la Muerte.

Estos pequeños peces son los últimos supervivientes de la ictiofauna que vivía en las aguas de esta región antes de convertirse en un desierto. Sobreviven en reducidas depresiones, casi estanques, como el Agujero del Diablo, donde los biólogos se sumergen para hacer recuentos del número de ejemplares y controlar las condiciones ambientales.

Los peces del desierto forman parte de una familia caracterizada por su gran resistencia a los cambios de su entorno, adaptándose con rapidez a las nuevas condiciones. Esto les ha permitido sobrevivir en esta región.

Pues bien, precisamente aquí podemos encontrarnos con el único lugar en todo el mundo donde vive una especie de pequeños peces. Su nombre científico es *Cyprinodon diabolis*.

El lugar es de dimensiones mínimas, y perfectamente equiparable a un estanque mediano de los muchos que nos ofrecen los acuarios de todo el mundo. Es un hueco entre dos rocas situadas en el Ash Meadows, que recibe el nombre en inglés de Devils Hole, es decir, el Agujero del Diablo, y que sirve para dar nombre al diminuto pez.

Origen de este singular ecosistema: el resultado de su historia geológica

El origen del Agujero del Diablo se remonta a hace unos 50.000 años, en el curso de la última de las glaciaciones de la Edad del Hielo. En aquella época toda la región era muy fértil y las nubes descargaban sobre ella abundantes precipitaciones. Las aguas corrían por las laderas de las montañas y confluían en el Valle de la Muerte, donde un caudaloso río formaba el eje de una importante cuenca fluvial que regaba todos los territorios circundantes, cubiertos en nuestros días por suelos resecos. La fauna era muy abundante y variada y en los ríos, los lagos y las charcas prosperaban numerosas especies piscícolas.

El clima global de la Tierra fue experimentando cambios paulatinos y al finalizar la glaciación se inició un proceso gradual de calentamiento, que produjo, entre otras consecuencias, la alteración de las corrientes de la atmósfera, que no llevaban tantas nubes cargadas de humedad hacia esa región, y, por tanto, disminuyeron las lluvias. Los cambios tuvieron lugar a lo largo de muchos siglos, pero hace unos 10.000 años las charcas más someras habían desaparecido, los lagos ocupaban una menor superficie, su nivel era más bajo e igualmente los ríos bajaban con mucho menor ímpetu.

La disminución de la humedad desencadenó modificaciones en la composición botánica de la región. Esto se tradujo en que la vegetación fue perdiendo sus componentes más propios de áreas templadas y húmedas en favor de otras más resistentes al calor y a la sequía. Al mismo tiempo, ante la creciente falta de alimento, los grandes herbívoros y los carnívoros que se alimentaban de ellos comenzaron a emigrar hacia tierras más ricas. Les siguieron más tarde nuevas especies y al final sólo quedaron unas cuantas muy especializadas para hacer frente a la sequedad.

Al mismo tiempo que se alteraba la composición faunística en tierra, los

La fragilidad de este diminuto ecosistema ha obligado a mantenerlo estrictamente protegido y a salvo de visitantes.

peces de los ríos fueron abandonando los arroyos menores, retrocediendo poco a poco aguas abajo a medida que iba reduciéndose el caudal y con ello el hábitat disponible. Algunos brazos quedaron separados del curso principal y se convirtieron en una trampa mortal para su fauna acuática, enfrentada sin salida posible a la progresiva desaparición del líquido esencial. Otro tanto sucedió con las numerosas charcas, las lagunas y los lagos.

Pequeños supervivientes de un pasado desaparecido

Se trata de miembros de la familia de los Ciprinodóntidos, que comprende otras especies tan conocidas como la gambusia, convertida en una verdadera plaga en infinidad de lugares del mundo donde ha sido introducida, pero que ha acabado por desplazar a la fauna autóctona. Son peces de pequeño tamaño que viven tanto en aguas dulces como salobres o marinas de las regiones templadas y cálidas. Son animales muy resistentes a los cambios y dotados también de una gran capacidad de adaptación a las nuevas condiciones.

Cyprinodon diabolis es un pequeño pez que alcanza una longitud comprendida entre los 2,2 y los 3,4 cm, de cuerpo alargado, con la aleta dorsal situada en la mitad posterior del cuerpo y la caudal de margen redondeado. La parte superior de la cabeza es aplanada, los ojos son relativamente grandes y la boca se sitúa en posición inferior, y está provista de dientes. Los machos son de color azulado, con tonalidades violáceas en los opérculos, mientras que cerca de la aleta caudal el cuerpo adopta una tonalidad blanquecina. En las hembras las zonas azules son más reducidas a favor del tono amarillento.

Su alimentación la constituyen fundamentalmente las algas que crecen en las rocas, aunque pueden incluir también alguno de los diminutos invertebrados que viven entre ellas. Al crecer estas algas sólo en la parte superficial del estanque, las disponibilidades de alimento son muy reducidas y, en consecuencia, también lo es la población del pez, que se estima en cerca de 200 individuos en promedio, con variaciones en los distintos años, dependiendo del nivel del agua.

Apenas se dispone de datos seguros sobre las costumbres reproductoras, sabiéndose únicamente que las crías pueden nacer en cualquier época del año.

A comienzos del decenio de 1970, estuvieron al borde de la extinción a causa de un plan de regadíos previsto para hacer cultivables las tierras desérticas. La presión de los grupos científicos y ecologistas logró ante los tribunales que se interrumpiera el bombeo y que se tomaran las medidas necesarias para garantizar el aporte suficiente con objeto de no alterar ese nivel.

En el decenio siguiente se efectuaron pequeñas repoblaciones en estanques y pequeñas presas de la región.

No son éstos los únicos peces del desierto, pues hay otros varios, pertenecientes al mismo género, que viven en condiciones igualmente precarias en otros puntos del suroeste de Estados Unidos. Entre ellos están los de las especies *Cyprinodon radiosus* y *Cyprinodon nevadensis*, cada una de las cuales cuenta con varias subespecies. Las condiciones a las que se han adaptado cada una de estas poblaciones son muy diversas, pues hay aguas muy alcalinas, otras ligeramente ácidas, las hay de temperatura elevada, etc. Son factores que predisponen constantemente a la aparición de nuevas subespecies, que con el tiempo pueden dar lugar a especies independientes.

Las arañas pueden adquirir diversas dimensiones y en función de ellas sus presas irán desde insectos a pequeños mamíferos y aves en los casos de los ejemplares gigantes.

Aunque están también adaptadas a las duras condiciones de los desiertos cálidos, las arañas sólo aparecen en aquellos lugares donde existe un mínimo de humedad.

Las arañas del desierto

El numeroso grupo de las arañas se encuentra distribuido por todo el planeta, aunque con preferencia por las regiones cálidas, y parece existir una estrecha relación entre su presencia y los valores térmicos característicos de las distintas zonas del globo, limitando de este modo la posible distribución de cada especie.

Temidas en general, su peligro para los seres humanos es escaso, pues pocas especies tienen un veneno suficientemente potente o en cantidad apropiada para causar daños graves a una persona sana. El veneno lo utilizan para matar a sus presas, que suelen ser otros invertebrados, principalmente insectos, aunque las especies de mayor tamaño pueden atacar también a vertebrados del tamaño de un pequeño roedor. No tendría sentido gastar energías en producir un veneno suficientemente potente como para matar a un animal grande, que no podrían devorar. Las leyes de la naturaleza imponen siempre el principio del máximo aprovechamiento de cualquier recurso, que en este caso es esa sustancia tóxica producida por el propio organismo de la araña.

Reciben numerosos nombres y a menudo existe confusión sobre todo lo referente a la vida de estos animales. Así, el nombre de tarántula se aplica a varias especies de arañas terrestres que viven en las regiones áridas del sur de Europa, pero después se ha extendido para designar cualquier otra araña grande y de hábitos terrestres, como sucede con muchas de las que viven en todo el continente americano. Aquí se las conoce con la denominación genérica de arañas pollito.

A pesar del temor tradicional que ha existido en contra de las arañas en general, en los últimos años ha aumentado el número de las personas aficionadas a mantenerlas en terrarios, atraídas

La mayoría de las arañas del desierto excavan madrigueras en el suelo, dentro de las cuales pasan las horas diurnas y salen de cacería cuando cae la noche, desciende la temperatura y el aire se vuelve algo más húmedo.

por la espectacularidad del colorido o el tamaño de algunos representantes tropicales de este grupo de arácnidos terrestres, sobre todo de las que habitan en las selvas de la región amazónica.

En las tierras áridas de todo el continente americano viven numerosas especies de grandes arañas terrestres, que se alimentan fundamentalmente de insectos, aunque en algunos casos también atacan a pequeños vertebrados, entre otros las crías de serpientes venenosas, además de algún pollo o una cría de roedor. Se las encuentra con preferencia en aquellas zonas en donde existe un cierto grado de humedad, pues su adaptación a la aridez es más circunstancial que la de otras especies, y todas ellas son preferentemente de actividad nocturna.

Son de tamaño grande, y es frecuente que midan entre 6 y 9 cm de longitud, con 8 grandes patas muy peludas, lo mismo que el resto del cuerpo. El colorido es en general oscuro, entre el pardo y el negro, todo lo cual les confiere un aspecto temible, responsable de su mala fama. Los quelíceros, o palpos masticadores de la cabeza, van dirigidos hacia delante.

Tienen costumbres solitarias y suelen pasar el día en el interior de una madriguera que excavan en el suelo arenoso, entre las grietas en un roquedo o debajo de una gran piedra, para iniciar sus cacerías en cuanto cae la noche. Algunas de las arañas que viven en el suelo construyen trampas en forma de embudo e incluso alguna especie lo completa con una pequeña tela similar, aunque menos elaborada, que la que fabrican sus parientes del medio forestal. En la mayoría de los casos, las madrigueras, que también aparecen forradas por el interior, suelen tener una especie de tapa que cierra su entrada y que la araña construye con ayuda de arena, restos de vegetación y secreciones propias.

Dada su adaptabilidad, muchas especies que se encuentran en las regiones áridas aparecen también en zonas más húmedas. Por citar algunas indicaremos las de los géneros *Microhexura* y *Atypus*, que se encuentran distribuidos desde las regiones del suroeste de Estados Unidos hasta el sur de México, o la especie *Cyrtopholis portoricae*, que habita en los desiertos estadounidenses y mexicanos.

Avispas cazadoras de arañas

Aunque son expertas cazadoras de insectos, que constituyen la base de su dieta, muchas arañas terrestres sirven a su vez de presa para algunos de ellos, que se han especializado en su captura. En particular se trata de varias especies de avispas, que se dedican de modo muy preciso y sofisticado a capturar estos artrópodos de ocho patas. Sin embargo, no las cazan para comérselas, pues su alimento lo constituye únicamente el néctar de las flores, sino que persiguen un fin muy distinto.

Pertenecen a la familia de los Pompílidos y se encuentran distribuidas por todas las regiones del mundo donde vivan las arañas. Por consiguiente, también se las puede encontrar en los desiertos y en otras zonas áridas.

Se caracterizan por la gran longitud de sus patas, mayor de lo habitual entre las de su género, y por el colorido, que generalmente es oscuro o negro, con las alas que a veces adquieren tonos muy brillantes. Las dimensiones que llegan a alcanzar son muy variables, siempre las hembras mayores que

Las distintas especies de avispas del género *Pepsis* se han especializado en la captura de arañas, a las que anestesian con su veneno e introducen después en ellas los huevos para que al desarrollarse devoren su cuerpo.

los machos. Además, cada una de las especies de avispa se dedica de manera exclusiva a capturar arañas de una especie concreta, rechazando otras, aunque puedan ser muy parecidas y servirían perfectamente para los mismos fines. El tipo de presa guarda siempre relación con el tamaño de la propia avispa.

Una especie frecuente en los desiertos del suroeste de Estados Unidos y del norte de México es *Pepsis rubra*, conocida en algunos lugares como la **avispa halcón de las arañas**. Los machos son de color negro azulado, con una pequeña mancha anaranjada en la parte anterior de las alas delanteras. Las hembras, en cambio, tienen las alas de colores mucho más brillantes, en general de tonos rojizos y anaranjados. Tienen costumbres solitarias y ambos sexos sólo se encuentran cuando llega el momento de la reproducción.

Su modo de actuar es representativo de todo el grupo, con pequeñas variaciones, y nos servirá para ver cómo actúan estas curiosas avispas, que son uno de los principales enemigos de las grandes arañas peludas que pueblan los desiertos.

Primera etapa del proceso: búsqueda, reconocimiento e inspección de la presa

Cuando una hembra, pues los machos no participan por razones obvias en este proceso, descubre una araña peluda, se aproxima y situándose sobre ella intenta reconocerla, tocándola con los palpos con objeto de identificar la especie concreta de que se trata. Esto puede llevarle bastante tiempo, pero, curiosamente, la araña no reacciona a esa exploración y a lo sumo se retira algo molesta. Una vez que la avispa se ha cerciorado bien de la naturaleza de su futura víctima, se retira a un lugar cercano y comienza a excavar cuidadosamente un hoyo, que puede llegar a tener hasta 25 cm de profundidad.

Finalizada la tarea, se dirige de nuevo hacia la araña, pero esta vez con unas intenciones muy distintas. Una vez situada encima de ella, saca el aguijón del extremo posterior de su abdomen y busca un lugar apropiado donde poder clavarlo, misión que no resulta excesivamente fácil. La araña, como todos los artrópodos, está cubierta de un caparazón fuerte y rígido que le sirve de esqueleto externo, pero que igualmente actúa como una eficaz coraza contra las agresiones e influencias del exterior.

Una despensa viviente: la araña servirá de alimento a las larvas

A medida que la avispa intenta clavar el aguijón, la araña acaba por revolverse ante la insistencia y se inicia una especie de lucha, pues al intentar desembarazarse de su molesta carga, la araña rueda por el suelo mientras la avispa continúa sujetándose a ella con fuerza, al tiempo que sigue tanteando con el aguijón y buscando un punto débil en la coraza de su víctima. El resultado es casi siempre el mismo: la avispa consigue finalmente introducir el aguijón a través de una de las pequeñas zonas de unión entre las placas que forman ese esqueleto externo, y que para permitir la articulación de las distintas piezas de que consta es más blanda que el resto.

Una vez clavado el aguijón en el cuerpo de la araña, ésta ya tiene irremediablemente determinado su destino final y no puede hacer nada más. La avispa inyectará un líquido anestesiante que deja al arácnido en estado de completa inmovilidad, pero sin matarlo.

Las grandes arañas peludas del desierto son unas de las víctimas predilectas de las avispas cazadoras de arañas, y aunque éstas oponen al final resistencia, es el insecto el que acaba venciendo casi siempre en la lucha.

Cuando la víctima ha quedado completamente inmovilizada y no puede oponer la más mínima resistencia, la avispa la sujeta por una de las patas y tira de ella, arrastrándola, hasta que la lleva al hoyo que previamente había cavado. La empuja entonces hacia dentro y, una vez en el fondo, realiza la puesta. Deposita un único huevo sobre el cuerpo inmóvil pero vivo de la araña y, a continuación, rellena de nuevo el agujero empujando arena hasta dejarlo completamente cubierto. Finalizado su trabajo, y cumplida la misión que garantizará la multiplicación de su propia especie, abandona el lugar y se desentiende por completo de lo que allí suceda con posterioridad.

Lo que tiene lugar en el interior de esa cámara no es más que el proceso natural de desarrollo del huevo, mientras que la araña mantiene todas sus constantes vitales en perfecto funcionamiento, regando su sangre los tejidos y manteniéndolos en perfecto estado. El huevo tardará todavía unos días en eclosionar, apareciendo entonces una pequeña y voraz larva que tendrá a su lado una gran cantidad de alimento fresco. La larva perforará la cubierta rígida del esqueleto de la araña y comenzará a devorar el cuerpo de su víctima, que sigue viva. El cuerpo de la araña es una reserva suficiente para satisfacer todas las necesidades nutricionales de la larva carnívora, para que crezca y acabe convirtiéndose en una avispa comedora de néctar.

La evolución ha dado lugar a este curioso y sofisticado procedimiento de reproducción en estos insectos. La hembra adulta, una vez que los huevos están fecundados, busca y prepara el alimento necesario para su prole, capturando una araña por cada uno de los huevos que pondrá. El enorme cuerpo del peludo arácnido constituye una garantía de que la larva podrá completar su desarrollo sin que le falte el alimento y de este modo se asegura la perpetuación de la especie.

Los aljibes vivientes

De todos es bien conocido el carácter trabajador y previsor de las hormigas, que hasta ha dado lugar a fábulas y cuentos que alaban esas virtudes, poniéndolas a ellas como ejemplo. Re-

A pesar de la escasez de alimentos en los desiertos, también las hormigas han conseguido hacerse un hueco entre su fauna, adoptando distintas estrategias de supervivencia.

cordemos el cuento de la cigarra holgazana y las hormigas trabajadoras. Aunque no hemos de perder de vista que esas «virtudes» que les atribuimos no son más que una deformación antropomórfica a un instinto que nosotros interpretamos a nuestro propio modo. El insecto sigue unas pautas de conducta automatizadas, firmemente arraigadas en sus genes y que han ido evolucionando a lo largo de millones de años hasta llegar a los resultados que hoy podemos observar. Los hormigueros son enormes ciudades con miles de trabajadores que no descansan día y noche para garantizar el funcionamiento de la sociedad jerarquizada de la que forman parte.

Estos insectos han sabido muy bien adaptarse a las condiciones del medio en que viven y eso ha dado lugar a formas tan curiosas como las hormigas cortahojas o las hormigas legionarias. Cada una de ellas realiza una función concreta en un medio que siempre resulta hostil.

En los bosques templados de latitudes medias, las obreras recorren incansablemente los alrededores de su nido durante las estaciones favorables, transportando grano, trozos de hojas e incluso cadáveres de otros insectos que guardan celosamente en las despensas de su ciudad subterránea. Cuando llega el invierno y la nieve cubre el suelo, la actividad en el exterior se detiene por completo y las hormigas, encerradas en su confortable nido, manteniendo una temperatura adecuada para su vida, sobreviven a ese largo período alimentándose de las abundantes reservas que recolectaron en la estación anterior.

En las selvas lluviosas, donde siempre se mantienen altas las temperaturas, las hormigas disponen de manera más constante del necesario alimento, pero a veces el suelo, que en general es muy somero, no resulta apropiado para establecer una colonia y se ven obligadas a un permanente cambio de domicilio.

En los desiertos, en cambio, las épocas en que es posible obtener el alimento son escasas y a menudo se presentan muy separadas en el tiempo. Esto plantea graves problemas de abastecimiento a todos los animales en general, y cada especie ha recurrido a una estrategia propia que le ha garantizado la permanencia en ese medio.

Unos pobladores del desierto gozan de gran movilidad, como les sucede a muchas aves, y pueden ir en busca de su comida a lugares más o menos distantes de donde residen de manera más habitual. Otros, cuando hace falta, son capaces de ayunar largos períodos, para lo cual se sumen en un estado de letargo en el que reducen a un mínimo sus constantes fisiológicas y, por ende, sus necesidades de alimento. Los hay también que optan por acumular el alimento en sus despensas y así tienen asegurado el sustento diario. Como viven solos o en parejas, o a lo sumo formando pequeños grupos, estas estrategias de ahorro o previsión suelen ser más que suficientes para salir adelante en las condiciones normales que imperan en el desierto.

Las hormigas, en cambio, son insectos sociales que conviven en colonias de centenares o millares de individuos y eso es realmente todo un reto a la hora de asegurar el alimento para todos ellos. En el desierto escasea el alimento vegetal, por lo que la situación se hace todavía más grave. Pero algunos de estos insectos han recurrido a un procedimiento único que revela muy bien su carácter.

Las llamadas **hormigas odre**, pertenecientes al género *Myrmecocystus*, se alimentan fundamentalmente de la melaza que obtienen de los pulgones y algunos otros insectos que viven en cactus y otras plantas del desierto. Por ese motivo, sus nidos se sitúan siempre en las proximidades de un gran saguaro o de otros cactus, sobre un pequeño montículo a salvo de inundaciones, donde encontrarán estos comedores de savia que les proporcionan su sustento.

La entrada al hormiguero no presenta ninguna característica especial que pueda llamar nuestra atención, y se limita a un pequeño cono de tierra amontonada que rodea la boca de la galería que da acceso al interior. Por ella pasan incansables las pequeñas hormigas negras, que tampoco se diferencian en mucho de la imagen típica que ofrecen estos insectos. Lo único que podremos observar es que no transportan entre sus mandíbulas semillas, trocitos de hojas o la pata de un saltamontes y parece como si andaran todo el día de-

Los pulgones acuden a las escasas plantas permanentes del desierto en busca de su alimento. Allí encontraremos también hormigas que obtienen de estos áfidos una sustancia dulce muy apreciada.

socupadas. Sólo si seguimos su rastro, que nos llevará hasta una planta cercana, veremos cómo palpan con sus patas y antenas la parte posterior de los áfidos para estimular en ellos la secreción del jugo azucarado que buscan.

Todo esto es lo que sucede de modo general en cualquier otro hormiguero, pues también en las latitudes medias y en zonas húmedas es posible observar esta actividad de las hormigas con respecto a los pulgones. Incluso en muchos casos, ellas se encargan de controlar y defender los grupos de áfidos frente a posibles enemigos, dando lugar a que se hable de unas «hormigas ganaderas» que llevan sus «ganados» a pastar. Y la imagen no está muy alejada de la realidad.

Sin embargo, lo verdaderamente interesante y más sorprendente en el comportamiento de las hormigas odre tiene lugar a varios centímetros por debajo de la ardiente superficie del suelo. Los entomólogos que las estudiaron por primera vez se quedaron sorprendidos al ver que del techo de las cámaras laterales del hormiguero colgaban numerosos pequeños odres, que al examinarlos con mayor detenimiento resultaron ser hormigas con el abdomen dilatado y lleno del jugo azucarado que se obtiene de los pulgones. Se trata de individuos idénticos al resto de las obreras, salvo el abdomen dilatado, que se aferran con sus patas y mandíbulas al techo de la galería del que cuelgan.

Cuando en el exterior abundan los pulgones a causa de las escasas lluvias que han hecho reverdecer el desierto, las obreras se acercan a estos aljibes vivientes y les entregan una minúscula cantidad de la melaza que acaban de recolectar.

Pero los tiempos de bienestar no son eternos, y mucho menos en los desiertos, y llega un momento en que el sol reseca por completo la superficie del suelo y los pulgones comienzan a desaparecer, y con ellos el líquido azucarado que secretan. Si visitamos ahora el hormiguero, la imagen será muy distinta a la que antes reinaba allí. En la entrada sólo quedan algunos soldados haciendo guardia para impedir la entrada de algún enemigo. Pero por dentro de las galerías veremos a las obreras desfilar hacia sus compañeras, que cuelgan repletas de melaza como enormes odres vivientes. Una a una irán solicitándoles una pequeña cantidad de ese alimento que recibieron tiempo atrás, y que entregarán sin quejas las obreras-almacén. De este modo, unos cuantos individuos se han convertido en la despensa viviente que garantiza la supervivencia de la colonia durante los meses de penuria.

En el interior del hormiguero, la hormiga encuentra un ambiente estable y con unas condiciones de temperatura y humedad más favorables que las reinantes en el exterior.

Esto sucede así porque esa melaza no pueden conservarla simplemente en el suelo de las cámaras. Se trata de una magnificación de una actividad habitual en otras muchas hormigas. Cuando en otros lugares una obrera regresa al hormiguero después de haber recogido el líquido azucarado de los pulgones, rápidamente hay otras que se acercan a ella para recibir una pequeña porción que la obrera guardaba en su tubo digestivo. En estos casos, la recolectora actúa durante un breve tiempo como depósito para las restantes. En las hormigas odre, en cambio, el proceso se ha ampliado y se ha convertido en permanente, como una medida necesaria para disponer de alimento todo el año.

Las aves del desierto

◆ ◆ ◆ ◆ ◆

La capacidad de vuelo brinda a las aves, en cualquier circunstancia, unas mayores ventajas a la hora de ocupar distintos hábitats. Lo vemos en las que crían en altas latitudes cuando allí abunda el alimento y escasean los depredadores, para desplazarse más tarde, al cambiar las condiciones, hacia latitudes bajas, donde encontrarán de nuevo condiciones óptimas. Son éstas las grandes migradoras, que año tras año recorren miles de kilómetros entre sus cuarteles de invierno y sus áreas de cría.

Muchas especies de aves acuden a los desiertos cuando en determinadas épocas abunda el alimento, pero tienen su residencia habitual en áreas cercanas. Eso no es ningún inconveniente para que también haya otras aves que sean capaces de permanecer todo el año en estos ambientes áridos, pues se han adaptado a ellos lo mismo que han hecho otros muchos animales. Aunque tengan a pocos kilómetros de distancia lugares donde pueden encontrar más alimento, procuran en lo posible no salir de unos territorios que otras muchas especies evitan siempre que pueden.

Las aves cuentan con una ventaja en los desiertos americanos: las distancias son cortas y pueden buscar otros lugares cuando las condiciones se vuelven demasiado hostiles.

Las aves terrestres hallan condiciones favorables en el desierto y las cazadoras que anidan en roquedos disponen de un amplio territorio de caza.

En los desiertos americanos, de extensiones mucho menores que los grandes desiertos africanos o asiáticos, se pueden dar todas esas circunstancias y son muchas las aves que los pueblan de un modo habitual, pero no exclusivo, pues aparecen igualmente en otros muchos lugares. A esto puede contribuir de manera decisiva el hecho de que las temperaturas a unas decenas de metros por encima de la superficie del suelo son mucho más soportables que abajo, sobre las arenas o la roca abrasadas por el sol.

Veremos varias de estas aves que el visitante podrá observar en su recorrido por los distintos desiertos y medios áridos del continente americano.

Carpinteros sin árboles

La familia de los Pítidos incluye algo más de dos centenares de especies, entre las cuales se encuentran los conocidos picos o pájaros carpinteros. Se distribuyen por la mayor parte del planeta, salvo en Australia e islas adyacentes y en Madagascar, además de la Antártida.

Alcanzan unas dimensiones medianas, o bastante modestas en algunos casos, con las patas relativamente cortas y provistas de cuatro dedos, dos de los cuales van dirigidos hacia delante y los otros dos hacia atrás. El pico es recto y muy robusto, dentro del cual se encuentra la lengua, bastante larga y con unas glándulas que secretan una sustancia pegajosa que sirve para sujetar los insectos de los que se alimentan. La cola acaba en forma de cuña, es fuerte y a menudo la utilizan para apoyarse en ella cuando ascienden por los troncos de los árboles. En el plumaje predominan los colores negro, rojo y blanco.

Son aves de costumbres en general solitarias y sólo se les ve en bandadas con ocasión de los desplazamientos que las especies de altitudes altas llevan a cabo hacia áreas más benignas cuando llega la estación desfavorable. Para capturar los insectos y las larvas suelen perforar orificios en los árboles. Esta costumbre les ha granjeado una gran enemistad frente a los madereros, que les acusan de estropear la madera. Sin embargo, el hecho cierto es que los picos sólo agujerean en general la madera en aquellas zonas en que se encuentra más blanda, lo que es debido a enfermedad, lesión o infestación, es decir, que agujerean aquella madera que ya sufre con anterioridad algún deterioro.

La imagen del golpeteo de un pájaro carpintero sobre el tronco recto de un árbol en busca de su alimento o durante el celo, y que se propaga con ecos repetidos por todo el bosque contribuyendo de manera importante a la música del medio forestal, no coincide con la imagen arquetípica del desierto. En éste no crecen los árboles. ¿Cómo es posible, entonces, que vivan en él los pájaros carpinteros?

La respuesta, más que en la posibilidad de adaptación del ave, radica más bien en la particular capacidad de vencer a la sequía atroz que presentan algunas plantas.

En los desiertos norteamericanos, como en los del resto del planeta, no crecen los árboles, pero sí otras plantas. Incluso en los lugares más áridos es posible encontrar algunas de ellas dispersas en cualquiera de las irregularidades del terreno. De manera análoga a como sucede en el mundo animal, los representantes del mundo vegetal han de enfrentarse fundamentalmente al problema acuciante de la ausencia más o menos total de agua. Y también por analogía con sus vecinos animales, las plantas han recurrido a dos estrategias básicas: resistir o reducir su ciclo vital a los períodos de bonanza.

Para el primer caso tenemos, dentro del variado y amplio ejército zoológico, las ratas canguro que ahorran agua y cubren sus necesidades hídricas con el alimento (que obtienen de las plantas) y entre los representantes vegetales están plantas como los cactus, que son capaces de acumular agua y que con sus hojas transformadas en espinas evitan perderla por transpiración.

La segunda de las dos opciones posibles es la que ha elegido la ardilla de Mohave, que en cuanto llega la estación desfavorable se encierra en su madriguera y cae en un profundo sueño, que mantendrá hasta la llegada de la nueva estación favorable. Esta misma técnica la emplean muchos vegetales, pero en una versión mucho más perfeccionada. En ellos muere la totalidad de la planta, excepto una pequeña porción destinada a perpetuar la especie, la semilla. Además, ésta no se limita a permanecer dormida durante unos cuantos meses, sino que queda en estado de vida suspendida y no por meses sino incluso por años. Basta que llegue un intenso chaparrón para que reviva y entonces lo que hace es completar su ciclo vital en un breve período en el que hay disponible el agua suficiente.

Muchas de las especies vegetales más características de los desiertos norteamericanos pertenecen a la familia de las Cactáceas, uno de cuyos rasgos más relevantes es la enorme capacidad de retención de agua, por un lado, y su también enorme capacidad de no perderla, por otro. Para conseguirlo disponen de tejidos que se esponjan y llenan de agua cuando la planta puede acceder a ella, bien sea porque llueve o porque han llegado

Los pájaros carpinteros son aves especializadas del medio forestal, pero una buena prueba de su capacidad de adaptación nos la da el chehe, que anida en los gruesos tallos del saguaro.

El saguaro o candelabro, uno de los cactos más característicos de estos desiertos, alcanza enormes tamaños y eso permite que desempeñe una función similar al tronco de un árbol para muchos animales.

con sus raíces hasta un lugar donde la humedad freática es suficiente. Para no perder esa agua esencial han transformado sus hojas en espinas desprovistas de clorofila. De este modo las hojas no transpiran y no pierden agua. En los tallos se acumula la clorofila, por eso son verdes, y es donde tiene lugar la fotosíntesis. La transformación de las hojas en espinas aguzadas tiene una función adicional: servir de defensa. Con estas púas hirientes hacen frente al ataque de los fitófagos. Un hecho curioso observado es que en Australia las plantas del desierto no presentan espinas, lo cual se debe a que antes de la llegada de los europeos no existían allí los grandes fitófagos que caracterizan muchos desiertos de África, Asia o América.

Entre las cactáceas más espectaculares están los candelabros o saguaros. El grueso tallo cubierto de espinas se eleva varios metros sobre el suelo y de él surgen los brazos accesorios, lo que ha inspirado el nombre común con el que se conocen esta plantas. Una planta adulta puede adquirir el porte de un árbol, superando los 15 m de altura, y esta característica ha permitido a los pájaros carpinteros hacer su entrada en el desierto.

Los saguaros son plantas longevas, que no alcanzan la madurez sexual hasta contar con más de un siglo de vida, momento en que también comienzan a nacer las ramas laterales. Hasta llegar a esa edad, van creciendo con gran lentitud, pero de manera constante. A los ejemplares más viejos conocidos se les estiman más de 200 años de edad y tienen una altura cercana a los 20 m.

Los saguaros viejos tienen un tallo bastante grueso, lo que ha permitido al **pájaro carpintero de Gila** (*Centurus uropygialis*) construir en él su nido. Cuando el ave picotea el tallo hasta crear el espacio hueco necesario para aposentarse, la planta reacciona produciendo una savia que al contacto con el aire se solidifica, cubriendo toda la pared del nido y evitando así que se pierda agua por la herida. La hembra pone en el interior de 3 a 8 huevos, de cuya incubación se encarga el macho por espacio de casi dos semanas. Cuando nacen los polluelos, ambos miembros de la pareja los alimentan y cuidan hasta que alcanzan el mes de edad, época en que se independizan.

El saguaro no sólo sirve de lugar de cría para el carpintero, sino que también le proporciona alimento en forma de los múltiples insectos que acuden al cactus. Sus semillas, esparcidas por el suelo, son también un importante recurso trófico para la variada fauna de roedores y aves terrícolas de los desiertos.

El pájaro carpintero de Gila es un experto constructor de nidos en el interior del grueso tallo de los saguaros. Cuando los abandona, no tardan en ocuparlos otros muchos animales, no sólo aves, sino también muchos mamíferos.

Los pájaros carpinteros del desierto, como el chehe, también están presentes en las regiones subdesérticas y áreas vecinas donde crecen algunos árboles, realizando entonces su actividad sobre los troncos de éstos.

Cuando estas aves abandonan el nido, es frecuente que acudan otras a ocuparlo, en un lugar donde escasean los sitios adecuados donde construirlo o refugiarse. Pero no sólo son aves las que aprovechan el espacio dejado, sino que hay también mamíferos, tanto fitófagos como carniceros, los que saben aprovechar la ocasión.

La gran familia de los pájaros carpinteros o pitigues cuenta, además, con otras especies que también se presentan en los medios áridos americanos. Muchas de ellas pertenecen a los llamados carpinteros terrícolas, pues buscan en el suelo su alimento y tampoco emplean árboles para criar, pues eligen una cueva o similar para construir el nido en su interior.

En las regiones áridas del suroeste de Estados Unidos y México, llegando hasta algunas zonas de Centroamérica, vive el **chehe** o **chehe carpintero** (*Melanerpes aurifrons*), que se caracteriza por el vivo color amarillo que adorna el pecho.

El **carpintero blanco** (*Leuconerpes candidus*), llamado así por el color de gran parte del plumaje de su cuerpo, excepto el dorso y las alas, vive en las regiones semiáridas de los terrenos de tipo sabana seca, donde crecen algunas palmeras, desde Brasil hasta Bolivia y Argentina.

Un especialista en las carreras, el correcaminos

La familia de los Cucúlidos comprende algo más de 130 especies, de las cuales una gran parte vive en zonas forestales. Son aves de cuerpo esbelto, con la cola larga, las patas cortas y el pico fuerte, largo y algo curvado hacia abajo. Su tipo de alimentación es muy variado y muchas de ellas, como los conocidos cucos, se caracterizan por ser parásitos de nido, es decir, que ponen los huevos en los nidos de otras especies, y sus pollos, al nacer, expulsan o matan a los propios hijos del ave hospedadora involuntaria, que los alimentará hasta independizarse.

Pero hay una excepción a estas normas generales y son unas cuantas especies que, en lugar de la espesura de los árboles, han optado por vivir sobre el suelo de los espacios abiertos de sabanas, las praderas e incluso los desiertos. Tienen, eso sí, el cuerpo estilizado, el pico fuerte y alargado y la cola larga, pero sus patas son también bastante largas y están perfectamente adaptadas para la carrera, hasta el punto que solamente vuelan en las contadas ocasiones en que no tienen más remedio. Además, no parasitan el nido de otras aves para criar sus propios pollos.

Estos cucúlidos de hábitos terrestres están presentes sobre todo en África y en América. En este último continente habitan los desiertos, y una de sus especies se ha convertido en una de las figuras más conocidas y populares de este medio. Deben esa notoriedad a algunas de sus excelentes cualidades, pero en no menor medida también a las numerosas películas de divulgación que se han rodado sobre los desiertos de Norteamérica, e incluso a las serie de dibujos animados que se han hecho reflejo de leyendas y bulos que dotan a estas aves de una aureola de inteligencia e imbatibilidad frente a cualquiera de sus enemigos, que, en realidad, no poseen. Pero eso no significa en modo alguno que no merezcan con plena justicia una especial mención, puesto que sus habilidades son realmente muy notables.

El correcaminos recibe este nombre por la velocidad con la que es capaz de correr sobre el suelo y, además, la extraordinaria habilidad que posee para maniobrar bruscamente y ponerse a salvo del atacante.

El **correcaminos** (*Geococcyx californianus*) mide unos 66 a 68 cm de largo. El plumaje por el dorso, la parte superior de las alas, el cuello y la cabeza es pardo oscuro y negro con las plumas ribeteadas en color blanco, la cola es de tonalidad castaña, mientras que el cuello presenta pintas oscuras sobre el fondo crema, pasando en el vientre a ser de color cremoso o blanquecino. Las patas son grises y la piel que rodea los ojos es azul en la mitad anterior y roja en la posterior, confiriéndole un aspecto inconfundible. Sobre la parte superior de la cabeza, las plumas pueden erguirse formando un copete o cresta.

Una de sus habilidades más celebradas es el sorprendente modo que tiene de correr y que le convierte en un verdadero plusmarquista en su medio. Alcanza velocidades punta de hasta 40 km/h, pero lo más notable es su extraordinaria maniobrabilidad, algo que logra gracias a las alas y la cola que, levantándolas y orientándolas como timones, le permiten dar increíbles requiebros instantes antes de que su perseguidor vaya a darle alcance, desestabilizando así al enemigo y sacando una ventaja esencial con ese brusco cambio de dirección, que en la mayoría de los casos le permite poner tierra de por medio con absoluta seguridad. Con ayuda de la cola también es capaz de frenar casi en seco.

Las alas relativamente cortas y algo redondeadas le permiten volar, pero lo

El correcaminos a menudo se coloca en una pequeña elevación del terreno o en unas rocas y desde allí inspecciona el terreno en busca de posibles presas, desde insectos a lagartos y serpientes, aunque en ocasiones también captura polluelos o pequeños mamíferos.

hace de manera desmañada y poco brillante, recurriendo a esta capacidad sólo como un último recurso de emergencia, por lo que, en cuanto puede, vuelve a tierra, donde se mueve con mayor soltura. Con la ayuda de las alas también da saltos, alcanzando alturas de hasta 3 m.

A pesar de ser habitantes natos de los desiertos, la capacidad de resistencia a las altas temperaturas de los correcaminos no es extraordinaria y para evitar el exceso de calor deben ocultarse en la sombra de algún cactus o de unas rocas, algo que en los desiertos americanos es posible en la mayor parte de sus zonas. Cuando la temperatura refresca algo, inician sus correrías en busca de presas, pues también entonces es cuando éstas se muestran más activas.

La dieta y la reproducción del gran corredor

La dieta del correcaminos es bastante amplia e incluye insectos y otros invertebrados, lagartos y serpientes, los polluelos de otras aves y pequeños mamíferos, aunque estos últimos son sólo una presa ocasional.

Los estudios realizados sobre sus hábitos alimentarios demuestran que los ofidios no constituyen el plato principal, ya que no llegan a suponer ni siquiera el 10 % del total de sus capturas en el mejor de los casos. A pesar de ello, este aspecto les ha dado una gran popularidad entre los habitantes de las regiones áridas americanas, que los consideran muy beneficiosos.

La técnica empleada para capturar cascabeles y otras serpientes peligrosas se basa en la rapidez de sus reflejos y en la perseverancia. Lo primero que hacen al descubrir la presa es acercarse con sumo cuidado y dar vueltas a su alrededor, a una distancia suficientemente cerca para irritarla, pero no tanto como para quedar a su alcance, pues no son inmunes a las mordeduras con veneno. Las constantes vueltas y los ataques fallidos de la serpiente acaban por hacerle perder la atención y cansarla, hasta que en un determinado momento el correcaminos lanza un fuerte picotazo a la cabeza del ofidio, atontándolo y aprovechando para rematarlo a gran velocidad. Antes de comer cualquier presa la golpea repetidas veces con el pico hasta desmenuzarla, si se trata de un insecto u otro pequeño invertebrado, o romperla para facilitar la ingestión.

Durante la época de cría, los correcaminos se muestran especialmente activos, aportando al nido un gran número de presas para sacar adelante a los polluelos.

Cuando llega la época del celo, los machos delimitan un territorio, cantando para comunicárselo a otros galanes y esperando a que se aproxime una hembra para iniciar el galanteo. Éste consiste en un breve cortejo con levantamiento de la cresta y agitación de la cola, acompañado todo ello de pequeños saltos. También emite una serie de cortos gritos que recuerdan los emitidos por numerosas gallináceas. Tras ofrecer algo de alimento a la hembra, se produce la cópula.

Las hembras construyen un nido entre la escasa vegetación que encuentran, con preferencia sobre algún arbusto o incluso a varios metros de altura sobre el suelo, en lo alto de un cactus gigante. Este emplazamiento elevado de los nidos tiene grandes ventajas, pues no sólo les protege frente a cualquier depredador terrestre, sino que también les evita la necesidad de soportar las tórridas temperaturas que se registran a ras de suelo, y que disminuyen en bastantes grados con tan sólo elevarse unos pocos metros.

La puesta consta por regla general de 3 a 6 huevos, habiéndose registrado en casos extremos hasta una docena completa, que la hembra incuba por espacio de unas dos semanas y media. Ambos miembros de la pareja se encargan después de alimentar a los pollos, trayéndoles una gran cantidad de presas de todos los tamaños para que crezcan con rapidez. Así, cuando cuentan unos 30 días, están ya en condiciones de abandonar el nido y se independizan.

El área de distribución de esta especie abarca el suroeste y algunas zonas del centro de Estados Unidos, así como el norte de México. Sin embargo, no es la única especie existente.

El **correcaminos pequeño** (*Geococcyx velox*) mide alrededor de 48 cm de largo y se parece al anterior. Se encuentra distribuido por gran parte de México y la mitad septentrional de Centroamérica. Otras especies son *Morococcyx erythropygus*, que mide unos 25 cm de longitud y vive en las regiones occidentales de México y en Centroamérica, y el **tajazuira** (*Neomorphus geoffroyi*), que alcanza de 45 a 50 cm de longitud y está distribuido por un extenso territorio que se extiende desde Centroamérica hasta la región del Mato Grosso, en Brasil.

Las aves que hibernan

La hibernación, un proceso en el cual el animal cae en un profundo estado de letargo, reduciendo su metabolismo y la temperatura de su cuerpo, se conoce en numerosas especies, pero se afirmaba que las aves no lo experimentaban, entre otras cosas porque no tenían necesidad porque en caso de que empeoren las condiciones ambientales siempre tienen la opción de emigrar. Y así lo demuestran las numerosas especies que cada año recorren centenares o miles de kilómetros en busca de terrenos más benignos.

Sin embargo, los ornitólogos han podido comprobar que algunas especies de aves, efectivamente, hibernaban. Algunos colibríes que viven en regiones áridas experimentan un breve estado de hibernación todas las noches, lo que les permite un considerable ahorro energético. Con la salida del sol, vuelven a su actividad normal.

Otra excepción entre los pobladores del desierto es el **chotacabras americano** o **chotacabras de Nuttall** (*Phalaenoptilus nuttallii*). Pertenece al orden de los Caprimulgiformes, que incluye especies tan conocidas como los guá-

En el Valle de la Muerte se alcanzan temperaturas elevadísimas, pero los chotacabras americanos las soportan reduciendo el nivel de su metabolismo.

charos de Suramérica y los chotacabras grises de Europa. Se trata de una especie de cuerpo compacto y algo alargado, provista de un pico corto, pero una enorme boca cuando la abre. Las patas, en cambio, son muy cortas. Mide unos 25 cm de longitud y tiene el plumaje de color muy críptico, pardo con numerosas pintas y manchas negras, lo cual le camufla perfectamente en el suelo.

Es de actividad nocturna y crepuscular; cuando levanta el vuelo, con la boca abierta va capturando los insectos, a veces bastante grandes, que sobrevuelan el desierto. En ocasiones también los caza posándose en el suelo. Este tipo de alimentación ha hecho que la mayoría de las aves insectívoras haya tenido que eludir las regiones áridas cuando las condiciones ambientales hacen que los insectos desaparezcan durante un largo período de tiempo. Este chotacabras ha resuelto el problema recurriendo a la hibernación.

Cuando el alimento comienza a escasear, busca un refugio apropiado, ya sea una grieta profunda entre las rocas o una pequeña cavidad en un lugar fuera del alcance de sus enemigos, y recogiéndose, empieza a descender su temperatura corporal, cayendo en un profundo letargo. Durante todo ese tiempo el consumo de oxígeno será mínimo y las reservas de grasa que ha acumulado durante la estación favorable son suficientes para satisfacer todas sus necesidades metabólicas y mantenerlo con vida. Cuando en el exterior se dan unas condiciones apropiadas para la aparición de nuevo de los insectos, el chotacabras despierta del sueño y reinicia sus actividades. Este período de inactividad puede durar hasta tres meses sin que afecte a la salud del animal.

La adaptación al medio desértico no se limita a esta capacidad de sobrevivir aletargado durante la estación desfavorable, sino que posee también un curioso mecanismo fisiológico que le permite sobrevivir en áreas extremas. Cuando las temperaturas son muy elevadas, disminuye el nivel de su metabolismo de modo que no necesita perder calor, con lo cual es suficiente que se mantenga inmóvil para soportar condiciones como las que se dan en el Valle de la Muerte.

Los chotacabras americanos no construyen, lo mismo que los restantes miembros de la familia, ningún tipo de nido, sino que la hembra pone dos huevos de color casi blanco sobre el suelo. Ambos miembros de la pareja se encargan de incubarlos alternativamente. Al carecer de cubierta o protección, aunque pasen inadvertidos por el colorido críptico de su plumaje, recurren a una técnica de aviso muy eficaz cuando un depredador u otro animal se acercan demasiado. Emiten un grito que imita el sonido de la serpiente de cascabel. Eso es suficiente para que el intruso huya de inmediato sin investigar si se trata en efecto del temido ofidio o no.

Los cazadores del desierto

◆ ◆ ◆ ◆ ◆

En el recorrido por los desiertos norteamericanos hemos podido ver una gran variedad de animales de todo tipo, que de modo permanente habitan estos parajes. A ellos se añaden otros que, aun siendo pobladores de medios más húmedos, dada la cercanía y sus posibilidades de desplazamiento, los frecuentan de modo más o menos ocasional, como sucede con muchas aves que acuden cuando las plantas del desierto se llenan de flores y frutos.

En consecuencia, también el número de cazadores es superior al que podemos encontrarnos en otras regiones desérticas del planeta. Algunos podrán desplegar su actividad durante el día, como los halcones, pero la mayoría de ellos esperará a las horas nocturnas, cuando las condiciones térmicas son más soportables, para realizar sus incursiones. Los coyotes pueden adentrarse muchos kilómetros, pues siempre podrán encontrar de nuevo un paraje favorable, y lo mismo rige para otros muchos cazadores de pelo o pluma. Sin embargo, algunos han hecho del desierto su lugar de residencia habitual. Veremos dos ejemplos significativos. Uno de ellos es un lince, presente en muchos otros lugares, pero que también se asienta en este medio. Otro, en cambio, no aparece fuera de aquellos terrenos donde la sequedad no sea la nota dominante.

Algo menor que sus parientes eurasiáticos, el lince rojo es el principal depredador de las regiones desérticas americanas.

El cazador silencioso: el lince rojo

A este hermoso félido lo podemos describir enmarcado en cualquiera de los paisajes de Norteamérica, pues se

El lince rojo captura todo tipo de presas disponibles, desde los lagartos del desierto, a pájaros como en este caso, o ciervos en otras áreas.

encuentra distribuido por todos sus territorios, desde las áreas de tundra del norte o los densos bosques hasta las arenas ardientes del suroeste. Su frontera septentrional se sitúa a la altura de Alaska, donde no está presente, alargándose hacia el este hasta llegar al extremo nororiental del continente, donde vuelve a ascender y ocupa la península del Labrador. Por el sur, fija sus límites de distribución en las tierras centrales de México, donde constituye la subespecie *Lynx rufus escuinapae*, que recibe el nombre común de **gato colgajo**.

El **lince rojo** (*Lynx rufus*) es un poderoso félido de pequeño tamaño, menor que sus congéneres eurasiáticos, pues mide hasta 75 cm de longitud total de cabeza y tronco, más los 15 cm de la corta cola, y alcanza un peso medio de unos 10 kg, aunque se conocen algunos ejemplares que casi pueden doblar ese valor. El pelaje es de color pardo más o menos claro, dependiendo de las razas, con manchas oscuras, negruzcas o rojizas, así como con los característicos pinceles en las orejas.

Es un animal silencioso y de costumbres solitarias, con un excelente sentido del oído y del olfato, inteligente y que se ha adaptado perfectamente al desierto gracias a que despliega su actividad durante la noche y a que posee una gran flexibilidad en cuanto a su dieta. Ésta varía en cada región y se orienta siempre hacia las presas disponibles. Por ese motivo, lo mismo incluye ciervos, en sus áreas septentrionales, que lagartos, en las zonas áridas. Es capaz de derribar grandes ungulados, que pueden superarle 10 veces en peso, sobre todo si se trata de individuos viejos o debilitados. Igualmente captura cervatillos, conejos, liebres, todo tipo de roedores, reptiles, aves de costumbres terrestres e incluso grandes insectos si la caza no le ha ido bien en la jornada.

A finales de invierno tiene lugar el celo, formándose las parejas durante esa breve temporada. Después, la hembra busca un lugar resguardado y, al cabo de unos 50 o 60 días de gestación, trae al mundo a sus pequeños. La camada consta en general de 2 o 3 crías, aunque también puede ser una sola, si las condiciones son adversas, o incluso 4 cuando la temporada es buena. Hasta los 10 días no abren los ojos y comienzan a jugar sin cesar. La madre les amamanta durante toda la primavera, comenzando después el período de aprendizaje para la caza, que les permite adquirir la suficiente práctica para independizarse con la llegada del otoño. A veces, la hembra y sus crías ya jóvenes se mantienen juntas durante todo el invierno, para separarse de manera definitiva con la llegada de la nueva estación del celo.

El pequeño pariente de los raposos

Otro de los carnívoros más adaptativos del planeta es el zorro, animal inteligente y capaz de hacer frente a las más diversas circunstancias, lo que ha dado lugar a numerosas especies. Algunos zorros, de pelaje blanco, podemos verlos caminando sobre un témpano de hielo buscando un recental de foca, otros descansarán a la sombra de un saguaro, esperando la llegada de la noche para dar caza a un escurridizo roedor en las dunas.

En este último caso se trata del llamado **zorro kit** o **zorro de orejas lar-**

El zorro kit se caracteriza por el gran tamaño de sus pabellones auriculares, pero en lo demás es similar a sus parientes eurasiáticos. Vive formando parejas que se mantienen unidas durante toda su vida.

gas (*Vulpes macrotis*). Su aspecto zorruno es innegable, aunque más pequeño que sus congéneres de tierras menos áridas, pero posee unas orejas de gran tamaño. Con sus 49 cm de longitud total de cabeza y tronco, más unos 33 cm correspondientes a la cola, es la especie más pequeña del género. Su peso rara vez supera los 3 kg. El pelaje es de color pardo grisáceo y su poblada cola finaliza en una mancha negra.

Vive formando parejas que al parecer son estables de por vida. Durante el día permanecen en el interior de su madriguera, saliendo al llegar la noche para emprender la caza, que les llevará a recorrer todo su territorio. No siguen un camino recto, sino que van dando numerosas vueltas y haciendo frecuentes cambios de dirección. Recuerdan perfectamente el lugar donde han encontrado alguna vez una de sus presas y donde es posible que vuelva a haber otra nueva. Su régimen alimenticio es tan amplio como el del lince rojo, aunque con las lógicas limitaciones que le imponen las menores dimensiones, por eso forman su dieta principalmente conejos, liebres y aves terrestres, que completan con algún reptil y cualquier otra pequeña presa eventual que se le ponga al alcance.

El celo tiene lugar durante el invierno. Tras el apareamiento, la pareja recorre las distintas madrigueras que ha ido ocupando a lo largo del año y las acondiciona adecuadamente. La entrada a estos refugios es siempre muy estrecha, de modo que no pueda entrar en ellos un coyote o un tejón, pero después se ensancha hasta formar una amplia cámara, donde puede residir toda la familia. Antes del parto, ya habrán elegido una de ellas, y allí, tras una gestación de unos 50 a 55 días, la hembra trae al mundo de 4 a 6 crías.

Los cachorros nacen con la llegada de la primavera, cubiertos de un suave pelo que irán cambiando más tarde. Inicialmente la madre les amamanta, pero a medida que van creciendo comienzan a ingerir también carne, que se encargan de capturar tanto el macho como la hembra. A la llegada del verano, los cachorros ya están suficientemente desarrollados y han adquirido el pelaje adulto. Continúan perfeccionando sus habilidades cazadoras en compañía de sus padres, a los que acompañan en sus correrías nocturnas, pudiéndose ya independizar con la llegada del otoño, como sucede en la mayoría de los casos.

El área de distribución de esta especie coincide con las regiones áridas que se extienden por el centro y el suroeste de Estados Unidos y de gran parte de México.

Los dominios
del canguro

Los mamíferos más característicos y populares de Australia son los canguros, que tienen en su mayoría en las praderas y regiones áridas su hábitat óptimo.

Un oasis en el mar

◆ ◆ ◆ ◆ ◆

Situada entre dos extensos océanos, el Pacífico y el Índico, aparece la gran isla-continente de Australia, que junto con Suramérica, la Antártida y algunos pequeños archipiélagos e islas circundantes, forman la totalidad de las tierras emergidas del hemisferio austral. Vista sobre un mapa, se nos antoja parecida a un cometa, con una larga cola de pequeñas islas que, dirigiéndose hacia Asia, han actuado de puente de paso para algunas de las especies de animales y plantas que actualmente pueblan el continente.

Los primeros colonizadores de Australia

Se separó del resto de las tierras emergidas hace unos 65 millones de años, permaneciendo aislada desde entonces. Este largo período de aislamiento es el principal factor que ha permitido que la evolución haya seguido aquí por caminos independientes y muy distintos a los emprendidos en el resto de los continentes. El resultado final de todo ello es la extraordinaria vida silvestre australiana, única y muy particular, que cuenta con un gran número de grandes grupos, tanto zoológicos como botánicos, exclusivos de esta parte del globo.

Los mamíferos, por ejemplo, son uno de los grupos animales más llamativos en cuanto a sus características diferenciadoras con respecto a los que encontramos en los restantes continentes. Viven aquí numerosas especies de marsupiales, que son un grupo zoológico de rasgos primitivos y que prácticamente ha desaparecido del resto del mundo ante la llegada posterior de otras formas animales más evolucionadas y, por consiguiente, mejor adaptadas a un mundo cambiante. Más primitivos todavía, los ornitorrincos y los equidnas (pertenecientes al grupo de los Monotremas) son otras especies de mamíferos que también han conseguido sobrevivir hasta nuestros días en el auténtico oasis de naturaleza que es Australia, un mundo casi inmutable a lo largo de millones de años.

Ambos grupos llegaron hasta esta gran isla hace unos 50 millones de años y encontraron en ella el refugio que necesitaban para poder seguir existiendo sobre el planeta. La ausencia de mamíferos placentarios durante más de 20 millones de años fue una de las piezas clave de esta supervivencia, ya que estos últimos (más evolucionados) eran capaces de sobrevivir y adaptarse mejor a las situaciones difíciles, por lo que desplazaban a los Monotremas y Marsupiales de todas aquellas regiones del mundo donde convivían todos ellos. En la actualidad, sólo existen dos especies conocidas de marsupiales que vivan fuera del continente australiano, y ambas son propias de los densos bosques suramericanos, en los que han logrado sobrevivir gracias a la protección que les ha brindado este medio intrincado.

Un continente aislado donde la evolución siguió otros caminos

Hace unos 30 millones de años, seguramente sobre restos de árboles caídos a causa de una tormenta y que las corrientes marinas llevaban sin rumbo de isla a isla, llegaron hasta Australia algunos pequeños placentarios del grupo de los roedores. Diversos murciélagos, los mamíferos capacitados

La geología del terreno condiciona el tipo de vegetación que crece sobre él y ésta encauza el desarrollo y la evolución de la fauna. Así ha sucedido en Australia, lo que explica la especial naturaleza de sus regiones áridas, distintas a las de los restantes continentes.

para volar y que forman el orden de los Quirópteros, también llegaron a Australia durante aquella misma época y se asentaron sin más problemas. Tanto unos como otros han estado conviviendo hasta la actualidad en perfecto equilibrio con los marsupiales y monotremas, e incluso se han diversificado en el curso de su evolución dentro de la enorme isla-continente.

Por último, el hombre y su acompañante, el perro, llegaron a esta región austral hace unos 25.000 años. Estas dos especies ejercieron una notable influencia sobre el medio y el equilibrio de los ecosistemas. Dentro de los círculos científicos se cree que algunos de los perros asilvestrados dieron lugar al actual dingo, que desplazó al lobo marsupial y al diablo de Tasmania, al convertirse en un competidor directo de ambos depredadores.

Australia es el continente más pequeño del planeta. De forma casi redondeada, mide unos 3.700 km de norte a sur y cerca de 4.100 km de este a oeste. Su orografía es poco accidentada, con la mayor parte del territorio formado por extensas llanuras en las que de vez en cuando se elevan montañas de escasa altura y formas muy redondeadas debido a la erosión. La única zona de cierta altitud se encuentra en la parte oriental de la isla, donde se forma una serie de altiplanicies que van progresando en cascada hacia las bajas tierras del centro, y en la parte meridional, donde se encuentran los Alpes Australianos, cuya cota de mayor altitud se alcanza en el pico Kosciusko, de tan sólo 2.228 m de altura y que queda cubierto de nieve únicamente durante los meses invernales.

La parte más occidental está formada por una gran altiplanicie de entre 300 y 700 m de altitud, mientras que la zona central se encuentra ocupada por llanuras bajas.

El clima es mayoritariamente árido (dos terceras partes del continente se encuentran ocupadas por zonas áridas o semiáridas) y muchos de los ríos que discurren por estas tierras son de régimen estacional, secándose a menudo y dejando de fluir durante varios meses. En el grado de aridez se observa un claro gradiente de mayor a menor, que va desde el centro del continente hacia las regiones costeras.

En las regiones centrales existen numerosos lagos fósiles, es decir, áreas que antiguamente estuvieron ocupadas por lagos cuyas aguas se han evaporado, dejando una capa de minerales y una estructura plana del terreno, que reciben muy pocas precipitaciones en general.

Los vientos cargados de humedad provenientes del mar son incapaces de llegar de manera regular al centro de la isla, debido a varios factores. Los que circulan en la dirección este-oeste chocan en su camino con la cadena montañosa oriental, que de este modo impide que puedan adentrarse tierra adentro, mientras que los que podrían llegar desde la dirección contraria, en la que no encuentran obstáculos naturales de este tipo, no tienen suficiente fuerza para hacerlo y acaban por debilitarse por completo a medio camino.

Sin embargo, a pesar de las escasas precipitaciones, inferiores a unos 500 mm anuales en la mayor parte del territorio y que además caen concentrándose en una época determinada del

En las Montañas Azules, que discurren paralelas a la costa en la región oriental del país, las condiciones son muy distintas al resto, con precipitaciones en forma de nieve durante el invierno.

año (época de lluvias de verano en el norte y de invierno en el sur) dejando el resto del mismo sin agua de lluvia, son muy raros los lugares en los que no existe una capa vegetal cubriendo el suelo. En gran parte del territorio australiano hay una alfombra herbácea, más o menos alta, que sirve de refugio a los habitantes de este ecosistema.

Los árboles y los arbustos son las plantas mejor adaptadas a la sequía, perdurando año tras año si no son arrasados por alguno de los frecuentes incendios que sufren estas tierras. Aun corriendo la peor suerte, la capa arbolada puede regenerarse con relativa facilidad, y en una década, o a lo sumo dos, el bosque ya ha recuperado su estado original. Las áreas áridas de Australia se encuentran, en su mayoría, más o menos densamente arboladas. La especie más frecuente es la **acacia** (*Acacia aneura*), también conocida como **mulga**, que puede ser dominante en grandes superficies de territorio. Este arbusto, a diferencia de sus parientes africanas, carece por completo de las potentes y afiladas espinas que caracterizan a aquéllas. La razón es de tipo evolutivo, pues en Australia no existen apenas fitófagos de gran tamaño que hayan obligado a estas plantas a defenderse, y la selección no ha hecho evolucionar favorablemente a aquellos individuos más acorazados, como ha sucedido en África, donde una gran variedad de especies fitófagas de grandes dimensiones haría desaparecer por completo una planta que no dispusiera de alguna defensa.

En las zonas de mayor aridez, la escasez de agua ha hecho que la evolución botánica diera lugar a una rica flora formada en su mayor parte por plantas duras y coriáceas, con la superficie protegida por una tenue cubierta de cera o resina que refleja los rayos solares para evitar que la temperatura pueda elevarse en exceso en el interior de las hojas. Algunas especies se cubren de una densa capa de «pelos» blancos cuya función es también reflejar la luz, pues muchas de las radiaciones que la forman pueden provocar alteraciones genéticas que resultarían perjudiciales para la especie. Además, presentan un metabolismo fotosintético muy especializado para lograr sobrevivir mejor en este medio tan caluroso y evitar así la desecación.

La parte del territorio australiano que puede considerarse verdaderamente desértica es muy pequeña en proporción al total, y sólo un tercio de la región considerada árida lo es de manera completa, formando un espectacular paisaje de formas cambiantes debido a la acción del viento sobre la roja tierra y el polvo que cubren el suelo.

En las áreas con condiciones más extremas sólo llega a sobrevivir de forma permanente un tipo de vegetales conocidos como «spinifex» o **puerco espín** (género *Triodias*), que es un arbusto muy espinoso, de aproximadamente 1,5 m de altura por 6 m de diámetro, cuyo perfil recuerda el de un puerco espín, y de ahí su nombre común. Las restantes plantas del desierto son de tipo estacional, es decir, aparecen después de haberse producido una lluvia, completan todo su ciclo vital con gran rapidez y vuelven a desaparecer en pocos días o semanas agostadas por el intenso sol, dejando sólo sus simientes, que enterradas en el suelo se mantienen incluso años en un estado de vida latente, del que sólo despiertan cuando tiene lugar una nueva precipitación, que reactiva su organismo e inicia la germinación.

A lo largo de los cursos de agua, aunque la mayor parte del año estén reducidos a sus cauces resecos, se encuentran bosques de **eucaliptos de río** (*Eucalyptus camaldulensis*), que es una de las muchas especies de eucaliptos que pueblan el continente australiano.

La fauna más importante y representativa en estas tierras tan pobres en agua la constituyen los insectos y arácnidos, entre los invertebrados, y los reptiles, entre los vertebrados. Sin embargo, no faltan los mamíferos y las aves que han recurrido a importantes adaptaciones físicas y de conducta para poder sobrevivir y prosperar en un medio tan hostil. Por regla general, los animales del desierto salen de sus madrigueras o refugios al atardecer, cuando el Sol deja de quemar con sus rayos abrasadores. Es la adaptación más frecuente para ahorrar agua. Además, durante la época invernal, cuando las condiciones son algo más benignas, muchos de ellos almacenan alimentos en sus madrigueras o en determinados escondites para tener que dedicar menos tiempo a esta tarea durante el largo período de intenso calor.

Por otro lado, hay también muchas especies que durante la estación favorable acumulan grasa en sus cuerpos, de manera que pueden pasar entonces varias semanas escondidas en el interior de sus madrigueras, donde la temperatura es muy inferior a la que reina sobre la superficie del suelo. Este período de reposo durante el verano, que recibe el nombre de estivación, es un comportamiento muy similar al de hibernación que podemos observar en multitud de especies de latitudes septentrionales, donde son los crudos inviernos los que dificultan enormemente la supervivencia en el exterior, por lo que pasan el período invernal resguardados dentro de sus refugios.

La trágica colonización

Cuando a principios del siglo XIX la fuerte crisis económica producida en Inglaterra obligó a multitud de personas a emigrar en busca de mejores condiciones de vida, Australia apareció como una tierra de esperanza y provisión, territorio virgen y muy rico en pastos para iniciar una potente producción ganadera. Llegaron así miles y miles de colonos para establecerse en esta nueva tierra.

Su llegada, de manera análoga a como sucedió en otros muchos lugares del planeta, como en el caso de Norteamérica, supuso una fuerte amenaza para la flora y la fauna autóctonas, así como un impacto desestabilizador en los ecosistemas originales. El hombre blanco respetaba muy poco a los animales que, como los canguros, suponían o podían suponer una competencia para su ganado, y en consecuencia los sometió a una intensa persecución con el fin de exterminarlos. Crueles matanzas usando todos los medios disponibles, desde armas de fuego a explosivos o venenos, se sucedieron durante décadas.

Además, en su completa ignorancia sobre los frágiles equilibrios que existen en la naturaleza, aunque en este caso hay que reconocer que tampoco la ciencia conocía entonces muchos de ellos, la introducción de nuevas especies en la isla produjo una verdadera hecatombe cuyas consecuencias siguen pagándose en la actualidad. Se alteraron por completo las relaciones tróficas y de competencia entre los seres vivos autóctonos que, gracias al aislamiento en que estuvo sumida durante millones de años la gran isla, habían llegado a un equilibrio propio, fruto de ese largo período en que todas las especies pudieron evolucionar con tiempo suficiente para adaptarse a los cambios paulatinos producidos. Así, el ganado introducido acabó con las enormes extensiones de unas praderas cuyos componentes vegetales no habían desarrollado mecanismos de defensa frente al intenso ramoneo de unos bóvidos que allí no habían estado nunca. La desaparición de esas plantas a causa del pastoreo abusivo condujo a una paulatina desertización. Esto, a su vez, repercutió de forma muy negativa sobre los herbívoros autóctonos, que habían aprovechado a lo largo de los tiempos estos recursos sin provocar su extinción. En consecuencia, se inició el declive de los animales comedores de plantas de las tierras australianas.

Los colonos introdujeron también el conejo, principalmente con fines cinegéticos. Esta especie encontró aquí un hábitat perfecto para vivir, con una cantidad en apariencia inagotable de recursos y, lo que es más importante para ellos, ausencia de depredadores efectivos. Su alta tasa reproductiva, que en el continente europeo se compensa por la elevada mortalidad a manos de

A diferencia de otras áreas desérticas del planeta, en Australia estas áreas áridas suelen tener una cierta cubierta vegetal, incluso arbórea, de especies particularmente resistentes a la sequía y a las temperaturas elevadas.

sus enemigos naturales (lobos, zorros, linces, águilas, etc.), condujo a que la población de esta especie, no sometida a ninguna presión depredadora, experimentara en pocos años un crecimiento tan desmesurado en Australia que se convirtió en una temible plaga.

Entonces, a alguien se le ocurrió que para poner coto a los pequeños herbívoros se podrían introducir algunos de sus enemigos naturales y controlar así la población. La idea, en principio, era buena pues tendía a establecer un equilibrio natural ya conocido en Europa. Sin embargo, de nuevo la ignorancia de los mecanismos que rigen la naturaleza hizo que el resultado no fuera en absoluto el esperado.

Se procedió a la suelta de zorros procedentes también de Europa, pero esa ignorancia jugó una vez más una mala pasada a la fauna autóctona. Por tanto, los pequeños cánidos, oportunistas e inteligentes, acabaron antes con las poblaciones de animales autóctonos que con los conejos.

Este proceso desintegrador del equilibrio natural se vio reforzado por otras especies igualmente dañinas para la fauna australiana. Los gatos y los perros, acompañantes voluntarios del hombre, y las ratas, viajeros indeseados, pero que también le siguen en todos sus grandes movimientos migratorios, se encontraron al llegar a las nuevas tierras con unas condiciones igualmente vírgenes y actuaron de un modo análogo a como lo habían hecho esas otras especies. El resultado fue un progresivo arrinconamiento de una buena parte de las formas animales que habían evolucionado en esta isla-continente, así como la desaparición de muchas de ellas antes de que la ciencia pudiera estudiarlas y los nuevos conocimientos hubieran impedido su extinción.

Todas estas alteraciones en los ciclos naturales de los ecosistemas resultaron muy negativas para la naturaleza australiana, que en menos de un siglo vio desaparecer numerosas plantas y animales y tuvo que inscribir a muchas en la larga lista de las especies que se encuentran en grave peligro de extinción. No sólo resultó demoledora la actividad directa de los nuevos pobladores, sino que la enorme velocidad de los cambios acaecidos, en cuestión de pocas décadas, no permitió que se desarrollaran mecanismos compensatorios o de defensa suficientes.

Parecida suerte encontraron los aborígenes australianos. En la actualidad cuentan sólo con una reducida población que está predestinada a desaparecer por completo en los años venideros.

Las incubadoras vivientes: los marsupiales

◆ ◆ ◆ ◆ ◆

Los marsupiales son unos mamíferos muy especiales en muchos de sus aspectos. Una de sus principales peculiaridades y que ha servido para darles nombre, es la de poseer una estrategia reproductora propia, diferente a la que siguen los restantes mamíferos del planeta que, o bien son Placentarios o son Monotremas. Los primeros tienen un tiempo de gestación lo suficientemente prolongado para que las crías nazcan en un estado de desarrollo completo, de tal suerte que les permite enfrentarse a la vida en el exterior del útero. Por el contrario, los Monotremas son esos extraños mamíferos, muy primitivos, que ponen huevos y los incuban y que una vez han eclosionado, la madre se encarga de alimentar a sus crías con leche.

A este respecto, los marsupiales se hallan en un estadio intermedio: comienzan la gestación en el interior del cuerpo de la hembra (como hacen los Placentarios), pero transcurrido muy poco tiempo, entre cuatro y seis semanas según la especie y cuando el embrión aún no se ha desarrollado por completo, se produce el nacimiento y el pequeño, que en esta fase es ciego y carece por completo de pelo, aún unido por el cordón umbilical sale del interior del cuerpo materno para dirigirse hacia un repliegue en forma de bolsa que existe en la zona abdominal de la hembra, donde permanecerá el tiempo necesario para que se complete su desarrollo. Esta bolsa, que se denomina marsupio (de ahí el nombre de marsupiales), esconde en su interior los pezones, de 4 a 12 según la especie.

El lento desarrollo de las crías en el interior del marsupio

Los pequeños se alimentan de la leche de la madre y van creciendo día a día hasta que, al cabo de unos meses, cuando han completado su desarrollo, salen del marsupio para explorar el mundo que hay en el exterior. Pero en un período algo largo, continúan metiéndose en él durante los desplazamientos de la madre, además de para dormir o mamar. Y en cuanto se sienten amenazados o si la madre comienza a correr, también se ocultan en el interior de la bolsa protectora.

Dentro del grupo de los marsupiales se engloban numerosas especies con formas, tamaños y hábitos de vida muy diferentes, algunas de las cuales han desaparecido fruto de las consecuencias de la colonización del siglo XIX. Los marsupiales más pequeños se asemejan a pequeños ratones, ratas, topos, jerbos o ardillas. Los más grandes, entre los herbívoros, son los canguros, y entre los depredadores encontramos el diablo de Tasmania, el lobo marsupial y el gato marsupial.

Los marsupiales son un buen ejemplo de las diversas formas que pueden adoptar los miembros de un mismo grupo de animales cuando se encuentran aislados geográficamente de la mayoría de los restantes grupos. La selección natural ha hecho que en ellos aparezcan formas que en otros continentes están representadas por líneas evolutivas distintas, pero que aquí, sin ellas, han sido los marsupiales los que las han adoptado para resolver de manera análoga unas condiciones similares del medio.

El pequeño canguro contempla, desde la seguridad del interior del marsupio de su madre, el mundo que le rodea y al que poco a poco irá acostumbrándose.

Los canguros

Si por algún motivo resulta especialmente famoso el continente australiano es, sin duda, por su singular fauna, resultado del largo aislamiento en que se mantuvo a lo largo de millones de años con respecto al resto de las tierras emergidas del planeta. Y entre todos los animales que la conforman, existe uno que es quizás el más emblemático: el canguro.

Sin embargo, la palabra canguro engloba numerosas especies que pertenecen a la familia de los Macropódidos y presentan un conjunto de rasgos comunes muy peculiares. Son unos marsupiales de tamaño mediano o grande, que se caracterizan por tener una cabeza que recuerda a la de una liebre o una cabra, por sus largas orejas, y un cuerpo muy desproporcionado entre la mitad delantera y la posterior. Las patas delanteras son delgadas y cortas, mientras que los cuartos traseros muestran un enorme desarrollo, lo cual les sirve para poder realizar saltos de gran longitud, convirtiéndose éstos en el modo habitual de desplazarse o salvar obstáculos.

Por el contrario, cuando lo que hacen es desplazarse con lentitud, por ejemplo mientras buscan la comida, utilizan las cuatro patas. El aspecto que presentan entonces es de gran torpeza, debido a la desproporción existente entre los miembros, a la vez que se apoyan en su enorme y maciza cola, cuya base es muy ancha para ir estrechándose paulatinamente hacia la punta y que utilizan como una quinta pata. Cuando quieren desplazarse ha-

Las largas patas traseras de los canguros aparecen también en otros animales de llanuras y zonas áridas, pues les permiten realizar grandes saltos.

La gruesa cola del canguro no sólo sirve para equilibrar al animal cuando corre o salta, sino que la utiliza también como una quinta extremidad en la que apoyarse cuando descansa sentado.

cia nuevos pastos, dejan de apoyarse en los cortos miembros anteriores y la cola para emprender un tranquilo trote, dando pequeños saltos de 2-3 m. La cola, que en este caso tiene la función de servir de ayuda para mantener el equilibrio, queda dirigida hacia abajo, sin llegar a tocar el suelo.

En este tipo de desplazamiento, la velocidad media suele ser de unos 15 o 20 km/h. En caso de peligro, los canguros emprenden una rapidísima huida, efectuando largos saltos que fácilmente llegan a los 8-9 m de longitud por 3 m de altura, según las especies. En este caso la cola se sitúa mucho más recta, proporcionando estabilidad al cuerpo y pueden llegar a alcanzar hasta los 60 km/h.

Los canguros aparecieron durante el Mioceno, cuando a causa de los movimientos producidos entre las diferentes placas tectónicas de la Tierra, el continente australiano en su recorrido hacia el norte cambió de latitud. Esto provocó un cambio climático notable, pasando de ser muy húmedo, lo que permitía el crecimiento de un frondoso bosque que cubría casi la totalidad del territorio, a árido, dando lugar a las sabanas más o menos boscosas que han perdurado hasta nuestros días y las zonas desérticas del interior. En este nuevo medio más abierto, los animales tuvieron que adquirir nuevas características que les permitieran sobrevivir con seguridad. Muchas especies que no se adaptaron acabaron desapareciendo.

Entre las características de adaptación a un medio abierto más importantes que presentan los canguros se encuentra la especial estructura de su anatomía, que les permite adoptar una postura erguida, facilitando así una visión amplia del territorio y la posibilidad de detectar a tiempo a cualquier depredador que pudiera aproximarse.

Además, con sus enormes y potentes patas traseras pueden emprender una rápida carrera a saltos, que aunque muy costosa energéticamente, es muy útil en el tipo de terrenos que frecuentan los canguros, con muchas irregularidades que hacen tropezar fácilmente a los animales que corren a cuatro patas.

Pertenecientes a la familia de los Macropódidos, de la que existen en la actualidad más de 50 especies, propias en su gran mayoría de las tierras áridas, reciben el nombre de canguros en sentido estricto únicamente los representantes de mayor tamaño, que son el canguro rojo y el canguro gris. El ualabí o wallaby es muy parecido a ellos, pero de dimensiones mucho más pequeñas. Poseen, no obstante, rasgos comunes, como son los largos incisivos superiores e inferiores y el segundo y tercer dedo de las patas traseras, que están unidos por medio de una membrana interdigital.

Habitante de las tierras del interior: el canguro rojo

Una de las especies más conocidas de este grupo de animales saltadores es el **canguro rojo** (*Macropus rufus*). Se le denomina así por el colorido del pelaje, de una tonalidad rojizo-anaranjada muy vistosa, aunque algunas hembras tienden a ser más grisáceas. La zona ventral es bastante más clara que la dorsal, llegando a ser prácticamente blanca en las hembras. Los machos son mucho más grandes y corpulentos que las hembras, pues con facilidad llegan a medir hasta 2 m de altura y pesan cerca de 80 kg. La cola supone casi el 50 % de su longitud total, que en los ejemplares mayores puede ser de 2,2 m.

El nombre de canguro rojo lo recibe esta especie por el tono ligeramente rojizo del pelaje, en particular de los machos, pues las hembras suelen ser algo más grises.

Habita en las regiones desérticas y en las zonas de estepa o sabana ligeramente arbolada que se extienden por el centro del continente, siempre y cuando exista una cierta cantidad de agua disponible, pues no puede prescindir de ella. Por ese mismo motivo es mucho más frecuente en las áreas más húmedas de la gran pradera australiana. Se trata de animales de costumbres nómadas, encontrándose en un territorio o en otro en función de las cantidades de lluvia que hayan podido caer en cada zona, aprovechando así mejor el explosivo crecimiento de la vegetación en las praderas tras un período de precipitaciones.

Estos canguros se alimentan de las hojas tiernas y verdes de la hierba corta, evitando los tallos duros y la paja. Ésa es la razón de su eterno peregrinaje buscando siempre los pastos nuevos. También, cuando la sequía es intensa, acuden a las huertas, pudiendo acabar con toda la cosecha, lo cual ha sido una de las razones por la que se han visto sometidos a persecución por parte del hombre.

Durante el largo verano australiano, los canguros rojos se vuelven de hábitos nocturnos, saliendo a pastar a últimas horas de la tarde, para volverse a esconder por la mañana en sus refugios, donde permanecen a lo largo de las calurosas horas centrales del día. A pesar de tratarse de animales adaptados a un medio seco y caluroso, siempre evitan el calor abrasador del día. Los refugios que utilizan para descansar consisten en pequeñas oquedades sobre el terreno que ellos mismos se encargan de preparar, a modo de rústica cama, a la sombra de algún árbol o arbusto. Sin embargo, cuando en invierno el clima se vuelve más suave y las temperaturas son templadas, entonces puede vérseles también pastar a la luz del día, aunque no por ello dejan de hacerlo también por la noche.

Las sociedades de los canguros

Son animales relativamente sociales, que se unen en grupos no muy numerosos, de entre 2 y 10 ejemplares, aunque en las regiones de pastos ricos pueden unirse varios grupos (conocidos como mobs) para formar rebaños que en ocasiones cuentan con varios centenares de individuos.

Cada mob incluye uno o a lo sumo dos machos adultos, y los demás componentes son hembras, crías o juveniles. Cuando se retiran a descansar durante los días de verano, cada miembro del grupo utiliza una «cama» propia, que reconoce como suya cada día. Se tumba en ella y se sumerge en un estado de sopor o modorra, interrumpido de vez en cuando por momentos en que se levanta y atisba en el horizonte, a la vez que olisquea el aire, posiblemente buscando la presencia de algún depredador. No obstante, siempre hay uno de los miembros del grupo que se encuentra más despejado que los demás, ejerciendo una función de vigilancia. En cuanto se percata de la presencia cercana de un enemigo o hay algo especial que le cause gran alarma, emite una serie de sonidos roncos, semejantes a una tos, que alertan a sus compañeros, y todos emprenden de inmediato la huida en desbandada. En cambio, si el depredador se encuentra a gran distancia, el aviso consiste en una serie de fuertes golpes dados con los pies sobre el suelo.

Los perros salvajes australianos, los dingos, son los principales enemigos naturales del canguro rojo. En unos terrenos tan abiertos como éstos, son presa fácil del cazador y por ello han desarrollado dos técnicas de defensa para eludirle.

En primer lugar, emprenden la huida a gran velocidad. Sin embargo, la gran cantidad de energía que se requiere para correr a saltos hace difícil mantener la carrera durante mucho tiempo, por lo que casi siempre resultan alcanzados por sus perseguidores. Pero entonces ponen en marcha la segunda técnica de defensa, que es la lucha. En cuanto un dingo se aproxima demasiado, se le encaran y le propinan potentes patadas con sus patas, procurando herirle con las fuertes uñas que actúan como cuchillos. Este método defensivo ha resultado ser muy efectivo, hasta el punto que a los dingos les cuesta mucho esfuerzo, no siempre coronado por el éxito, hacerse con un

Cuando llega el momento de reproducirse, los machos intentan conseguir una hembra y para ello entablan combates entre ellos, golpeándose con las patas delanteras e intentando herirse en el vientre con las traseras.

canguro rojo, y de manera especial si el ejemplar es un gran macho. Debido a su mayor tamaño, los machos son más lentos que las hembras durante la huida ante los depredadores, por lo cual también son capturados en más ocasiones que ellas. A veces, durante la persecución las hembras que llevan crías en el marsupio pueden perderlas. Éste es uno de los motivos por lo que su mortalidad es relativamente elevada durante las primeras fases de su vida.

Algunas personas han observado en ocasiones una sorprendente manera de hacer frente a este peligro. Cuando el canguro se ve perseguido por un perro o un dingo, se mete en el agua de un riachuelo y allí hace frente a su atacante. En la lucha intenta cogerlo con las patas delanteras y, si lo consigue, lo empuja hacia abajo y lo sujeta en fondo con las patas traseras, haciendo de este modo que se ahogue.

Los canguros dedican en general gran parte del día a su aseo personal. Utilizan para ello las uñas de los dedos segundo y tercero de las patas posteriores como una horquilla, que pasan repetidas veces por el pelaje, peinándolo para liberarse de la suciedad y de los pelos muertos. En algunos puntos del cuerpo utilizan las manos, ya que no llegan con las patas traseras. Cuando tienen la oportunidad, también les agrada bañarse en charcas y riachuelos.

Reproducción y desarrollo

Durante la época del celo, los machos se enfrentan entre sí para hacerse con alguna de las hembras que esté receptiva. Se colocan uno frente a otro y se golpean con las cortas extremidades superiores a la vez que saltan, dándose fuertes patadas en el vientre con las patas traseras intentando herirse.

La gestación del canguro rojo es muy corta, pues las crías nacen en un estado de desarrollo muy poco avanzado, continuándolo en el marsupio.

El vencedor del lance se aproxima a la hembra objeto de la disputa e inicia el cortejo, intentando agarrarla o abrazarla suavemente por la cola, a la vez que emite una serie de sonidos característicos. Esta actitud se prolonga por espacio de algunas horas hasta que, finalmente, la hembra muestra su aceptación. Para ello adopta una postura de sumisión, apoyando las patas delanteras en el suelo. La cópula es bastante prolongada, durando entre 10 y 40 minutos, y es ella la que decide el momento en que finaliza, separándose del macho.

El período de gestación es muy corto dado el tamaño de estos animales, pues es de unas cuatro semanas y media. Sin embargo, no siempre el parto se produce en ese momento, sino que es frecuente que se retrase, llegando a tener lugar hasta varios meses después del acoplamiento. No es que la gestación dure en estos casos más tiempo, sino que el óvulo fecundado no se implanta de inmediato, sino después de un determinado período de tiempo. El fenómeno es lo que en biología se conoce como «implantación diferida». Este tipo de mecanismo reproductor es una adaptación a un medio sometido a frecuentes cambios, en el que pueden producirse épocas desfavorables muy duraderas. Para aquellas especies como el canguro rojo, y de modo más general para otras muchas de marsupiales que cuidan durante mucho tiempo de las crías, tener al mismo tiempo dos de tamaños similares puede resultar una carga muy intensa que repercutiría desfavorablemente en el proceso, e incluso provocaría la muerte de alguna de las crías por inanición. Cuando se dan esas circunstancias contraproducentes, el embrión permanece aletargado en el interior de los conductos reproductores de la hembra y no se implanta hasta que llega el momento adecuado para ello, que en este caso coincide con las fechas en que la cría anterior ya puede vivir fuera del marsupio.

Unas 24 horas antes de que vaya a producirse el nacimiento, la hembra se dedica a una exhaustiva limpieza del marsupio, de las zonas genitales y del vientre. Cuando por fin nace, la cría se encuentra en un estadio de desarrollo muy poco avanzado, pesando menos de 1 g, ciega, sin pelo, con la forma muy poco definida y unida todavía al cordón umbilical. La madre se tumba sobre la espalda para facilitar la labor del pequeño, que trepa por el vientre hasta alcanzar la entrada del marsupio e introducirse en él. Ahí continúa su desarrollo durante cerca

Los canguros grises, con el pelaje de este color tanto en los machos como en las hembras, son los de mayores dimensiones de entre los marsupiales. Viven con preferencia en zonas de arbolado o boscosas y no forman grupos estables, sino agrupaciones momentáneas.

de seis meses y medio más, aferrándose fuertemente a uno de los pezones.

Cuando ya aparece cubierto de pelo y ha completado su desarrollo, comienza a salir del marsupio para realizar las primeras exploraciones por el mundo que le rodea. A medida que va creciendo, el tiempo de permanencia en el exterior se va alargando hasta que llega un momento que sólo se mete dentro de la bolsa protectora en caso de peligro o de desplazamientos largos. Lo hace literalmente tirándose de cabeza, pero una vez dentro se da la vuelta y se queda mirando lo que va sucediendo. Cuando ya alcanza una determinada edad, llega un momento en que apenas cabe en el interior, aunque continúa intentándolo. El pequeño abandona definitivamente el marsupio a los 11 meses.

Los jóvenes alcanzan la madurez sexual entre el segundo y el cuarto año de vida, dependiendo de la riqueza en pastos del territorio en que vivan. En las regiones más fértiles, la edad reproductora se adelanta varios meses con respecto a los individuos de zonas más áridas.

Territorios y situación actual

El área de distribución del canguro rojo comprende prácticamente la totalidad del territorio australiano, a excepción de la franja más meridional y la zona oriental. Salvo en las regiones septentrionales del continente y en algunos puntos aislados del sur de sus territorios, comparte éstos con su pariente el canguro gris, aunque se defiende mucho mejor que él en las áreas áridas.

A diferencia de lo que ha sucedido con la mayoría de las restantes especies de la fauna australiana, al canguro rojo le ha beneficiado la entrada de los colonizadores en el continente. Esto se debe a que la intervención humana, roturando terrenos y talando bosques, ha ampliado las áreas abiertas, precisamente donde este canguro encuentra las mejores condiciones de vida.

El gigante de los canguros

Bajo el nombre genérico de **canguros grises** se conocen dos especies que se caracterizan por presentar el pelaje de color gris, bastante homogéneo y sin

Las costumbres reproductoras de los canguros grises son similares a las de los rojos, como sucede en los combates entre los machos. Las hembras suelen llevar hasta tres crías, que presentan diferentes estados de desarrollo.

que existan apenas diferencias de tonalidad entre machos y hembras. Se trata del canguro gris oriental y del occidental. Ambos provienen de un mismo antepasado, pero cuando el continente se vio dividido en dos por un amplio mar interior, las poblaciones de uno y otro lados de la isla quedaron aisladas y acabaron diferenciándose en dos especies independientes. A pesar de sus grandes similitudes, presentan características propias, sobre todo en la forma de vida.

El **canguro gris oriental** (*Macropus giganteus*) mide hasta 3 m de largo, incluida la cola, y llega a una altura de 2 m en posición erecta, lo que le convierte en el de mayores dimensiones. Vive en áreas de bosque y no forma asociaciones estables. Los individuos, que se reúnen en pequeños grupos cambiantes, se mueven en una zona cuya superficie varía en función de los recursos disponibles. Sólo los vínculos maternales dan lugar a los grupos estables de dos o tres individuos: una madre con una o dos crías en diferentes estadios de desarrollo.

Son de hábitos crepusculares y nocturnos, saliendo a comer cuando el Sol empieza a ponerse en el horizonte. Se puede diferenciar de las demás especies de canguros por su pelaje, que es gris por la parte superior, con reflejos pardo rojizos, y blanquecino en la zona ventral.

El **canguro gris occidental** (*Macropus fuliginosus*) es algo menor que el anterior y su pelaje de tono más grisáceo. Habita en áreas de sabana y bosque claro y es mucho más sociable que la especie oriental. Las hembras se agrupan en número de 25 a 65 individuos, que defienden un territorio propio. Los machos viven separados del grupo y utilizan independientemente un territorio u otro. Sólo se acercan a las hembras durante el período reproductivo. Además, sus costumbres son mucho más diurnas que las de los canguros grises orientales.

Vida y costumbres de los canguros grises

Durante la época de celo se producen fuertes enfrentamientos entre los machos, de manera similar a como sucede con los canguros rojos, y la lucha adopta unas formas similares, que han dado lugar a la comparación con un combate de boxeo.

Como el resto de los canguros, las hembras suelen tener una sola cría cada vez, aunque es frecuente que amamanten a dos o incluso tres simultáneamente, pero que se encuentran en diferentes estadios de desarrollo. La más pequeña, y por consiguiente la menos desarrollada, se encuentra en el interior del marsupio agarrada con todas sus fuerzas al pezón, del que no se separará hasta no haber llegado a una etapa más desarrollada de su evolución. La otra cría es la procedente del parto anterior y que a pesar de su avanzado estado de desarrollo sigue introduciéndose de vez en cuando en el interior del marsupio, mientras que

CANGURO

CLASE > MAMÍFEROS | ORDEN > MARSUPIALES | FAMILIA > MACROPÓDIDOS | DISTINTOS GÉNEROS

CARACTERÍSTICAS
(variables según la especie)

Longitud	120-240 cm
Longitud de la cola	60-110 cm
Peso	25-80 kg
Gestación	30-40 días
Camada	generalmente una
Alimentación	hierba, hojas

VIDA Y COSTUMBRES

- Los canguros viven con preferencia en áreas despejadas o de bosque claro, desplazándose lentamente mientras comen, apoyándose en las extremidades delanteras. Cuando han de desplazarse con rapidez lo hacen a saltos con ayuda de sus patas traseras, dando saltos de hasta 9 m. Forman grupos más o menos numerosos, de estructura variable según las especies.

Es frecuente que una hembra vaya acompañada de varias crías, una de ellas de manera permanente en el marsupio, otra que permanece en él gran parte del tiempo y otra más que siempre se encuentra ya fuera, y que proceden de distintos partos.

Los ualabíes son canguros similares a los grises y rojos, pero de dimensiones más pequeñas. Se les encuentra principalmente en las regiones áridas y los subdesiertos, pero algunas especies son propias de las áreas forestales.

la última, proveniente de dos temporadas anteriores, aunque casi ha llegado a la edad adulta, sigue aprovechándose del preciado alimento.

Los canguros grises abandonan por completo el marsupio a los 10 meses. Cuando esto sucede, se activa un mecanismo fisiológico en el cuerpo de la hembra y tiene lugar el implante del óvulo fecundado que estaba a la espera en sus conductos reproductores, con lo cual comienza de inmediato un nuevo ciclo reproductor. Por esta razón es frecuente ver a hembras con crías de diferentes edades.

A diferencia del canguro rojo, los canguros grises han sufrido un declive con la llegada de los colonizadores, debido a que han destruido muchos de los bosques que eran el hábitat natural de esta especie. Además, al igual que sucede a la mayoría de la fauna, la gran proliferación de las vías de comunicación, especialmente las numerosas carreteras, supone un grave peligro para estos animales, que mueren a miles cada año atropellados por algún vehículo.

Los canguros de las montañas

El **wallaroo** o **euro** (*Macropus robustus*) es un megapódido muy similar a las dos especies anteriores. Su tamaño es mayor que el del canguro rojo, pero menor que el del gris, pudiendo encontrarse machos de hasta 230 cm de longitud. La coloración es variable entre los diferentes individuos, aunque en general es pardo grisáceo con la punta de la cola y de los miembros anteriores y posteriores más oscuro y las áreas ventrales más pálidas. Se caracteriza por presentar una buena parte del morro sin pelo.

Tiene gran habilidad con sus miembros anteriores, que utiliza a modo de manos para coger objetos. Con los dedos puede llegar incluso a desparasitarse a sí mismo.

En las zonas muy áridas estos canguros pueden perforar pozos en busca de agua. Son hoyos de entre 1 y 2 m de profundidad, que les permiten llegar hasta la capa freática. Estas fuentes son muy importantes para los euros, pues no pueden prescindir del agua, pero también benefician a muchas otras especies que viven en las regiones desérticas.

El período de desarrollo de la cría en el interior del marsupio es algo más corto que en los canguros rojos y grises, y transcurridos apenas 7 meses, el pequeño abandona por completo la bolsa abdominal materna.

Los canguros menores

Dentro del grupo de los ualabíes o wallabys se incluyen marsupiales de aspecto muy similar al de los grandes canguros que acabamos de ver, pero de unas dimensiones más pequeñas.

Los verdaderos ualabíes pertenecen al género *Wallabia*, pero hay otros que reciben este mismo nombre, a los que podemos encontrar en las áreas áridas del continente australiano y que pertenecen a géneros diferentes. Entre ellos están el **ualabí de cola puntiaguda** (*Onycgho-*

Los ualabíes de las rocas viven en áreas donde abundan los roquedos y acantilados de algunas regiones montañosas. Se desplazan con gran agilidad sobre la piedra gracias a sus pies almohadillados y provistos de unas estructuras de sujeción.

glea), la **liebre ualabí de bandas** (*Lagostrophus*), la **liebre ualabí** (*Lagorchestes*), el **ualabí de matorral** (*Dorcopsis*) y el **canguro de bosque** (*Thylogale*).

Los **ualabíes de las rocas** (*Petrogale sp.* y *Peradorcas sp.*) habitan en los acantilados rocosos de los montes Flinders. Estos bonitos animales son capaces de moverse con extremada ligereza por territorios pedregosos gracias a que tienen las plantas de los pies almohadillados y con unos abultamientos que les permiten agarrarse mejor a la superficie de las rocas. Esta característica es muy similar a la que presentan las gamuzas y por ese motivo a estos pequeños marsupiales se les conoce también bajo el nombre de «gamuzas australianas». A esa estructura se añade el hecho de que tienen muy cortas las uñas de los dedos comparadas con las de otros canguros, lo que facilita el desplazamiento sobre superficies resbaladizas.

Son de un oscuro color grisáceo y tienen la cola anillada. Por desgracia, la belleza de su pelaje se convirtió en una verdadera trampa para su supervivencia, pues la presión de los cazadores a sueldo de la industria peletera, que emprendieron concienzudas campañas de exterminio, sacrificando poblaciones enteras de estos animales, ha conducido a que muchas de las especies se encuentren en grave peligro de desaparición. Estos bonitos animales son de costumbres nocturnas. Durante las horas diurnas permanecen escondidos en su guarida, situada entre las rocas.

Los pequeños marsupiales

Junto a los canguros, hay otros muchos marsupiales que pueblan los más diversos medios de la naturaleza australiana. Su corto período de gestación permite que sean animales con un gran potencial de aumento de la población. Por ese motivo, muchos de ellos son especies pioneras, es decir, que colonizan ecosistemas jóvenes, que se están creando tras haberse producido alguna catástrofe, como un incendio, etc. Esta característica se cumple en especial para los de pequeño tamaño, cuyo nicho ecológico es el mismo que el de los ratones y otros pequeños roedores que ocupan un nicho análogo en otros lugares del planeta.

Ratas y ratones marsupiales

Entre los pequeños marsupiales más característicos destacan las pequeñas ratas canguro, pertenecientes a la familia de los Protóridos y que comprenden nueve especies pertenecientes a cinco géneros: *Aepyprymnus* o **rata canguro roja**, *Bettongia* o **rata canguro de nariz corta**, *Caloprymnus* o **rata canguro del desierto**, *Hypsiprymnodon* o **rata almizclera marsupial** y, por último, *Potorous* o **rata canguro de cabeza ancha**.

Las ratas canguro, como este ejemplar del género *Bettongia*, ocupan en el ecosistema australiano el nicho ecológico propio de los roedores en otros continentes.

Como indica su nombre común, estos pequeños marsupiales recuerdan tanto por su aspecto como por sus costumbres a los roedores, y desde un punto de vista ecológico desempeñan el mismo papel que ellos. El pelaje es de color pardo, la cola generalmente peluda y las orejas pequeñas y redondeadas. La diferencia de tamaño entre las extremidades posteriores y anteriores es similar a la que observamos en los canguros; sin embargo, esa desproporción no se refleja en el tamaño del cuerpo, que es más uniforme.

Las ratas canguro fueron muy numerosas en Australia en el pasado, pero la introducción de gatos y zorros por parte de los colonizadores ha conducido a la desaparición de algunas especies, mientras que las restantes se encuentran en general en una situación a menudo precaria. La evolución en un mundo prácticamente sin carnívoros hizo que estos animales no desarrollaran mecanismos de protección frente a la súbita entrada de unos poderosos enemigos, mucho más hábiles, además, que los depredadores autóctonos.

Otro tanto puede decirse de los **ratones marsupiales**, de menores dimen-

El aspecto de las ratas canguro hace honor al nombre común con el que las designaron los primeros europeos que las observaron. Sin embargo, carecen de mecanismos de defensa frente a los depredadores introducidos, por lo que sus poblaciones han descendido mucho.

Estos pequeños marsupiales desempeñan un papel importante en el ecosistema australiano, al aprovechar un recurso disponible y no utilizado por sus parientes de mayor tamaño.

Una vez fecundadas las hembras, los machos de los ratones canguro en general mueren y así los escasos recursos quedan disponibles para criar la camada.

siones que las anteriores, pero muy parecidos en todas sus características. Entre los más abundantes están los del género *Antechinus*, que pueden considerarse paradigma de los mamíferos que siguen una estrategia reproductora destinada a conseguir el máximo número posible de descendientes para hacer frente a las pérdidas provocadas por los depredadores.

Las camadas de estos pequeños marsupiales están formadas por un número de crías muy superior al de pezones de la hembra, por lo cual aquellos que no logran aferrarse a uno de ellos para mantenerse allí durante las primeras etapas de su vida, están condenados irremediablemente a morir. Sólo lo conseguirán los más vigorosos, con lo cual se convierte ya el nacimiento en una primera prueba de selección natural.

Otro hecho interesante y que va igualmente destinado a lograr el máximo rendimiento de la especie en sí, como sucede en numerosos invertebrados, es la desaparición de la mayor parte de los machos una vez han completado su tarea reproductora. Todos los recursos disponibles quedan entonces para las hembras, que serán las que traigan nuevos individuos, multiplicando así la especie sus efectivos e incrementando las posibilidades de supervivencia del grupo. Esto se consigue mediante un curioso mecanismo. Durante la época de celo, los machos producen una cantidad de hormonas sexuales tan elevada que les induce a sufrir un enorme estrés fisiológico, lo cual conduce a un descenso brutal, o a la desaparición total, de sus defensas naturales. De este modo quedan expuestos a cualquiera de los múltiples agentes infecciosos y mueren poco tiempo después. Sería, por así decirlo, una inmunodeficiencia de efectos similares al sida en los seres humanos.

Los marsupiales excavadores

La gran diversidad de formas adquiridas a lo largo de la evolución por los marsupiales ha hecho que aparecieran tipos equivalentes a los que en otras regiones del planeta están representados por diferentes órdenes. Al fin y al cabo, el medio físico, el suelo y las estructuras geológicas que hay por debajo de él, están sometidos a condiciones análogas en todo el planeta, que obedecen a las leyes de la física y la química. Ese medio inanimado constituye el biotopo, uno de los dos elementos que forman el ecosistema. El otro, que recibe el nombre de biocenosis, está integrado por los seres vivos que pueblan ese biotopo.

La forma de vida subterránea que en Eurasia y Norteamérica está representada por los topos comunes (insectívoros de la familia de los Tálpidos) y en África por los topos dorados (también insectívoros, pero pertenecientes a la familia de los Crisoclóridos), la adoptaron en Australia unos cuantos marsupiales a los que conocemos con el nombre de **topos marsupiales** (género *Notoryctes*).

La forma cónica de la cabeza, provista de un grueso escudo córneo y el cuerpo cilíndrico, son algunas de las adaptaciones a su medio de vida.

Tienen el cuerpo cubierto de un pelaje corto y tupido, de color rojizo dorado, muy brillante y suave. Otra de las adaptaciones a este estilo de vida es el reducido tamaño de los ojos, prácticamente atrofiados y escondidos bajo la piel, puesto que la vista es un sentido inútil en la oscuridad permanente que reina en el interior del suelo. También las orejas se han atrofiado y el pabellón auditivo está prácticamente reducido a un pliegue cutáneo que im-

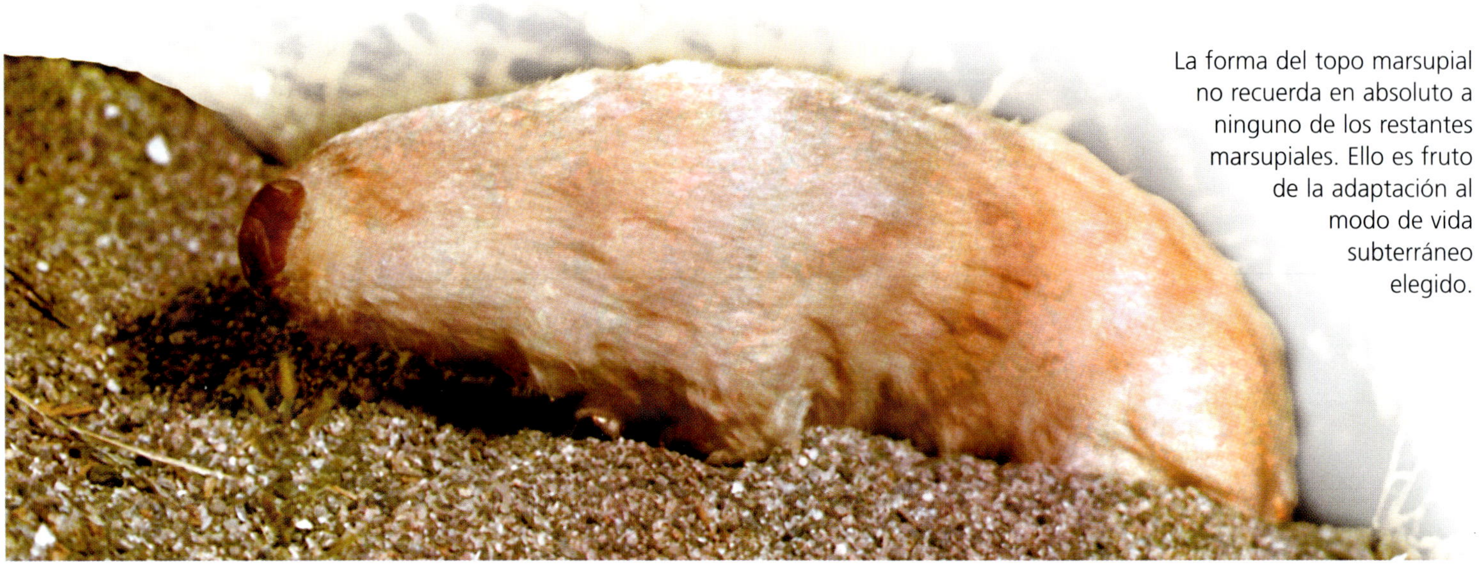

La forma del topo marsupial no recuerda en absoluto a ninguno de los restantes marsupiales. Ello es fruto de la adaptación al modo de vida subterráneo elegido.

pide la entrada de tierra hacia el interior, pero sin las superficies externas.

A diferencia de la disposición normal que se encuentra en la mayoría de los restantes marsupiales, el marsupio de las hembras no se abre por la parte delantera, sino que lo hace hacia la parte posterior del cuerpo. Es importante porque de este modo se evita la entrada de tierra al interior de la bolsa cuando la hembra se desplaza por el suelo, algo que no sólo sería incómodo o incluso perjudicial, sino que, además, en el caso de llevar una cría podría suponer la muerte de ésta.

De vez en cuando, los topos marsupiales deben salir a la superficie para oxigenarse bien, puesto que su sistema respiratorio no está del todo preparado para permanecer demasiado tiempo bajo tierra, donde la adquisición de oxígeno resulta a menudo un problema difícil de resolver. Al salir a la superficie, se desplazan torpemente, reptando sobre el terreno. Al hacerlo van dejando una huella muy característica que permite detectar su presencia, formada por una banda ancha central (dejada por el cuerpo al arrastrarse) y dos laterales (que son el dibujo de las patas al apoyarse para avanzar). Cuando ya han permanecido suficiente tiempo en el exterior y sus pulmones vuelven a estar llenos de oxígeno, dirigen la cabeza hacia el suelo, como si fueran a zambullirse en el agua, y con sus potentes garras empiezan a excavar con fuerza para desaparecer por completo bajo tierra en pocos segundos.

Estos pequeños marsupiales son muy voraces y se alimentan de los gusanos y los insectos y sus larvas que viven en el suelo, y que buscan mientras van removiendo la tierra al avanzar. Como vemos, el tipo de alimentación es también análogo al de los topos del hemisferio norte. Se encuentran distribuidos por las regiones áridas de suelos arenosos del continente, faltando por completo en aquellas otras áreas donde el sustrato es más firme o incluso rocoso, lo que impide por completo su modo de vida excavadora.

El **gran topo marsupial** (*Notoryctes typhlops*) mide entre 9 y 18 cm de longitud total de cabeza y tronco, con entre 1 y 2,5 cm de cola, alcanzando un peso que rara vez supera los 70 g. Se encuentra distribuido por la zona central del estado de Australia Meridional, desde las montañas Musgraves Ranges hasta la costa. Otra especie muy parecida, pero de menor tamaño, es el **topo marsupial menor** (*Notoryctes caurinus*), que ocupa una zona más reducida en el norte del estado de Australia Occidental, desde las áreas centrales del Gran Desierto de Arena hasta la costa.

Los bandicuts

La familia de los Peramélidos la forman marsupiales de dimensiones pequeñas o medianas, con longitudes que varían entre los 17 cm de los más pequeños a los casi 60 cm que pueden llegar las especies de mayores dimensiones. El cuerpo es alargado, lo mismo que su hocico, y sus patas traseras también algo más largas que las anteriores, como es norma casi general en todos los miembros de este orden de mamíferos. Las patas anteriores tienen un número reducido de dedos, pues el primero y el quinto son muy rudimentarios o faltan por completo. La cola está cubierta de pelo y sus dimensiones son variables entre las distintas especies.

De manera análoga a los topos marsupiales, la abertura del marsupio no sigue la regla general y se abre hacia abajo o hacia la parte posterior del cuerpo de la hembra. Otra característica referente a su reproducción es la presencia de una placenta primitiva, que aunque no es igual a la que encontramos en el resto de los mamíferos, supone ya un avance evolutivo con respecto a otros marsupiales. Esto permite que los embriones permanezcan más tiempo en el interior del cuerpo de la madre y que cuando nazcan lo hagan ya en una fase de desarrollo más avanzada, como lo demuestra el mayor tamaño que pre-

Los bandicuts son de pequeñas dimensiones, con el hocico alargado muy característico y grandes orejas, que suelen iniciar sus actividades cotidianas cuando comienza a oscurecer, aunque a algunos también se les pueda ver durante el día. Están presentes en gran parte del territorio australiano.

sentan en comparación con el de los grupos restantes.

Son animales relativamente ágiles y de actividad principalmente crepuscular y nocturna, aunque también puede vérseles en ocasiones durante las horas diurnas, en especial en la época reproductora. Tienen en general dieta omnívora, en la que incluyen frutos, hojas, raíces, tubérculos y otros materiales vegetales, así como insectos, gusanos y los pequeños vertebrados que pueden cazar.

Se les encuentra prácticamente por la totalidad del territorio australiano, pues la familia se ha adaptado a los medios más diversos, desde las regiones desérticas a las selvas lluviosas. Muchos de ellos habitan también las grandes praderas y, dependiendo de las preferencias particulares de la especie, pueden introducirse también en medios fronterizos de un tipo u otro, ya sean las zonas áridas para las especies más adaptadas a la sequedad, o las selvas, en el caso de aquellas otras que prefieren un ambiente más húmedo.

También en este caso, como sucede con la mayoría de los marsupiales, los primeros europeos que los vieron encontraron en ellos ciertos parecidos con la fauna que conocían de sus lugares de origen, dándoles nombres que hacían referencia a sus animales comunes. Por eso se habla de bandicuts con aspecto de rata o bandicuts con aspecto de conejo, etc., sin que en ninguno de los casos haya más relación que esa similitud de forma más o menos parecida.

La situación actual de los miembros de esta familia es en algunos casos muy precaria, estando varias especies en grave peligro de extinción, debido en la mayoría de los casos a la persecución por parte del hombre, que considera perjudicial para sus intereses comerciales la presencia de estos animales, a pesar de que deberían considerarse beneficiosos por el gran consumo de insectos que hacen. Sin embargo, su costumbre de excavar túneles ha hecho que los agricultores les atribuyan graves daños en sus plantaciones y cultivos. Además, la introducción de carnívoros como los perros, gatos o zorros, ha contribuido también a que sus poblaciones experimenten un claro retroceso en gran parte de su área de distribución original.

Una de las especies propia de los medios áridos, que se encuentra distribuida por toda la zona central de Australia, desde las áreas de desierto hasta la sabana arbolada, pasando por la estepa arbustiva, evitando sólo las zonas de sequedad extrema, es el **bandicut de pie de cerdo** o **dubaija** (*Chaeropus ecaudatus*). Se trata de un animal que tiene el aspecto de una musaraña grande, que mide entre 23 y 35 cm de longitud total de cabeza y tronco, más unos 10 a 14 cm que corresponden a la cola. Tiene la cabeza relativamente grande, lo mismo que las orejas, y finalizada en un hocico puntiagudo. Aparece cubierto de un pelaje grisáceo o de color pardo anaranjado por las partes superiores y más claro o blancuzco por las zonas inferiores del cuerpo.

Recibe este nombre común porque sus extremidades anteriores sólo tienen desarrollados los dedos segundo y tercero (con el primero y el quinto ausentes y el cuarto muy atrofiado) y cuando se desplazan dejan unas huellas que recuerdan a las de los pies de los cerdos, aunque de medidas mucho más pequeñas. En las extremidades posteriores sólo se desarrolla completamente el cuarto dedo, mientras que el primero se encuentra completamente atrofiado y el resto muy reducidos.

En las hembras, la bolsa abdominal aparece con su abertura dirigida hacia la parte posterior del cuerpo. Esta diferencia de posición con respecto a los canguros es debida al hecho de que se desplacen sobre sus cuatro patas (los canguros tienen una postura erguida), por lo que de este modo se protege mejor a las crías que se encuentran en el interior. Las camadas suelen estar formadas por dos crías y los nacimientos tienen lugar por lo general durante el invierno austral.

La dieta, omnívora como característica de la familia, presenta una mayor tendencia hacia los alimentos vegetales, que suelen buscar en el suelo también durante las horas diurnas.

Otro representante de estos marsupiales es el llamado **bandicut orejas de conejo** (género *Thylacomis*). Comprende varias especies de diferentes tamaños, cuyas longitudes totales de cabeza y tronco oscilan entre los 20 y los 55 cm, más la cola, que mide de 11 a 28 cm. El aspecto general es esbelto, con el cuerpo alargado, con la cabeza finalizada en un hocico alargado y con las orejas de gran longitud, que acaban en punta. El pelaje es suave y en general de color grisáceo por las partes superiores del cuerpo y blanco o crema por las inferiores, a veces con tonalidades pardas por los costados, y con el hocico y las orejas de tono rosado. La cola presenta en su base la misma coloración que la parte dorsal del cuerpo, pero se vuelve más clara hacia el extremo, que aparece de color blanco. Las patas son delgadas y largas.

El nombre común, muy ilustrativo, sólo hace justicia a su lejano parecido con los lagomorfos del Viejo Mundo, en particular las orejas y la costumbre de vivir en madrigueras, puesto que en sus restantes características difieren bastante de ellos.

Son animales poco sociables, que viven solitarios o en parejas y según parece territoriales, como ha podido constatarse por el hecho de que en las regiones donde más abundan, todas las madrigueras guardan entre sí una determinada distancia que nunca es inferior a los 150 o 200 m. Son expertos cavadores y construyen sus madrigueras en el fondo de una galería de acceso vertical, que mide de 1 a 2 m de longitud. En su dieta incluyen algo de materia vegetal, pero en unas cantidades que parecen minoritarias frente al componente animal, nutriéndose en especial de termitas, que completan con otros insectos y algún invertebrado más de los que pueblan los terrenos secos.

Su área de distribución es análoga a la de la anterior especie, es decir, por las zonas secas de la mitad meridional de Australia, formando distintas subespecies en las diversas regiones en que están presentes, al haberse diversificado en poblaciones aisladas.

El especialista en comer hormigas

La última especie que acabamos de ver basa su dieta en las termitas y también come hormigas, entre otros insectos, pero las captura de un modo análogo a como hace con otras presas y, además, la forma de su cuerpo no presenta ninguna estructura expresamente diseñada para dedicarse a este tipo de alimentos.

Por supuesto, la especialización en la captura de hormigas también existe entre los marsupiales. En el continente australiano lo representa el **hormiguero marsupial** o **numbat** (*Myrmecobius fasciatus*), que se alimenta exclusivamente de termitas y hormigas, insectos muy abundantes en todos los medios áridos. La convergencia evolutiva a lo

Las hormigas como recurso no podían quedar desaprovechadas en este continente y un marsupial, también, ha sido el que se ha convertido en hormiguero marsupial o numbat.

largo de millones de años (lo que demuestra que se trata de una adaptación de éxito probado en la naturaleza, pues de lo contrario habría desaparecido) ha hecho que se parezca a otros mamíferos especializados en la captura de estos pequeños invertebrados sociales, como el oso hormiguero o el pangolín. Así pues, el numbat presenta el hocico muy alargado y afilado, que introduce en los termiteros y hormigueros y, con ayuda de una lengua larga y pegajosa, atrapa los insectos que quedan adheridos a ella.

Las dimensiones del animal son reducidas, pues mide entre 17 y 27 cm de longitud total, a los que hay que añadir los 13 a 17 cm que corresponden a la cola. El peso puede variar entre 270 y 540 g. Las mandíbulas llevan entre 50 y 52 dientes, aproximadamente, que son de formas diferentes en las distintas secciones y que aparecen dispuestos de manera irregular, dejando algunos espacios huecos. Los molares van provistos de varias cúspides para triturar mejor el caparazón de los insectos. El cuerpo es delgado, relativamente estrecho y, desde un punto de vista humano, bastante más armonioso que el de sus homónimos de otras partes del mundo. La boca es estrecha, los ojos son grandes y las orejas pequeñas y finalizadas en punta. Las patas, algo cortas, tienen cinco dedos las anteriores y cuatro las posteriores, todos ellos dotados de fuertes uñas adecuadas para excavar.

El pelaje es corto y áspero, presenta tonalidad grisácea o parda rojiza, dependiendo de las subespecies, y aparece recorrido siempre en la parte posterior del dorso, llegando hasta la base de la cola, por seis o siete franjas verticales de color blanco. A ambos lados de la cabeza lleva una banda oscura que se extiende desde la base de la oreja hasta el extremo del hocico, cruzando el ojo, y que aparece delimitado en ambos bordes por una delgada franja blanca. La cola, que es muy peluda, lleva numerosos pelos blancos. Estas franjas del dorso hacen que se conozca también al animal como hormiguero rayado.

A diferencia de la mayoría de los marsupiales y de otros animales mirmecófagos, es decir, que se alimentan de hormigas, el numbat es de hábitos diurnos. Trepa con bastante agilidad por los troncos de los árboles, en los que busca, lo mismo que en las ramas muertas más gruesas que haya caídas por el suelo, los hormigueros que pueden instalarse allí. Con sus fuertes garras destroza parte de la madera y con el hocico y la lengua, que mide hasta 10 cm de longitud, llega a los más recónditos huecos en los que puedan esconderse sus presas. La dieta la forman no sólo hormigas, sino también termes y, según se ha comprobado con algunos ejemplares mantenidos en cautividad, pueden llegar a consumir hasta 20.000 de estos pequeños insectos.

Cuando el Sol se pone en el horizonte, el numbat finaliza su jornada de caza y se dirige hacia su refugio, que se encuentra situado en el interior del tronco hueco de algún árbol, donde pasará la noche.

A pesar de su aspecto, los numbats constituyen un grupo muy primitivo de marsupiales, pues no presentan todavía una bolsa incubadora verdadera. Cuando entre los meses de enero y mayo nacen las crías, también muy poco desarrolladas, se dirigen enseguida hacia los pezones, a los que se aferran hasta completar allí su desarrollo embrionario. Mientras tanto, quedan protegidas por una densa capa de pelos muy fuertes que les abrigan del frío y que sustituyen al marsupio. Para dar a luz a las cuatro crías que nacen en cada camada, la hembra se introduce en una terrera construida por ella misma en un lugar resguardado, o bien en el hueco del árbol que utiliza para descansar.

La inexistencia del marsupio plantea un problema a estos marsupiales, pues la hembra necesita salir en busca de comida y no puede llevar consigo a las crías de una manera segura, sin peligro de que caigan o mueran al quedar expuestas a las condiciones ambientales. La solución en este caso ha sido la construcción del nido, en el que tiene lugar el parto y donde permanece la hembra durante unos cuantos días, mientras los pequeños permanecen fuertemente aferrados a sus pezones. Transcurrido ese tiempo, las propias crías se sueltan y su madre las deja protegidas en el interior de la terrera o del hueco del árbol que utiliza para descansar y acude de vez en cuando para amamantarlas y para pasar con ellas la noche. Es dentro del nido donde las crías completan su desarrollo hasta poder valerse por sí mismas.

El área de distribución de la especie comprende dos territorios principales del sur del continente, separados entre sí por más de 1.000 km, además de una pequeña área de terreno, equidistante de ambas y situada en el extremo oriental del Gran Desierto de Arena. Esto ha permitido la aparición de varias subespecies, siendo las principales la occidental, situada en el suroeste del país, cerca de Perth, y la oriental, que comprende la península de Cabo York y llega desde Adelaida hasta un centenar de kilómetros hacia el interior del continente.

Los numbats son marsupiales muy primitivos, pues carecen todavía de marsupio. Las crías completan su desarrollo en el interior del nido, donde su madre les deja cuando sale a cazar.

En la actualidad, el numbat es un animal considerado raro, pues la destrucción de su hábitat y la introducción de los zorros, que pueden capturarlo con bastante facilidad, ha conseguido diezmar las poblaciones de la mayor parte del territorio.

Los jerbos marsupiales

Los auténticos jerbos viven en los desiertos africanos y asiáticos, donde son pobladores característicos. Pero los desiertos australianos también cuentan con unos marsupiales que se parecen a los jerbos y que reciben el nombre de **jerbos marsupiales** o **ratones marsupiales saltadores** (género *Antechinomys*), representados por dos especies muy similares.

Son animales pequeños, de unos 10 a 15 cm de longitud, a los que hay que añadir casi otro tanto correspondiente a la cola, muy delgada y que finaliza en un denso penacho de pelo.

El cuerpo es delgado, la cabeza aguzada hacia el hocico, que finaliza casi en punta, las orejas grandes y redondeadas y los ojos también grandes. Las patas delanteras son muy cortas y las traseras aparecen muy desarrolladas.

El pelaje es pardo por las partes superiores, oscureciéndose más en la parte alta de la cabeza y en las orejas, mientras que la zona inferior del cuerpo es más o menos blanquecina. La cola es también parda y el penacho final castaño oscuro.

Una característica anatómica especial de estos pequeños marsupiales es la orientación de la entrada del marsupio, que se dirige hacia la parte posterior del cuerpo de la hembra. La razón radica, al parecer, en la forma de desplazarse por el suelo.

Pese a su pequeño tamaño, pueden dar grandes saltos, que llegan hasta los 2 m de longitud. Tienen costumbres nocturnas y se alimentan de insectos. Se desplazan apoyándose tanto en las cortas patas delanteras como en las traseras, utilizando la cola como balancín cuando corren.

Estos animales se pueden encontrar en los desiertos y en las zonas semidesérticas de las regiones centrales y orientales de Australia, aunque su población es muy escasa y no resultan fáciles de observar.

Los marsupiales depredadores

Hemos visto que el extenso orden de los marsupiales ha dado las formas vivientes más diversas como resultado de la evolución natural. Cada una de esas formas se ha adaptado a un medio preciso y a un modo de vida concreto, todo lo cual fue determinante de que adquirieran el aspecto con el que hoy las conocemos. El proceso es el mismo que ha tenido lugar en todo el planeta. Unas determinadas condiciones diseñan la forma del animal. Así, el herbívoro tendrá un tipo de dentadura distinta la del carnívoro, pero muy similar a la de cualquier otra especie

Los grandes depredadores de la fauna australiana anteriores a la llegada del perro y de las posteriores introducciones, prácticamente han desaparecido. En Tasmania se conservan algunos de sus últimos reductos.

de herbívoro, aunque sea de un grupo animal muy alejado de él.

Los grandes órdenes de carnívoros del resto del mundo también tienen, o tenían, en suelo australiano su equivalente autóctono, naturalmente entre los marsupiales. La necesidad de perseguir a la presa, capturarla y después desgarrar su cuerpo para comer la carne son premisas que rigen para cualquier forma de vida. Algunos marsupiales han elegido esta opción y para ello la selección natural y el proceso general de la evolución les hicieron parecerse a sus equivalentes de las otras regiones de nuestro planeta.

¿Existe todavía este animal que vemos aquí disecado? En 1933 murió el último ejemplar conocido, pero quizá queden algunos lobos marsupiales en Tasmania.

Sin embargo, conservan las pautas generales de los marsupiales, lo que, unido a la escasa competencia a la que se veían enfrentados, condujo a que se encontraran en una situación de franca desventaja ante la llegada de carnívoros más fuertes y astutos procedentes de fuera de los territorios australianos. El resultado ha sido la desaparición de la mayoría de ellos y un futuro lleno de oscuros nubarrones para los que todavía logran sobrevivir a duras penas.

Veremos a continuación algunos de estos carnívoros que, como sucede con las especies anteriores, reciben nombres que en general hacen referencia a los que los colonizadores europeos conocían en sus países de origen. Lobos marsupiales, gatos marsupiales y el diablo de Tasmania serán los actores que nos muestren el amenazado mundo de los carnívoros australianos.

Aunque quizás estemos cometiendo una falta de rigor científico, vamos a hablar de todos ellos en presente, lo que expresa más bien un deseo de futuro o un atisbo de esperanza que un hecho que podamos constatar efectivamente. Por otra parte, esto mismo es aplicable a muchas otras especies extendidas por todo el mundo y que sufren las consecuencias de la presencia o, mejor dicho, de los actos del principal superdepredador, el hombre.

¿Existe aún el lobo marsupial?

Los primeros colonos que llegaron a Australia, siempre comparando la fauna de la isla con la que dejaban atrás en sus tierras de origen, bautizaron a uno de los animales más llamativos del continente como **lobo marsupial**. Este animal, cuyo nombre científico es *Thylacinus cynocephalus* y que pertenece a la familia de los Dasiúridos, lo mismo que el numbat o las ratas marsupiales, poco tiene que ver con un lobo europeo, asiático o americano, aunque su aspecto externo presenta bastante similitud, fruto de la convergencia evolutiva de la que hemos hablado. Se le conoce también por otros nombres, como **tigre de Tasmania**, **lobo de Tasmania** o **lobo cebra**.

Tiene el hocico bastante más largo que el lobo y la cabeza es menos robusta, está dotada de pequeñas orejas redondeadas y, vista de frente, muestra un carácter más perruno que lobuno. El cuerpo es más macizo, con los tarsos mucho más cortos y una cola gruesa en la base, que se va estrechando después de manera progresiva hasta llegar a la punta, lo mismo que hace en los canguros, con lo que los cuartos traseros presentan un aspecto más alargado de lo que es habitual en los cánidos. La longitud total de la cabeza y el tronco oscila entre 1 y 1,3 m, con la cola de 50 a 65 cm de longitud. Las patas son relativamente cortas y poseen cinco dedos cada una, provistos de uñas.

Un aspecto muy llamativo es la gran profundidad de la línea de la boca, que se prolonga hasta llegar cerca de las orejas, con la articulación de las mandíbulas dispuesta de modo que el animal puede abrirla de manera desmesurada. Así, completamente separadas las fauces, pueden llegar a formar un ángulo de 90°, algo que no consigue ningún cánido.

El pelaje es corto y tupido, de color pardo terroso, con una serie de 13 a 19 franjas oscuras transversales que cruzan la parte posterior del lomo y el comienzo de la cola, parecidas a las de una cebra.

Costumbres de un cazador

Se trata de un animal de hábitos solitarios, al contrario del lobo, que es fundamentalmente social. No obstan-

El dingo, o perro salvaje australiano, es descendiente de los perros que llevaron consigo los primeros hombres que pisaron este continente hace 25.000 años, los antepasados de los actuales aborígenes.

te, en ocasiones forma parejas que se mantienen juntas durante algunos períodos de tiempo y se ven también pequeñas unidades familiares constituidas por una hembra con varias de sus crías que aún no se han emancipado.

La dieta del lobo marsupial se basa en pequeños mamíferos y aves, aunque también son capaces de capturar canguros jóvenes, viejos, enfermos o heridos, pero no pueden dar alcance a un ejemplar sano y con plenas facultades. Su técnica de caza para grandes presas es similar a la que emplean los cánidos, salvo el importante aspecto de que, al no realizarla en grupo, las probabilidades de éxito son casi siempre muy inferiores. El marsupial carnívoro persigue a corta distancia a la presa durante muchos kilómetros hasta conseguir agotarla, momento en que aprovecha para darle alcance en un esfuerzo final y abatirla. A los animales más pequeños, como aves terrestres o marsupiales que se ocultan en sus madrigueras, emplea procedimientos similares a los que pueden observarse en zorros o chacales ante situaciones similares.

Se conocen pocos datos sobre los hábitos reproductores de la especie, aunque se sabe que las crías, en número de tres o cuatro, suelen nacer durante el verano.

Historia de un declive

Durante los miles de años en que Australia permaneció aislada del resto del mundo y sus habitantes siguieron una evolución propia, los lobos marsupiales fueron el único gran depredador de estas tierras, prefiriendo para vivir las áreas de sabana arbolada, que se adaptaban mejor a sus técnicas de caza.

La llegada a la isla del dingo, un cánido salvaje, tuvo lugar hace unos 25.000 años y es probable que lo hiciera con los primeros seres humanos que pisaron tierras australianas, y que fueron los antecesores de los actuales aborígenes. Esa irrupción supuso, sin duda, un grave inconveniente para este depredador autóctono. El dingo compartía el mismo nicho ecológico y un modo de vida similar, por lo que se convirtió en su más directo competidor. Y además lo hizo con ventaja. El cánido estaba mejor dotado, tanto en sus capacidades para la caza y la carrera, al distribuirse el trabajo entre los distintos miembros de la manada lo mismo que los lobos, como también en las reproductoras, pues como mamífero más evolucionado, y dotado por ello de placenta, su eficacia era claramente superior.

A pesar de estos graves inconvenientes, con el tiempo las poblaciones de ambas especies llegaron a un buen equilibrio, por lo que, ocupando escalones muy similares pero algo diferentes en el ecosistema, lograron convivir sin que la presencia del nuevo habitante amenazara seriamente la existencia del autóctono. Se ha demostrado que cuando una especie invasora llega a un nuevo ecosistema, si no media la mano del hombre, el proceso sigue un curso natural, en el que muchas veces las especies autóctonas tienen tiempo suficiente para ir adaptándose a las nuevas circunstancias. Esto es válido tanto en el reino animal como en el vegetal.

Pero como sucede en la mayoría de los casos de las especies recientemente extinguidas, la llegada al continente australiano de los colonizadores europeos fue el factor que provocó de manera definitiva el declive de esta especie. Comenzaron destruyendo el hábitat natural de los lobos marsupiales, eliminando de ellos a sus presas habituales, con lo cual el carnívoro se vio obligado a recurrir a los ganados domésticos para no morir de inanición, de una manera que recuerda mucho la situación a la que en la actualidad deben enfrentarse todavía en muchos lugares del planeta los lobos o los coyotes.

Los ganaderos no estaban dispuestos a ceder a sus propietarios originales los terrenos que acababan de ocupar y sobre los que se arrogaban unos derechos superiores. La pérdida de algunas pocas ovejas fue considerada un perjuicio de extrema gravedad para su economía y, por tanto, motivo más que suficiente para iniciar el exterminio del marsupial, dando comienzo a una intensa campaña de erradicación y recurriendo para ello a todos los métodos posibles.

Durante casi 70 años (1840-1909), algunas empresas, así como, durante algunas décadas, también el propio gobierno australiano estuvieron ofreciendo primas de recompensa por cada uno de los ejemplares abatidos. El resultado de esta encarnizada persecución se reflejó en la disminución de las poblaciones de lobo marsupial y su desaparición de muchas regiones donde había habitado hacía no muchos años.

Cuando una población animal llega a unos límites mínimos de supervivencia, cualquier alteración puede precipitar el fin. Esto es lo que sucedió en 1910. Una epidemia acabó con la mayor parte de los supervivientes, cuya tasa de reproducción no era ya suficiente para recuperar las pérdidas. Los lobos marsupiales comenzaron a ser una verdadera rareza y los pocos ejemplares que aún podían observarse se encontraban detrás de las rejas o vallas de los pocos zoológicos que contaban con alguno de ellos. Los restantes se habían replegado a las regiones boscosas, donde no les podían capturar los cazadores, pero donde tampoco ellos podían capturar sus presas, en un medio ajeno a aquel para el cual les había modelado la evolución.

En 1936 murió el último ejemplar que se mantenía en cautividad y desde entonces sólo se fueron sucediendo noticias esporádicas sobre la presencia de algunos de estos carnívoros vistos en algún lugar. Sin embargo, con el tiempo esas notificaciones se han ido espaciando y haciéndose cada vez más vagas. El gobierno australiano dio por extinguida oficialmente la especie en 1986, al no poderse comprobar los presuntos avistamientos sucedidos hasta esa época.

Algunas noticias hablan todavía de algún lobo marsupial que vive, o sobrevive, en una zona boscosa de Tasmania, pero en cualquier caso las perspectivas de supervivencia con una población mínima son escasas o nulas.

En los últimos años se ha planteado la cuestión, en vista de los avances de las técnicas genéticas, de clonar este singular marsupial. Aunque la clonación de vertebrados plantea todavía graves problemas de viabilidad a largo plazo, podría ser una última esperanza. Se necesita para ello el ADN de esta especie. Para estudiarlo se dispone de un ejemplar conservado en alcohol en una universidad australiana y que de modo casual no fue guardado en formol, como es más habitual, y que habría destruido su ADN. Pero es necesario también descifrar todas sus secuencias y progresar más en las técnicas de ingeniería genética. Si quedara todavía algún ejemplar viviente, podría ser la base para una lenta recuperación de la especie con ayuda de la ciencia.

Un calendario del pasado y para el futuro

Si contemplamos un mapa de Australia donde dibujamos el área de distribución original del lobo marsupial, atendiendo a su hábitat natural, veremos que el color distinto que designa su presencia se extiende por gran parte del continente y abarca también las islas de Nueva Guinea y Tasmania.

Sin embargo, si marcamos con otro color esa misma situación a lo largo del siglo XX, la mancha de color será sustituida por una cruz, que significa extinción, y que marcará los puntos donde se han tenido las últimas noticias de su presencia. Las cruces aparecerán sobre Nueva Guinea y el sureste del continente, principalmente en la zona por la que se extienden los Alpes Australianos. Nos quedará una pequeña mancha, la última llama de esperanza, que localizaremos por la mitad oriental de la isla de Tasmania, en un territorio que apenas alcanza el centenar de kilómetros entre los puntos más alejados.

La larga historia de este aniquilamiento de una nueva especie, por desgracia no la única pero no por ello menos importante, cuando todavía no le había llegado su hora de desaparición evolutiva, podemos resumirla en un calendario de fechas clave que marcan algunos de los hitos del gran declive. Se basa en una lista cronológica expuesta en el Museo de Australia y que va señalando paso a paso los escalones descendentes hacia el abismo de la extinción:

Este pariente del lobo marsupial, el diablo de Tasmania, ha tenido algo más de suerte y todavía sobrevive en esta isla, con unas poblaciones sanas. Su supervivencia parece hoy ya garantizada.

Siglo XIII a.C.: De esta fecha datan algunos ejemplares momificados encontrados en algunas cuevas que demuestran, junto con las pinturas de los aborígenes y los restos de huesos, que el lobo marsupial estaba presente en todo el continente australiano, en Nueva Guinea y en Tasmania.

1788: Los colonos europeos comienzan a ocupar tierras en Australia e inician la expulsión del carnívoro de sus propiedades.

1830: Se pagan por primera vez en Tasmania recompensas por cazar lobos marsupiales, a los que se acusa de matar ovejas.

1840: Comienza la campaña de exterminio programada.

1880: El gobierno se suma a la campaña de exterminio, premiando a quienes demuestren haber matado algún ejemplar.

1909: El gobierno suspende la campaña de exterminio ante la falta de lobos marsupiales a los que exterminar.

1926: El zoológico de Londres paga por uno de los escasos ejemplares vivos que quedan.

1936: El 7 de septiembre muere en el zoo de Hobart el último lobo marsupial mantenido en cautividad.

1936: El gobierno australiano declara al lobo marsupial especie protegida, con lo cual está prohibida su caza o captura. Hasta la fecha no se ha producido ninguna infracción.

1936-1986: No se confirma ninguno de los avistamientos del marsupial y sólo existen rumores sobre su existencia.

1986: El gobierno australiano declara oficialmente extinguido el lobo marsupial.

1986-2002: Se siguen notificando presuntos avistamientos de la especie extinguida, pero sin confirmarse.

2002: En mayo, un grupo de científicos logra la replicación enzimática del ADN del lobo marsupial. Se obtienen así millones de copias de fragmentos de su ADN.

2003: Se inician programas para obtener secuencias de ADN a gran escala.

2004: Está previsto estudiar varias especies animales que pudieran servir de hospedador adecuado para recuperar el lobo marsupial.

2005-2010: Se obtendrán cromosomas mediante ingeniería genética y se realizarán los primeros intentos de fertilizar una hembra de animal apto como hospedador.

2010: El proyecto finalizaría con el nacimiento de los primeros ejemplares de lobo marsupial.

El diablo de Tasmania

Otro de los carnívoros marsupiales más representativo de la fauna australiana, y pariente cercano del lobo marsupial, es el denominado **diablo de Tasmania** (*Sarcophilus laniarius*), que antaño habitaba en todo el continente, pero que desapareció en aquellas zonas en las que se afincaron los dingos y posteriormente del resto de la isla cuando los colonizadores europeos introdujeron los zorros.

El nombre común que recibe hace referencia a su pretendida ferocidad, debido quizás a su aspecto macizo o al mal carácter que muestran los ejemplares mantenidos juntos en cautividad, así como a los desesperados intentos por librarse que hacía cuando se le capturaba en crueles trampas en el curso de las campañas de exterminio. Sin embargo, quienes le conocen lo desmienten, poniendo de relieve que cuando se le mantiene en cautividad en unas buenas condiciones y sin someterle a malos tratos, como solía hacerse en el pasado con los ejemplares capturados, llega a ser muy afectuoso con sus cuidadores. Algunas personas, incluso lo mantienen como un animal de compañía afable.

Es un animal de mediano tamaño, que alcanza una longitud total de cabeza y tronco comprendida entre 52 y 80 cm, más los 23 a 30 cm de la cola, y que llega a pesar de 4,5 a 11 kg. Las hembras son en general más pequeñas y ligeras que los machos. Su aspecto resulta, desde una óptica humana, feroz, algo que contribuyó igualmente a su mala fama, y recuerda en cierta medida a una gran rata o a un pequeño oso.

El cuerpo es macizo, la cabeza corta y robusta, rematada por las pequeñas orejas de forma redondeada, y el cuello breve y poco diferenciado. Las mandíbulas, provistas de robustos dientes, entre los que cabe destacar los poderosos molares parecidos en su estructura a los de las hienas, disponen de una fuerte musculatura. El pelaje es largo y lustroso, de color pardo oscuro, a veces casi negro, con una mancha blanca en la garganta a modo de collar y una o dos manchas adicionales, también blancas, dispuestas en ambos costados, mientras que el hocico presenta una tonalidad sonrosada.

Su sentido del olfato está muy desarrollado y lo utiliza con una gran efectividad para descubrir la carroña, que es una de sus principales fuentes de alimentación. Esto se debe a que en general resulta poco ágil y de movimientos algo lentos, por lo que las presas mayores se le pueden escapar con relativa facilidad. Sin embargo, también es un buen cazador, contándose entre sus presas peces, anfibios, reptiles y pequeños mamíferos, aunque en ocasiones puede atreverse incluso con crías de animales de mediano tamaño, por ejemplo, recentales de cordero. Estas presas ocasionales fueron la razón principal esgrimida por los ganaderos para emprender contra él las campañas sistemáticas de exterminio. Tampoco desdeña incluir en su ración cotidiana algún que otro insecto y diversos productos vegetales.

Se caracteriza por su buena capacidad de adaptación, lo cual le ha servido probablemente para no seguir el mismo destino que su pariente el lobo de Tasmania. No sólo se desenvuelve a la perfección sobre el suelo, sino que también es capaz de nadar y de bucear, así como de trepar sin el más mínimo problema a los árboles y a otras muchas estructuras. Esto le sirve en caso de necesidad para poder escapar de sus perseguidores.

Los diablos de Tasmania tienen costumbres solitarias, pero las parejas formadas se mantienen durante toda la crianza. En ocasiones pueden verse pequeños grupos en zonas donde abunda la carroña, disputándosela entre ellos. Sin embargo, no son territoriales y los feudos de caza de distintos individuos pueden solaparse sin que se produzcan enfrentamientos entre sus propietarios. Pasan el día en el interior de sus nidos, hechos de hojas, ramillas y restos de corteza dentro de una madriguera abandonada, una cueva o el hueco de un árbol seco. Allí permanecen hasta el crepúsculo, cuando comienzan a entrar en actividad y se preparan para realizar su recorrido nocturno en busca de comida.

Estas tres crías de diablo de Tasmania permanecen en el nido construido por sus padres mientras éstos salen a cazar reptiles, peces, aves o pequeños mamíferos. La lactancia se prolonga unos cinco meses.

La época de celo tiene lugar durante la primavera, en que se forman las parejas y se produce la cópula. Tras una breve gestación de unos 30 días, nacen las 2 a 4 crías que forman la camada, y que de inmediato se sujetan a los pe-

zones que hay dentro del marsupio. Éste, a diferencia de lo que sucede en la mayoría de los miembros de su familia, se mantiene cerrado durante todo el tiempo en que se desarrollan las crías en su interior. Cuando los pequeños cuentan unas 15 semanas de vida, ya tienen abiertos los ojos y su cuerpo aparece cubierto de pelo. A partir de ese momento, los padres construyen una madriguera en una grieta entre las rocas o en el hueco de un árbol y les dejan allí mientras salen a cazar. La lactancia se prolonga hasta que llegan a los cinco meses, en que comienzan ya a alimentarse íntegramente de carne. Alcanzan la madurez sexual a los dos años, y su longevidad máxima se estima en unos ocho años.

Dada su capacidad de adaptación, y tal como demuestran las pruebas paleontológicas, pueden ocupar una gran variedad de hábitats, y si bien en la actualidad sólo se les encuentra en áreas forestales y zonas rocosas, eso es debido a la restricción sufrida en sus territorios.

La salvación en última instancia

El destino del diablo de Tasmania estuvo ligado al del lobo marsupial, pues según han revelado los restos hallados, ocupó gran parte del continente australiano, así como las islas de Nueva Guinea y Tasmania, es decir, las mismas áreas que su pariente. Y fue también la entrada de los primeros hombres, hace unos 25.000 años, con la llegada simultánea del dingo, el primer embate serio a su existencia. Este perro salvaje se convirtió en su principal competidor, más ágil y rápido y con técnicas de caza más perfeccionadas. Sin embargo, su mayor flexibilidad ante las circunstancias adversas, que le permitieron hacer frente con más éxito a la adversidad, impidió la extinción.

La introducción del zorro, uno de los grandes errores, pero no el único, de la intervención humana en los ecosistemas naturales sin conocer el funcionamiento de éstos, tenía como objetivo primordial controlar la creciente población de conejos y, también, para practicar el deporte británico de su cacería. Pero el resultado no fue en absoluto el esperado. Los inteligentes y versátiles raposos optaron por presas más fáciles y se convirtieron en competidores invencibles para los marsupiales cazadores. Casi al mismo tiempo que el lobo marsupial dejara de tener presencia en el continente australiano, se dio por extinguido también al diablo de Tasmania en esas tierras.

Sin embargo, por fortuna el zorro no fue introducido en Tasmania y ello supuso la salvación para el marsupial. Cierto es que también aquí fue objeto de una intensa persecución que, al parecer, ha hecho extinguirse al lobo marsupial, pero el diablo de Tasmania encontró en la isla que le da nombre un refugio seguro.

La epidemia que a comienzos del siglo XX tanto afectó al lobo marsupial, también diezmó sus poblaciones, haciendo que se le considerara ya en los años veinte un animal bastante raro. Pero más tarde, coincidiendo con el cese de la denodada persecución de que habían sido objeto estos marsupiales, los efectivos de la especie comenzaron a recuperarse. La disponibilidad de carroña y los residuos de vertederos ayudaron a que tuviera garantizado su alimento, y las nuevas leyes proteccionistas han llevado el diablo de Tasmania a su situación actual. Presenta unas poblaciones consolidadas y vigorosas que auguran un futuro sin preocupaciones. A menos que el hombre decida destruir también los bosques y zonas costeras que hoy le sirven de hogar.

Los gatos marsupiales

Para completar el amplio elenco de nombres de especies europeas aplicados a la fauna autóctona, además de lobos, ratas o ratones marsupiales, los colonizadores europeos encontraron unos animales a los que denominaron gatos marsupiales. Son pequeños cazadores del tamaño de un gato doméstico, pero su aspecto recuerda más bien el de un mustélido como la comadreja.

Su longitud total, contando cabeza y tronco, es variable, pues de los escasos 17 cm de los más pequeños se puede pasar a los 75 cm de la especie más corpulenta. El cuerpo es alargado y la cola larga y por regla general bastante delgada. Las patas, de mediana longitud, van provistas de fuertes garras y los animales son capaces de utilizar sus extremidades delanteras con gran habilidad a modo de manos para manipular los alimentos antes de consumirlos. Todo esto hace que, en efecto, recuerden más a un mapache, por

Parece un pequeño felino o un mustélido, pero no lo es. Se trata de un gato marsupial, un pequeño cazador que utiliza sus extremidades delanteras con gran habilidad para manipular los alimentos.

Se conocen pocos datos sobre las costumbres reproductoras de los gatos marsupiales, pero parece ser que nacen más crías que pezones tiene la hembra, por lo que sólo sobreviven los más fuertes que se aferran al pezón para alimentarse.

ejemplo, que a un gato, pero el nombre ya se ha acuñado y así se mantiene.

La cabeza se estrecha hacia el hocico, tiene orejas de mediano tamaño, dotadas de gran movilidad, delgadas y desprovistas casi o totalmente de pelo. Los ojos son grandes. La musculatura de las mandíbulas está muy bien desarrollada y la boca está armada con una buena serie de 42 dientes, en particular los de la mandíbula superior, con afilados caninos.

Son animales de costumbres nocturnas, que descansan durante el día en el interior de sus madrigueras. Por la noche salen en busca de alimento. La dieta es muy variada y capturan todo tipo de presa que se ponga a su alcance, recurriendo también a la carroña e incluyendo algunas cantidades de fruta y otros productos vegetales. Cuando eran muy abundantes, también se introducían a veces en los gallineros de los primeros colonizadores, lo que despertó la ira de éstos y el inicio de las campañas de exterminio.

El marsupio de la hembra se mantiene como un simple repliegue cutáneo, salvo cuando tiene las crías, pues entonces se desarrolla por completo. Su abertura se dirige hacia debajo o hacia la parte posterior del cuerpo. Se conocen pocos datos sobre las costumbres reproductoras de estos marsupiales carnívoros, pero parece que suelen tener más crías que el número de pezones de la hembra, por lo que algunas de ellas mueren después de nacer al no poder alimentarse, pues han de pasar las primeras etapas de la vida sujetos permanentemente a su fuente de alimentación. Parece que se trata de un proceso selectivo previo, que también se ha observado en otros tipos de marsupiales y que podría estar dirigido a garantizar el máximo rendimiento posible al esfuerzo reproductor. Las crías tardan en abrir los ojos entre 10 y 11 semanas y a la edad de cuatro meses y medio están ya en condiciones de emanciparse, alcanzando la madurez sexual al año.

Ocupan hábitats muy diversos y se les puede encontrar desde zonas boscosas hasta las sabanas y áreas desérticas. En algunos lugares también se aproximan a las ciudades y se asientan en sus proximidades, aunque por sus hábitos nocturnos resultan difíciles de ver. Cuando se los cría en cautividad, se convierten en animales muy mansos.

Lo mismo que otros marsupiales, sufrieron una intensa persecución por parte de los colonizadores europeos, por lo que sus áreas de dispersión son en la actualidad más restringidas y la población de muchas de sus especies es escasa, aunque no se cree que ninguna de ellas se encuentre en tan grave peligro de extinción como los otros dos grandes cazadores marsupiales descritos anteriormente. No obstante, las poblaciones mejor conservadas son las que habitan en áreas boscosas o en las selvas, pues el medio les brinda una mayor protección que en el caso de las que viven en terrenos abiertos.

La especie propia de las regiones áridas del continente es *Dasyurinus geoffroyi*, que mide unos 30 cm de longitud, de color pardo oliváceo, con el extremo de la cola negro. Sin embargo, a causa de la persecución es hoy muy escasa y ocupa unos territorios dispersos por el centro y el suroeste de Australia.

Aves de las llanuras áridas

Las islas en general son lugares favorables para la diferenciación de la fauna con respecto a la de los continentes gracias al aislamiento producido por una franja más o menos ancha de mar. Australia no es ninguna excepción y, a pesar de su gran tamaño, equiparable a un pequeño continente, sigue siendo una isla que no escapa a las reglas generales de la naturaleza y de la evolución.

El caso de las aves, sin embargo, es algo especial. La capacidad de volar les permite ir de un lugar a otro con relativa facilidad, pudiendo superar las barreras oceánicas y llegar hasta las islas y otros continentes. Por ello, muchas especies pueden encontrarse en diferentes hábitats del mundo muy separadas entre sí. Solamente las aves con un alto grado de especialización y con un estilo de vida muy ligado a un ecosistema concreto no se alejan nunca de su hábitat. Esto les ocurre, por ejemplo, a muchas de las que habitan en las selvas tropicales de todo el mundo, que son incapaces de vivir fuera de la protección que les brinda la cubierta vegetal y que, por consiguiente, limitan sus áreas de dispersión a zonas determinadas del planeta.

En las islas podemos encontrar también algunas especies endémicas, es de-

Una de las aves más características de Australia es el emú, que después del avestruz es la más grande del planeta.

Las plumas del emú le confieren realmente un aspecto singular, pues son delgadas y largas, con aspecto de pelo, y de color pardo o grisáceo. Sólo la mitad superior del cuello está desprovista de ellas.

cir, exclusivas de ellas. En la mayoría de los casos se trata de aves que han perdido la capacidad de volar, o al menos de hacerlo a grandes distancias, y que, por tanto, quedan allí tan aisladas como los mamíferos, reptiles, anfibios y peces de agua dulce. Estos prisioneros de la isla han ido evolucionando por su cuenta, diferenciándose cada vez más de sus antepasados, hasta que en un cierto momento del curso de esta evolución, sus caracteres han hecho que no pudieran cruzarse con otros individuos de la especie original y se hayan convertido en una especie diferente.

El gigante de las aves australianas

Superado sólo por el avestruz, el **emú** (*Dromaius novaehollandiae*) es la segunda ave más grande del planeta y uno de los símbolos de Australia. Constituye un ejemplo perfecto del grupo de aves no voladoras que han discurrido por unos caminos evolutivos propios.

De gran tamaño, con una altura que puede superar los 175 cm y un peso de hasta 55 kg, su aspecto es verdaderamente particular, pues parece que en lugar de plumas estuviera recubierto por una tupida mata de largos pelos de color castaño y gris. El cuello, muy largo, carece de plumas en la mitad superior, y la cabeza, relativamente pequeña, está dotada de un fuerte pico. Las patas son muy largas y robustas, poseen tres largos dedos y están adaptadas para recorrer largas distancias por terrenos de llanura. Las alas son pequeñas y no les permiten alzar el vuelo, pero les sirven de timón cuando corren a gran velocidad. También son capaces de nadar cuando deben cruzar algún río.

A simple vista, el emú se parece mucho al avestruz y al ñandú; sin embargo, no son aves genéticamente emparentadas con un antepasado común. Se trata de un caso evidente de convergencia evolutiva, en la que el medio presiona a los seres vivos para adoptar las mejores soluciones que les permitan sobrevivir en él. De este modo, hábitats similares, como la sabana africana, donde vive el avestruz, las pampas suramericanas, hábitat del ñandú, y las áreas semidesérticas australianas, en las que encontramos el emú, producen especies de aspecto muy parecido, como son esas tres.

Su dieta se basa en semillas, brotes, hojas y flores, a los que añaden también muchos de los insectos que abundan por estas tierras, aunque ingieren casi cualquier cosa que les llame la atención, lo que en ocasiones puede causar serios problemas digestivos si el objeto es una lata metálica, un trozo de vidrio o cualquier otro objeto cortante.

Viven formando pequeños grupos que se desplazan continuamente de un lugar a otro en busca de alimento y agua. En los lugares en los que abundan estos recursos, los grupos individuales pueden unirse formando enormes manadas de centenares de individuos.

La reproducción

A finales del verano austral empieza la época de celo. En ese momento los grupos se disgregan y se forman parejas que permanecen unidas varios me-

El macho es el encargado de la incubación de los huevos y de la cría de los polluelos, que permanecen a su lado hasta el año y medio de edad. En todo momento los defiende con gran fiereza ante la presencia de cualquier extraño, sea o no un depredador.

ses. Durante la época de la reproducción, la pareja abandona el nomadeo y se instala de manera permanente en un territorio, del que no se mueve hasta que los polluelos sean capaces de seguirla.

El inicio del celo se reconoce porque las hembras emiten un canto especial con el que pretenden atraer la atención de los machos. Ellos devuelven la canción mostrando su interés. Cuando finaliza el proceso de elección, comienza un cortejo en forma de danzas ritualizadas. Se sitúan uno al lado del otro, bajan la cabeza y mueven simultáneamente el cuello en un suave balanceo. Cuando por fin la hembra decide aceptar a su galán, se echa sobre el suelo y permite que el macho realice la cópula.

Durante los días siguientes, la hembra construye un sencillo nido sobre una depresión del terreno, que tapiza con hierbas y hojas. Hacia los meses de febrero o marzo se produce la puesta. Cada hembra pone entre 8 y 18 huevos ovalados de gran tamaño, de hasta 14 cm de longitud por 9 cm de anchura y un peso que supera los 500 g. Son de un color verde oscuro brillante. La incubación corre a cargo del macho, que se dedica a esta tarea durante las 8-9 semanas que tardarán en eclosionar. En ocasiones, no abandonan el nido para comer ni para beber, permaneciendo sobre él durante todo ese período, lo que les produce una gran pérdida de peso, que puede llegar a suponer hasta un 20 % del total. Esta pérdida es de grasa y musculatura, pero sobre todo de líquido.

Los polluelos nacen muy desarrollados, con un peso entre 400 y 500 g, y un aspecto muy similar al de los adultos, pero con el cuello y las patas relativamente más cortos. Su coloración, con franjas y manchas claras y oscuras, les permite pasar desapercibidos sobre el suelo reseco y evitar así el ataque de algún posible depredador. Sin embargo, la mejor defensa que tienen es la presencia de su padre, que se vuelve extraordinariamente agresivo, enfrentándose con contundencia a cualquier atacante o intruso, aunque sea un naturalista que sólo pretenda observarles más de cerca.

Los jóvenes permanecen con sus padres hasta el año y medio de edad, unos meses antes de alcanzar la madurez sexual. En ese momento se separan para formar su propio grupo.

Una de las principales características del megapodio ocelado es la gran habilidad que tiene para la construcción de gigantescos túmulos para la incubación de los huevos.

Relaciones con el hombre y situación actual

El emú es un ave casuariforme de la familia de los Dromiceidos, propia de Australia y ausente en otras regiones áridas del mundo, aunque, gracias a su gran adaptabilidad, se cría en muchas granjas de Europa y América.

Ha sido una de las presas tradicionales de los aborígenes para la obtención de carne. No obstante, esta actividad cinegética practicada durante miles de años no causó daños a las poblaciones del ave, la que con su alta tasa de reproducción era capaz de reponer rápidamente los efectivos eliminados. Sin embargo, más tarde, la llegada de los colonos europeos que destinaron los territorios de los emúes a fines agrícolas, supuso una cierta amenaza para su supervivencia.

Estas aves literalmente destruyen los campos de cultivo cuando se introducen en ellos en busca de alimento, ya que la gran riqueza de estos «prados» creados por el hombre atrae a multitud de ejemplares a la vez, que además de comer gran parte del grano aplastan con sus patas las espigas y las plantas. Por ese motivo, pronto se organizaron campañas destinadas a exterminarlos, como se había hecho con muchos otros pobladores autóctonos del país. En el curso de ellas, llegaron a matarse más de 300.000 emúes en un solo año, pagándose recompensas por cada cabeza abatida.

Por fortuna, a pesar de la fuerte persecución, que llegó a implicar al ejército, no se logró el exterminio y en la actualidad siguen siendo relativamente abundantes en todo el continente australiano. Las únicas medidas que consiguen evitar los daños en los cultivos son la utilización de vallas que impidan su paso.

El constructor de túmulos

El **megapodio ocelado** (*Leipoa ocellata*), también conocido como faisán australiano, es un ave terrestre de mediano tamaño propia de las regiones secas de Australia. Mide unos 60 cm de longitud y llega a pesar hasta cerca de 2 kg. El plumaje presenta una coloración críptica en tonos pardo-grisáceos, con el dorso y la parte superior de las alas moteadas en castaño oscuro y las áreas ventrales claras, pero con una línea oscura que atraviesa de arriba abajo la parte anterior del cuello y el pecho.

Como todas las aves de hábitos terrestres y propias de los medios áridos, dispone de unas patas fuertes y robustas, aunque en su caso el hecho es aún más manifiesto, hasta el punto que ha servido para darles el nombre con el que se les conoce (mega = grande, podios = pies). Sin embargo, a diferencia de muchas otras especies como el emú, los megapodios pueden volar.

Tienen costumbres solitarias y las parejas sólo se forman en la época reproductora. Su dieta se basa en insectos, pequeños vertebrados, semillas y frutos.

Hasta la llegada de los colonizadores europeos, el megapodio ocelado vivía sin grandes problemas por casi todo el territorio del continente australiano. Cuando los colonos, después de la desastrosa introducción del conejo, intentaron acabar con él introduciendo los zorros, provocando un mal mayor que el que ya existía, la población de estas aves experimentó una considerable merma, ya que estos astutos depredadores encontraron en los huevos de los megapodios una fuente de alimento más fácil de obtener que la carne de los conejos.

Esa depredación hizo que la especie retrocediera y que en la actualidad ocupe únicamente zonas semidesérticas y algunas sabanas del sur y el suroeste del país.

La compleja tarea de la reproducción

Una de las características más fascinante de la biología de estas aves es el enorme nido que construyen en el suelo con tierra y restos vegetales. Se trata de una verdadera fortificación, a la que algunos ornitólogos han denominado túmulos, pues puede llegar a medir hasta 10 m de diámetro por 4 m o más metros de altura.

Todo el proceso se inicia cuatro meses antes de la puesta. Cada macho empieza a preparar un gran hoyo cónico en el terreno, de entre 60 y 120 cm de profundidad por 3-4 m de diámetro. Para ello excavan el suelo con sus potentes patas. Una vez finalizado, comienzan a llenarlo de hojas, ramas y otros restos vegetales, de manera que queda un montículo que sobrepasa casi en medio metro el nivel del suelo. Esperan entonces a que llueva algo y que el agua moje esta gruesa capa vegetal, tras lo cual la cubren con una capa de tierra de hasta 50 cm de grosor. Después, las propias reacciones de descomposición de la materia orgánica enterrada generan un calor más o menos constante en el interior del nido.

Cuando la hembra quiere poner un huevo, se acerca hasta el montículo seguida por el macho, que abre un hueco en el nido hasta llegar a la capa vegetal. Introduce el pico y comprueba que la temperatura sea la adecuada. Si considera que no lo es, impide la puesta. En caso de que, efectivamente, el grado de calor sea el correcto, la hembra pone un huevo y se marcha. El macho lo tapa y se encarga posteriormente de vigilarlo. Toda esta ceremonia se repite hasta 35 veces, con intervalos de entre cuatro y ocho días, por lo que una puesta entera puede llegar a tardar en completarse hasta cinco meses (entre septiembre y febrero).

Por tanto, el macho pasa la mayor parte del año cuidando y mejorando esta construcción, variando los espesores de las capas que cubren los huevos para evitar que se calienten demasiado en verano o que se enfríen excesivamente en invierno, y tratando también de contrarrestar las variaciones térmicas entre el día y la noche. La temperatura no debe bajar de 31 °C, ni superar los 35. Esta preocupación les lleva a trabajar en ello hasta 13 horas diarias durante los siete meses de la incubación de todos los huevos.

Al principio del proceso, en primavera, en el interior del nido las reacciones de fermentación son muy activas durante toda esta época, por lo que con frecuencia debe practicar aberturas para que el calor se disipe. En verano, en cambio, los rayos solares son tan intensos que al comenzar el día, el macho aumenta el grosor de la capa de arena para que queden mejor aislados y protegidos contra el aire tórrido del exterior. Sin embargo, en el interior sigue produciéndose la fermentación que hace aumentar peligrosamente la temperatura. Por ello, al llegar la noche, el megapodio reduce de nuevo la capa de tierra y abre nuevos orificios de escape para el calor. Al final de la incubación, durante los meses de otoño, la situación se invierte. Las reacciones de fermentación se ralentizan mucho, por lo que el macho reduce la capa de tierra durante el día para que el calor solar llegue hasta los huevos. Por la noche vuelve a aumentarla para evitar la pérdida de calor interior.

En algunas ocasiones la hembra también colabora en el cuidado del nido, aunque la mayor parte del trabajo y las decisiones finales de cómo realizarlo corren a cargo de su pareja. Ya que año tras año se repite la misma operación sobre el mismo nido, al cabo de los años la construcción alcanza unas grandes dimensiones, como se ha indicado.

Cuando por fin se produce la eclosión de los huevos, los polluelos nacen muy desarrollados, con las plumas de las alas y la cola bien formadas, hasta el punto que pueden dar sus primeros vuelos al segundo día de vida. Esto es muy importante para ellos, ya que desde el mismo momento de romper el cascarón han de esforzarse por sí mismos para lograr salir del enorme nido. Algunos no lo consiguen y los pequeños cadáveres quedan entre la arena descomponiéndose. Los que alcanzan el exterior, rápidamente se esconden entre la vegetación circundante e inician una vida en solitario hasta que al año siguiente alcancen la madurez sexual y formen una pareja. Es frecuente que no lleguen a ver a sus padres, pues éstos sólo se ocupan del cuidado del nido, pero no de los pollos. La precocidad de su desarrollo es la única garantía de supervivencia.

Las rapaces de las llanuras australianas

Los desiertos y zonas secas de Australia son medios ricos en aves rapaces. Como en otros ecosistemas abiertos de otros continentes, las aves de presa encuentran aquí fácilmente el alimento, ya que pueden avistar a sus presas desde lejos sin que la vegetación lo impida. Además, tienen todo el espacio necesario para realizar sus vuelos y acrobacias, lo cual no ocurre en bosques y zonas densamente arboladas.

Muchas de las especies de rapaces que pueden observarse en Australia son migradoras, por lo que se las encuentra sólo en algunas épocas del año. Ejemplos comunes de este tipo son, entre otros muchos, el milano negro y el aguilucho lagunero. Sin embargo, los desiertos, las zonas áridas y las sabanas albergan también otras muchas especies autóctonas de estas tierras australes, como el cernícalo australiano y el águila audaz, que veremos a continuación.

Entre las aves voladoras, las diferencias entre la fauna australiana y la de las regiones próximas no es tan grande, pues esas especies poseen una gran capacidad de dispersión. Es el caso de los halcones y otras muchas rapaces.

Este nido de cernícalos australianos se encuentra en el interior del hueco de un árbol, pero en algunas regiones se ha adaptado perfectamente a la presencia humana y también anida en los tejados y cubiertas de edificios de gran altura de las ciudades.

Cernícalo australiano (Falco cenchroides)

Es una de las aves rapaces más características de las llanuras cultivadas, donde en ocasiones se hace verdaderamente abundante. Perteneciente a la familia de los Falcónidos, es una especie de costumbres gregarias.

Mide entre 23 y 27 cm de longitud, siendo las hembras de tamaño algo mayor que los machos. El plumaje del macho es pardo o castaño claro en el dorso y la parte superior de las alas, con un ligero moteado más oscuro, mientras que el pecho y la zona ventral son más o menos blancos. El extremo de las alas es negro y la cola gris, finalizando también en negro. La hembra presenta un moteado más oscuro en el dorso y tiene el pecho y el vientre rojizos.

El cernícalo australiano se ha adaptado a la presencia humana hasta tal punto, que incluso algunas poblaciones se han instalado en las ciudades, donde construyen el nido en los edificios altos.

Se alimenta básicamente de insectos, aunque también captura pequeños reptiles, aves y mamíferos. Uno de los momentos en que resulta más fácil observar a esta rapaz en acción es cuando los agricultores provocan incendios controlados para eliminar las hierbas del terreno antes de la siembra. Para elevarse sin esfuerzo, aprovechan entonces las corrientes de aire ascendentes que se crean con la subida de temperatura y se lanzan después con gran facilidad sobre los numerosos mamíferos que huyen despavoridos de las llamas. Los agricultores les aprecian porque contribuyen de manera notable a la eliminación de los numerosos invertebrados fitófagos que destruyen las cosechas.

En su hábitat natural construye el nido en el hueco de un árbol o en alguna grieta u oquedad entre rocas o incluso, en ocasiones, aprovecha nidos abandonados por otras aves. La hembra pone entre cuatro y seis huevos que incuba durante cuatro semanas. Una vez han nacido los pollos, tanto el padre como la madre se encargan de su alimentación. En menos de un mes de vida ya son capaces de emanciparse.

Su área de distribución abarca todo el continente australiano, la isla de Tasmania y parte de Nueva Guinea. Algunas de las poblaciones son sedentarias y permanecen todo el año en la misma zona, pero otras son migradoras y durante los meses de invierno se dirigen hacia las islas Célebes, Aru y Java.

El águila audaz es una de las grandes rapaces más características de las regiones áridas y las praderas del continente australiano. Alcanza hasta 1,5 m de envergadura y su aspecto es muy similar al del águila real. Sus nidos son enormes construcciones en las ramas altas de un árbol.

Águila audaz (Aquila audax)

Es otra de las rapaces típicas de los desiertos y praderas de Australia. También puede habitar áreas pobremente arboladas, por lo que está presente en la práctica totalidad del continente, salvo las zonas orientales, cubiertas por densos bosques tropicales. Pertenece al orden de los Falconiformes y a la familia de los Accipítridos.

Su tamaño es considerable, sobrepasando en ocasiones 1 m de longitud y casi llegando hasta 1,5 m de envergadura. El aspecto recuerda en gran medida al águila real. El plumaje es de color pardo oscuro, aclarándose en las zonas ventrales del cuerpo y en la cabeza, y sobre todo en la parte superior del cuello. Es característica la franja blanquecina sobre los ojos, a modo de cejas. Las patas se encuentran recubiertas de plumas blanquecinas.

Sobre las más altas ramificaciones de los árboles de la sabana pueden verse unas enormes construcciones de ramillas y vegetación entrecruzada que corresponden a los nidos de estas grandes aves, dando fe de su existencia, aunque no se la pueda ver en ese momento.

La dieta de esta rapaz, a diferencia de lo que sucede con la mayoría de las águilas, es preferentemente carroñera. Sobrevuela a gran altura el terreno en busca de cualquier cadáver o de los restos del festín de algún depredador. Cuando una de ellas desciende atraída por el cuerpo abandonado sobre el terreno, otras congéneres cercanas observan la maniobra y rápidamente acuden al lugar para compartir el banquete. Es fácil ver agrupaciones de una treintena de individuos disputándose los restos del cuerpo. Este aspecto de su comportamiento se asemeja mucho al de los buitres en las restantes partes del mundo, y puesto que estos carroñeros no existen en Australia, son en cierta medida las águilas audaces quienes los sustituyen, desempeñando este importante papel ecológico.

Sin embargo, la carroña no es su único alimento. También captura mamíferos y aves pequeños y medianos, como ualabíes, ánades y garzas. Desde la introducción del conejo en la isla, este animal tan abundante ha pasado a ser una de las piezas que con mayor frecuencia captura la rapaz. Emplea para ello dos técnicas muy distintas.

En ocasiones se sitúa sobre un árbol desde donde acecha a sus posibles

Como sucede con otras rapaces, el águila audaz lleva a cabo impresionantes vuelos acrobáticos durante la época del celo. Durante esta época se vuelve también muy territorial.

víctimas y, si tiene la suerte de divisar alguna, se lanza sobre ella a toda velocidad. Sin embargo es más frecuente que vuele a gran altura y desde allí seleccione la presa, lanzándose a continuación sobre ella en un velocísimo picado. Si se presenta la oportunidad, puede capturar ovejas o incluso zorros.

Durante el período reproductor, la pareja defiende un territorio propio y es la única época del año en que no acepta la proximidad ni la intromisión de otros congéneres en sus dominios. El resto del año conviven todas sin grandes problemas.

Al iniciarse la época del celo, los machos realizan impresionantes demostraciones de vuelo ante las indiferentes hembras. Se elevan en el aire hasta gran altura, para dejarse caer después en unos impresionantes y vertiginosos picados. Las hembras, que mientras tanto vuelan tranquilamente en círculos, en ocasiones giran sobre sí mismas presentando las garras a su pretendiente.

Antes del apareamiento, sobre la copa o entre las ramas principales de un árbol construyen un amplio nido de hasta 2,5 m de diámetro por otro tanto de altura. En lugares en los que faltan los árboles, pueden aprovechar para instalarlo un grupo de rocas o incluso una zona resguardada del terreno. La hembra es la más activa en la tarea de construcción, aunque también su compañero aporta materiales y colabora en su colocación.

La cópula se produce en las inmediaciones de este nido, que en los meses venideros constituirá su hogar. Al cabo de unos días, la hembra pone entre uno y tres huevos, con un intervalo de unos cuatro días entre una puesta y la siguiente. La hembra se encarga de incubarlos, mientras que el macho sale a cazar y trae el alimento para los dos. Como sucede con muchas otras rapaces, cuando nace más de un pollo, únicamente sobrevive el más fuerte, y al final sólo se incorpora a la población de esta rapaz una cría por pareja.

Mientras el pollo vive en el nido, la hembra permanece a su lado o en lugares cercanos y sigue siendo el macho el que aporta el alimento a la familia entera. La madre se encarga de desmenuzar la presa y entregar al hijo trozos más pequeños que pueda tragar sin problemas. Al polluelo, que nace recubierto de un denso plumón, empiezan a surgirle las primeras plumas hacia el mes de vida, pero aún ha de esperar un mes más para poder comenzar a practicar sus primeros vuelos.

Cada temporada reproductora, las águilas audaces construyen un nido nuevo, por lo que en el territorio de una pareja pueden encontrarse varios. Sin embargo, en ocasiones también utilizan el mismo nido en años sucesivos.

Halcón gris de Australia (Falco hypoleucos)

Es otra de las especies que puede observarse en las áreas áridas de este continente, pero más especializada en ellas que las dos anteriores. Mide entre 35 y 45 cm de longitud y se alimenta de pequeñas presas que captura tras rapidísimos picados, después de haberlas localizado desde el aire.

La gran capacidad de adaptación de la cacatúa rosada la demuestra el gran número de hábitats diferentes que puede ocupar, pues está presente lo mismo en bosques y sabanas que en desiertos, llanuras semidesérticas e incluso pueblos y ciudades.

Por lo general vuela a baja altura, aleteando lentamente, para atacar por sorpresa a sus víctimas, que principalmente son reptiles y algún que otro mamífero de reducidas dimensiones. También captura al vuelo pequeñas aves y numerosos insectos. Es un depredador de gran eficacia que regula las poblaciones de sus presas evitando su excesiva proliferación, por lo que desempeña un papel ecológico de gran relevancia en las llanuras áridas de Australia.

La época reproductora de esta especie tiene lugar durante la primavera austral, entre los meses de julio y noviembre, variando en función del punto del continente en que se encuentre la pareja. En ocasiones puede ocupar los nidos abandonados por otras rapaces, en especial de las águilas. La hembra produce de dos a cuatro huevos por puesta.

Una cacatúa en el desierto

Aunque las cacatúas generalmente viven en el interior de bosques más o menos densos y no en áreas abiertas, en las zonas áridas australianas podemos encontrar el **galah** o **cacatúa rosada** (*Kakatoe roseicapilla*), una de las cacatúas más adaptables del mundo. Puede vivir en todo tipo de hábitats, incluidas las tierras áridas y los desiertos. No es raro tampoco encontrarla en el interior de pueblos y ciudades, conviviendo sin problemas con los seres humanos.

Mide unos 35 cm de longitud y tiene el plumaje de color gris en el dorso, y el pecho y la parte superior de las alas son rosados. Sobre la cabeza lleva una cresta de color blanco o amarillento.

Cuando se encuentra en regiones áridas, se alimenta de las semillas de las plantas más resistentes a la sequía, con lo cual contribuye de manera eficaz a su diseminación y desempeña así un papel muy importante en este tipo de ecosistemas desérticos. Al ser ésta su fuente de alimentación, eso le permite permanecer a lo largo de todo el año en estos parajes, a diferencia de otras muchas aves, que sólo pueden recurrir a este medio cuando se produce la explosión de vida subsiguiente a un período de lluvia.

Es muy sociable y vive formando grandes bandadas que se desplazan por el territorio en busca de agua.

La variada herpetofauna australiana

◆ ◆ ◆ ◆ ◆

La fauna australiana incluye un gran número de especies de reptiles, en especial de saurios, más comúnmente conocidos como lagartos. Ello se debe a que son animales extraordinariamente adaptados a las zonas áridas, pues su piel es muy poco permeable y evita casi por completo la transpiración, es decir, la pérdida de agua. Esta característica les hace más competitivos frente a otros insectívoros y carnívoros pertenecientes a otros grupos zoológicos, como los mamíferos, de tal suerte que la mayor parte de los recursos alimenticios quedan a su entera disposición.

No existe unanimidad entre los científicos acerca del modo en que la herpetofauna de este continente ha logrado la gran diversidad que hoy conocemos. Algunos zoólogos defienden la teoría de que la mayor parte de las especies actuales desciende de otras que, hace millones de años, habitaban en todo el planeta, pero que al separarse las tierras emergidas en el curso de la deriva de los continentes, las poblaciones que quedaron atrapadas en Australia experimentaron una extraordinaria evolución, mientras que las que permanecieron en el resto del mundo se extinguieron.

No obstante, existe también la certeza de que algunas especies que hoy viven en esta región austral del mundo son fruto de migraciones procedentes del continente asiático, que atravesaron con éxito el archipiélago indoaustraliano hasta llegar a estas tierras. Aquí encontraron unas buenas condiciones para poder seguir adelante.

Es posible que en años venideros puedan hallarse restos fósiles que nos permitan aclarar con una mayor fiabilidad esta cuestión. Mientras tanto, y dejando a un lado las teorías sobre su posible origen, nos centraremos en presentar algunos de los actores de esta rica y diversa escena que nos brinda el mundo de los reptiles de las regiones áridas australianas.

En la tierra de los varanos

Los varanos, también conocidos como lagartos monitor o goannas, son los reptiles más típicos del continente australiano. Forman parte de una familia, la de los Varánidos, representada en las regiones cálidas de África, Asia y Australia, pero es en este último continente donde viven cerca de la mitad de las algo más de 50 especies que engloba en total.

A pesar de tener gran tamaño, pues son los saurios vivientes de mayores dimensiones del planeta, están dotados de una gran agilidad y rapidez de movimientos en tierra firme, pudiendo correr a gran velocidad. Esta característica les diferencia con claridad de otros grandes reptiles, como los cocodrilos y los caimanes, que al apoyarse sobre el vientre mientras se desplazan fuera del agua no pueden correr mucho.

Todas las especies pertenecen a un mismo género, *Varanus*, y son muy parecidas entre sí, siendo la principal diferencia que distingue unas de otras la longitud de su cuerpo o el colorido de la piel. La cola de las especies de vida terrestre es de sección redondeada, mientras que la de aquellas otras que viven en el agua o la frecuentan mucho aparece aplanada lateralmente.

Son grandes depredadores, pudiendo capturar todo tipo de presas, desde pequeños insectos a mamíferos, aves u otros reptiles de tamaño mediano.

En Australia vive más de la mitad de las especies conocidas de varanos, que son los mayores saurios del planeta, como este varano de Gould, de hasta 2 m de longitud. Es un gran depredador, pero también carroñero, que puede correr a gran velocidad.

Pero una gran parte de su alimentación está formada por carroña.

Una de las características más curiosas que se han podido observar en el comportamiento de muchas especies de varanos es la utilización de los termiteros como incubadoras de los huevos. Para ello, las hembras abren con sus fuertes uñas una galería en el interior de las grandes construcciones de estos insectos sociales y realizan allí la puesta. Hecho esto, se alejan mientras las termitas han comenzado ya a tapar la entrada de la galería, que para ellas no es más que un destrozo realizado en su vivienda. De esta manera, los huevos quedan al abrigo de numerosos depredadores, a la vez que están resguardados de las inclemencias del tiempo. Cuando los pequeños salen del huevo, se abren paso hasta el exterior perforando las paredes del termitero.

Una de las especies más conocidas es el **varano de Gould** (*Varanus gouldii*), de grandes dimensiones, ya que puede alcanzar con facilidad los 2 m de longitud.

A pesar de su gran tamaño, es un animal muy rápido, que puede alcanzar notable velocidad para escapar de algún enemigo o para atacar a alguna presa. Sus patas disponen de poderosas garras, que emplea para sujetar el alimento. La robusta cola la utiliza también como arma defensiva en caso de sentirse atacado.

La especie de mayor tamaño del continente australiano es el **varano gigante** (*Varanus giganteus*), que puede medir hasta 240 cm de longitud. Es de coloración pardogrisácea, con un dibujo muy especial, formado por manchas oceladas. Habita en las zonas de mayor aridez, en lugares rocosos y en ocasiones también en áreas de sabana arbolada.

Un dragón de fantasía

El **clamidosaurio** (*Chlamydosaurus kingii*), también conocido como lagarto de gorguera o lagarto de esclavina, es un lagarto mediano, que llega a medir hasta 90 cm de longitud, de los cuales más de la mitad corresponden a la cola.

El elemento externo de su anatomía más llamativo y conocido es el pliegue de piel que rodea el cuello y que extiende, a modo de paraguas, para intimidar a un adversario o a un depredador que le ataca. A la vez que adopta esta postura, emite un silbido muy agudo con las fauces amenazadoramente abiertas. Este aspecto es el que generalmente se atribuye a los drago-

Esta actitud tan amenazante del clamidosaurio no es más que una maniobra disuasoria tendente a que el atacante renuncie a sus intenciones al creer encontrarse ante un enemigo mucho mayor de lo que es en realidad. Si no tiene éxito, emprende la huida corriendo sobre las patas traseras.

nes de las leyendas, sólo que éstos emiten también fuego por sus fauces, algo que el clamidosaurio no hace.

A pesar de la actitud amenazante que adopta, no es más que una maniobra intimidatoria, y antes de encararse con su enemigo o entablar un enfrentamiento físico, este dragón prefiere salir huyendo. Pero no lo hace como la mayoría, sino de una forma muy particular, pues corre a toda velocidad sobre sus patas traseras, llevando el cuerpo erguido y con la cola levantada para evitar el roce con el suelo y servir al mismo tiempo de estabilizador.

Su cuerpo aparece recubierto de unas escamas muy aparentes de tonalidades pardogrisáceas, más oscuras en la zona de la cabeza. En los machos, el collar del cuello lleva manchas de color rojo, azul y negro.

Es de costumbres diurnas y vive con preferencia en zonas con arbolado, pero también se le encuentra en regiones de sabana e incluso en zonas semidesérticas. Su área de distribución se limita al norte de Australia y el sur de la isla de Nueva Guinea.

Un reptil que puede beber con los pies

El **diablo espinoso** (*Moloch horridus*) es un miembro de la familia de los Agámidos, de unos 15 cm de longitud, que presenta un aspecto realmente insólito, caracterizado por tener cubierto todo el cuerpo, desde la cabeza a la cola, de unas espinas de gran tamaño y de diversos colores.

A pesar de su temible aspecto, no es peligroso para los mamíferos y las aves, pues carece de agresividad. La capa de espinas es una defensa, ya que este aspecto intimida a los posibles depredadores que quieran atacarle. Cuando se asusta, esconde la cabeza entre las patas delanteras, realzando de este modo las enormes espinas tanto de la parte superior de la cabeza como las de la nuca.

Su dieta consta fundamentalmente de hormigas y, en menor medida, de otros pequeños insectos.

El diablo espinoso resulta inofensivo, pues su agresivo aspecto sólo pretende asustar a sus enemigos. Se alimenta de hormigas y de otros insectos y para obtener el agua que necesita la absorbe por cualquier parte de su cuerpo, con lo que puede aprovechar la humedad ambiente.

Es una especie perfectamente adaptada a la vida en los desiertos. Una de sus adaptaciones más efectivas, al tiempo que sorprendente, es la capacidad de poder absorber con facilidad agua a través de cualquier parte del cuerpo, pudiendo aprovechar de este modo también la humedad ambiental. Se ha comprobado en el laboratorio que permitiéndole tener en contacto con el agua sólo una de sus patas o la cola, al poco tiempo comienza a hacer movimientos de deglución y una parte del agua del recipiente, que se ha medido, pasa a formar parte de su organismo.

Dragones y lagartijas

Entre los innumerables reptiles de pequeñas dimensiones del desierto cabe mencionar también al **dragón barbado** (*Pogoma barbatus*), pariente del clamidosaurio. De cuerpo robusto, al igual que éste presenta un repliegue cutáneo provisto de acúleos alrededor del cuello, que hincha cuando se siente asustado o acorralado. Con esta maniobra intenta dar un aspecto de mayor fiereza. Sin embargo, no es tan vistoso como el clamidosaurio.

La **lagartija** (*Tympanocryptis maculosa*) es de reducidas dimensiones y con la piel de coloración blanca, que habita en el área del lago Eyre. Ese color, que destacaría sobre el suelo del desierto, le permite en cambio pasar inadvertida en el fondo de sal que se ha formado tras años y años de fuertes evaporaciones estivales en la superficie ocupada por este lago seco del sur de Australia. Sus ojos son pequeños y están hundidos, lo que contribuye a aumentar el camuflaje. Supera las horas de máximo calor refugiándose bajo la capa de sal que cubre el suelo, y se alimenta fundamentalmente de hormigas.

Gekos

La extensa familia de los Gecónidos, que incluye salamanquesas y gekos, está formada por lagartos de pequeño tamaño y costumbres nocturnas, que se caracterizan porque su cola desem-

En las regiones áridas de Australia son frecuentes los gekos, como el de cola de hoja. La cola es plana y tiene forma de hoja, contribuyendo a que visto desde arriba resulte difícil distinguir entre ella y la cabeza, lo que es de gran utilidad a la hora de escapar de un atacante.

peña la curiosa e importante función de actuar como depósito de las reservas grasas que servirán al animal para sobrevivir en las épocas de penuria. La estructura de estas colas tan especiales suele adoptar las formas más diversas, lo cual confiere a estos pequeños lagartos un aspecto muy curioso. Las especies son mayoritariamente insectívoras y el continente australiano cuenta con un buen número de ellas, distribuidas por sus extensas zonas áridas.

El **geko de cola de hoja** (*Phyllurus cornutus*) es uno de los reptiles más singulares de la herpetofauna australiana. Como su nombre indica, la cola parece la hoja de cualquier planta. Es plana y de forma acorazonada, con el extremo posterior acabado en punta. Si se mira a este pequeño lagarto desde arriba, en un primer momento podría confundirse su cabeza con la cola. Esto que le sucedería al naturalista, también le pasa al depredador, que queda desconcertado durante unos instantes, suficientes para que el geko se ponga rápidamente a salvo. Su colorido es muy críptico, pues sobre un fondo pardo aparecen numerosas manchas y líneas marrones, negras, rojizas y blanquecinas.

El **geko de cola abultada** (*Nephrurus laevis*) tiene la cola ensanchada, como si estuviera inflada por el centro, y recubierta por una serie de escamas de aspecto punzante. Es de color pardo violáceo, con numerosas pintas blancas, y en su cabeza destaca el gran tamaño que poseen los ojos.

Otra especie presente en estas tierras es el **geko aterciopelado** (*Oedura robusta*), cuya cola también se encuentra ensanchada. Se distingue por una bonita coloración negra con manchas de tono azul claro por el dorso, que recuerdan algo a una salamandra.

Lagartos con aspecto de serpiente

Una de las familias de saurios más interesante de la fauna australiana es la de los Pigopódidos, estrechamente emparentada con la de los Gecónidos.

Incluye una treintena de especies, en su mayoría exclusivas de esta isla-continente, con sólo algunos pocos representantes que también pueden encontrarse en las islas de Nueva Guinea y Tasmania. Se denominan comúnmente lagartos serpiente porque su cuerpo es alargado como el de los ofidios, con las patas muy reducidas, faltando por completo las delanteras y quedando las posteriores reducidas a un pequeño vestigio testimonial que resulta inutilizable para la marcha. Se mueven igual que las serpientes, ondulando su cuerpo y aprovechando las irregularidades del terreno para avanzar. En general se alimentan de insectos, aunque algunas especies pueden capturar pequeños vertebrados, como lagartijas y otros saurios.

Entre las más abundantes están el **lagarto serpiente de Burton** o **culebrilla de aletas** (*Lialis burtonis*), de unos

A diferencia del geko de cola de hoja, el de cola abultada la tiene más gruesa por su parte central y cubierta de escamas con aspecto de puntas. Se distingue también de otras especies por el gran tamaño de sus ojos.

50 cm de longitud y de color amarillento, con franjas negras en la cabeza, y el **pigopo** (*Pygopus lepidopus*), de 60 cm de longitud y de color gris rojizo con manchas negras. Otras especies son *Ophidiocephalus taeniatus*, que se distribuye por una zona muy reducida del sur de Australia, y *Pletholax gracilis*, que se encuentra en algunas zonas de la parte occidental del continente.

De otra familia, la de los Escíncidos, es el **eslizón australiano** (*Egernia major*), de casi 50 cm de longitud. El cuerpo es cilíndrico, con la cabeza corta y la cola muy larga, ocupando más de la mitad del cuerpo. Las escamas de todo el cuerpo son espinosas, sobre todo en la cola. De esta especie existen dos variedades propias de las áreas más áridas de la zona occidental del continente: el **eslizón australiano de Stokes** (*Egernia major stokesii*) y el **eslizón gigante de King** (*Egernia major kingi*), aunque muchos autores los consideran especies independientes.

Las serpientes de las regiones áridas australianas

A pesar de que las serpientes no son un grupo especialmente llamativo de la herpetofauna de Australia, no deben menospreciarse, pues existen numerosas especies que habitan en los desiertos y demás zonas áridas. En total se conocen unas 175 en todo el continente, aunque con una representación desigual. Así, las culebras cuentan sólo con 11 especies, un número muy inferior al que hay en otros ecosistemas áridos similares de otros continentes. En cambio, los pitones forman uno de los grupos de serpientes mejor representado de Australia. Se conocen hasta 15 especies que habitan en este continente.

Los pitones son de costumbres preferentemente nocturnas y habitan áreas arboladas, siendo más abundantes en los bosques que en las sabanas y estepas; sin embargo, no dejan de ser unos de los reptiles más vistosos que pueden encontrarse también en los medios áridos. Su dieta se basa en mamíferos pequeños o medianos. La especie más grande es **pitón de las rocas** (*Mo-*

A pesar de su aspecto no es una serpiente sino un lagarto, en concreto el lagarto serpiente de Burton, que llega a medir cerca de 50 cm de longitud. Carece por completo de las patas delanteras y las posteriores están reducidas a unos apéndices vestigiales.

Una de las serpientes australianas más venenosas es el acantofis celastino, de cuerpo grueso y que rara vez supera 1 m de longitud. Lleva una larga espina córnea en la cola y se mantiene activa durante la noche, esperando enroscada la llegada de una presa.

relia amenthistina), cuya longitud supera los 8 m. Por su parte, **pitón diamantino** (*Pithon spiloides*), que se denomina también **serpiente de tapiz** por su color negro de fondo con manchas amarillas en cada una de las escamas e hileras enteras de escamas completamente amarillas, es también de gran tamaño, pudiendo alcanzar 6 m de longitud. Algunos autores citan a este enorme reptil engullendo pequeños canguros. Otra especie propia de los desiertos australianos es **pitón pigmeo** (*Chrondopython*), que, como su nombre indica, es mucho más pequeña, superando por poco los 50 cm de longitud.

Otro de los grupos de serpientes que despierta un mayor interés por su gran peligrosidad es el de los Elápidos, en el que se incluyen 173 especies presentes en Australia. Todas ellas son venenosas, aunque pocas lo son para grandes animales o para el hombre. En la mayoría de los casos el veneno inoculado en un mordisco es capaz de matar o inmovilizar a un ratón o incluso a un conejo, pero sólo causa malestar en otros mayores.

El **acantofis celastino** (*Acanthophis antarcticus*), también conocido como **espinoso**, es una de las especies más venenosas de este grupo, cuyo cuerpo, ancho y grueso, raramente supera 1 m de longitud. La cabeza es más ancha que en las típicas culebras, pero menos que la de las víboras. Se caracteriza por presentar una larga espina córnea en la cola. Es de costumbres nocturnas y mientras que espera la llegada de una presa, permanece enroscada para lanzarse con rapidez sobre su víctima y morderla en cuanto tiene oportunidad.

Otros elápidos de las regiones áridas de Australia son la **serpiente negra** o **ngummai** (*Pseudechis australis*) y la **serpiente tigre** (*Notechis scutatus*), ambas temidas por los aborígenes y otros pobladores de estas tierras por su potente veneno. La serpiente negra no suelta a la presa una vez la ha mordido, hasta que está completamente muerta, y si hace falta la muerde varias veces para inocular nuevas dosis del mortal líquido hasta que consigue su objetivo. La serpiente tigre, denominada así por su colorido negro y amarillo, se distribuye por el sureste de Australia.

Los perros salvajes de Australia

Hace unos 25.000 años se produjo en Australia un suceso que repercutió enormemente en la fauna de todo el continente. El hombre llegó hasta estas tierras para asentarse y trajo con él un animal que con mucha frecuencia le acompañaba en sus cacerías y que, probablemente, ya se encontraba en fase de domesticación, el perro. Algunos ejemplares de estos cánidos se asilvestraron y se adaptaron perfectamente al nuevo hábitat. Ocuparon el nicho de los lobos marsupiales y otros carnívoros, como el diablo de Tasmania, y poco a poco fueron desplazándolos pues poseían técnicas de caza más avanzadas y, debido a su mayor grado evolutivo (el perro es placenta-

El dingo procede de perros asilvestrados llegados a Australia hace unos 25.000 años y que con el tiempo dieron lugar a una especie propia. La inexistencia de competidores le permitieron extenderse rápidamente.

Los dingos viven solitarios o agrupados dependiendo de las condiciones de la temporada. Cuando abunda el alimento se agrupan y cazan en equipo presas de gran tamaño, pero en las épocas de escasez se dispersan y recurren a cualquier tipo de presa, incluso insectos.

rio y los marsupiales no), también se reproducían con más éxito.

Con el tiempo estos perros salvajes fueron evolucionando y diferenciándose, de manera que en poco tiempo se convirtieron en una especie distinta, el **dingo** (*Canis dingo*).

Este placentario carnívoro es actualmente el depredador más eficaz de los desiertos, estepas y sabanas de Australia y sólo compite con el zorro (un residente mucho más reciente) por la obtención de presas de mediano tamaño. Por tanto, es uno de los principales reguladores de las poblaciones de pequeños y medianos marsupiales y placentados herbívoros de estos ecosistemas, papel que desempeñaron durante miles de años el lobo marsupial y el diablo de Tasmania, antes de ser desplazados por este colonizador animal.

El dingo tiene un cuerpo robusto, con la cabeza maciza y que en su parte superior aparece rematada por unas orejas triangulares, siempre erguidas. La coloración del pelaje es un tono pardo amarillento más o menos uniforme, con matices rojizos y algunas manchas blancas, formando unos dibujos diferentes y característicos para cada individuo, por lo que al observador que estudia su comportamiento no le resulta muy difícil distinguir cada uno de los ejemplares que forman parte de un grupo. Esta característica de una coloración individualizada se repite en otros carnívoros sociales de zonas áridas, por ejemplo en los licaones de las sabanas africanas.

Durante algunas épocas del año pueden vivir solitarios, aunque normalmente lo hacen en pequeños grupos y durante la época reproductora forman parejas. El hecho de agruparse o no depende básicamente de las disponibilidades de alimento en su territorio. Por regla general, en los períodos de mayor abundancia se agrupan y cazan en equipo, pudiendo perseguir entonces presas grandes como el canguro o el wallaroo, atreviéndose incluso con alguna oveja u otro tipo de ganado. En estas manadas existe una jerarquía muy bien establecida en el orden que corresponde comer o beber a cada uno de sus componentes.

En cambio, en las temporadas en que la sequía azota el continente y escasea la comida, los miembros del grupo se separan y adoptan hábitos solitarios. Entonces, la escasez de presas les lleva a tener que capturar también pequeños insectos para sobrevivir. Este tipo de comportamiento va destinado a sacar el máximo provecho de los recursos disponibles, pues cuando son escasos, sólo sobrevivirán los mejor preparados, que transmitirán sus genes a la descendencia, algo que al final repercute de manera favorable sobre la especie.

Entre las presas más frecuentes de este perro silvestre se encuentran los conejos (también introducidos), las ratas canguros y otros pequeños marsupiales. El grupo familiar ocupa un territorio propio que los machos señalizan con orina y cuya superficie depende de la riqueza de presas de la región.

La época del celo tiene lugar en invierno. La gestación se prolonga por espacio de unos dos meses, con lo cual los cachorros nacen en primavera, que es una época en que abunda el alimento. Cuando se acerca el momento del parto, la hembra se instala en una madriguera subterránea o terrera en la que dará a luz a sus crías. La camada suele constar de entre 5 y 9 cachorros, dependiendo este número del estado de nutrición en que se encuentre la hembra en el momento de concebirlos. Los cachorros, igual que los perros domésticos, nacen muy desvalidos y pasan las primeras semanas de vida sin salir del interior de la guarida, bajo los constantes cuidados de su madre. El macho también colabora en la crianza, siendo sus funciones salir de cacería para obtener alimento para la familia y vigilar y defender el territorio.

La lactancia dura unos dos meses, tras los cuales los cachorros ya se alimentan exclusivamente de carne de las presas capturadas por sus padres. Permanecen con ellos durante al menos un año, aunque en ocasiones lo prolongan algunos meses más. Son también numerosas las citas de grupos familiares formados por la pareja adulta y dos generaciones diferentes de cachorros, los del último parto y los del año anterior. Cuando los cachorros ya tienen un cierto tamaño, la hembra los deja algún tiempo solos en la guarida para salir también de cacería.

En los años de sequía muy intensa y escasez de recursos, la hembra queda sola al cuidado de la prole. Resulta más efectivo separarse y que cada uno de los miembros del grupo vele por su propia supervivencia, disponiendo de un territorio más amplio para sus necesidades.

La conducta y la situación de un perro que recuperó su libertad

En el crepúsculo del desierto se escuchan a menudo los aullidos de estos perros, con los que se comunican entre sí individuos situados a varios kilómetros de distancia unos de otros. Algunas de sus llamadas tienen como

De manera similar a su pariente el lobo, los dingos emiten también una serie de aullidos destinados a comunicarse entre sí los miembros de un grupo para reunirse, o cuando están en una cacería conjunta, o bien para señalar la presencia de una presa.

finalidad agrupar a varios miembros de la propia especie. En otros casos, en cambio, sirven para alertar a los miembros de la familia de la presencia cercana de algún depredador u otro peligro. Sin embargo, los aullidos más comunes son los utilizados para delimitar un territorio o para conocer la posición de los compañeros de caza cuando lo hacen en grupo.

El principal enemigo natural del dingo es el águila audaz, que captura con facilidad las crías y ejemplares enfermos o viejos, e incluso existen citas de una pareja de estas rapaces que cazando en colaboración han conseguido matar a uno de estos cánidos, aunque se trata en todo caso de hechos poco frecuentes. Otros animales peligrosos para el dingo son algunas serpientes y, en las áreas pantanosas, los cocodrilos.

Sin embargo, el enemigo número uno por excelencia es el hombre. Como siempre ha sucedido en los grandes procesos de colonización ocurridos desde el siglo XVII en todo el mundo, al llegar a las nuevas tierras, los colonos se han apoderado de ellas y se han arrogado el derecho absoluto sobre todas las formas de vida que las poblaban. Decidieron eliminar la fauna y la flora autóctonas para introducir sus ganados domésticos y cultivar sus propias plantas.

Esto es lo que sucedió en Australia. Los animales expulsados de sus tierras se vieron desprovistos de alimento, con la única alternativa de recurrir a las nuevas fuentes de nutrición que el hombre ponía a su alcance: los cultivos en el caso de los herbívoros y el ganado en el de los carnívoros. El dingo no fue ni es una excepción, por lo que con frecuencia se encuentran ovejas y otras reses atacadas por estos cánidos. La respuesta de los agricultores y ganaderos fue, durante años y todavía en nuestros días, intentar eliminar al competidor recurriendo a todos los medios disponibles: venenos, trampas e incluso armas de fuego.

Actualmente, en una gran parte del territorio australiano, desde la costa meridional hasta Queensland, siguen existiendo patrullas dedicadas a mantener a raya a este «molesto» depredador. Sin embargo, la gran adaptabilidad de esta especie ha hecho que haya podido sobrevivir hasta el presente, aunque relegada a las zonas menos fértiles y a los desiertos, donde ni la ganadería ni la agricultura son viables.

Los insectos de las zonas áridas

◆ ◆ ◆ ◆ ◆

Los primeros exploradores que se adentraron por las regiones áridas australianas, e incluso por sus desiertos, quedaron fascinados al contemplar un extraño paisaje que se repetía en ciertos lugares. Del suelo (liso por completo) surgían por doquier unas extrañas elevaciones altas y estrechas, que parecían construidas por algún poblador primitivo para honrar a sus divinidades.

Sin embargo, no eran más que las impresionantes construcciones levantadas por las termitas y parecidas a las que construyen sus parientes africanas en la sabana. Se trata de inmensos nidos, de hasta 6 m de altura y que en ocasiones se disponen agrupados en un mismo terreno, muy cerca unos de otros, como si se tratara de una enorme ciudad de pequeños rascacielos.

Pertenecientes al grupo de los Isópteros, las termitas son un tipo de insectos sociales con una estructura muy sofisticada. En Australia existen hasta 150 especies, cada una de las cuales construye el termitero de una forma particular que le es característica. Por ejemplo, los de la especie *Eutermes triodiae* son de los más grandes, pudiendo tener una base de más de 2 m de diámetro y elevándose hasta 6 m sobre el nivel del suelo. Estos termiteros tienen forma cónica y estriada.

Termitas que construyen orientándose por el eje magnético terrestre

La especie *Hamitermes meridionalis*, en cambio, los construye de forma piramidal, con un eje longitudinal que se dispone de norte a sur, siguiendo el eje magnético de la Tierra, por lo que comúnmente se ha dado el nombre de **termitas brújula** a estas ingenieras de la naturaleza. No se conoce a ciencia cierta el porqué de esta orientación; sin embargo, está muy extendida la teoría de que se debe a una adaptación a un medio caluroso, en el que la orientación de la sofisticada vivienda tiene una influencia muy grande en su termorregulación. La disposición norte-sur hace que los rayos solares del verano incidan de una manera menos directa, de modo que no se calienta tanto, mientras que durante el invierno sucede todo lo contrario.

Las termitas del género *Mastotermes* son exclusivas de Australia. Antiguamente también poblaban otros continentes de nuestro planeta, pero los cambios climatológicos experimentados a lo largo de millones de años hicieron que sólo hayan conseguido sobrevivir en esta gran isla-continente.

Importancia de las termitas para los restantes pobladores de las zonas áridas

Las termitas son unas de las piezas más importantes de las zonas áridas australianas, puesto que muchos animales se alimentan de ellas, como el termitero marsupial. Otros aprovechan sus recias construcciones para depositar en el interior su propia puesta y dejarla al cuidado de las pobladoras del nido. Es el caso de algunas especies de varanos.

De manera similar a como sucede en la sabana africana, en las llanuras australianas pueden contemplarse las macizas construcciones que elevan las termitas por encima de la superficie del suelo.

ÍNDICE ALFABÉTICO

Q

R

S

T

U

V

W

Z